Jean Blackmer / Laura Ross Greiner:

Aber nie war ich allein

Frauen erzählen von ihren bewegenden Erfahrungen mit Gott

scm R.Brockhaus

Die amerikanische Originalausgabe erschien unter dem Titel WHERE WOMEN WALKED
bei Focus on the Family Publishing, Colorado Springs, CO 80995 U.S.A.; Copyright © 2006

Deutsch von Andrea Wegener

Wenn nicht anders vermerkt, wurden die Bibeltexte folgender Übersetzung entnommen:
Lutherbibel, revidierter Text 1984, durchgesehene Ausgabe in neuer Rechtschreibung, © 1999 Deutsche Bibelgesellschaft, Stuttgart
Trauversprechen (S.87):
Agende für Evangelisch-Lutherische Kirchen und Gemeinden. Bd. III, Teil 2; herausgegeben von der Kirchenleitung der Vereinigten Evangelisch-Lutherischen Kirche Deutschlands. Lutherisches Verlagshaus Hannover 1988

Umschlag: Ursula Stephan, Wetzlar
Satz: Jesusbooks, Großburgwedel
Druck: Jesusbooks, Großburgwedel
ISBN-10: 3-417-24935-X
ISBN-13: 978-3-417-24935-4
Bestell-Nr.: 224 935

Inhalt

Einleitung

Die meisten jungen Frauen möchten vom Leben mitnehmen, was es zu bieten hat. Sie haben jahrelang davon geträumt, unabhängig zu sein, zu reisen, zu studieren, zu arbeiten, sich zu verlieben, zu heiraten, Kinder zu bekommen und eine glückliche Familie um sich zu scharen. Und irgendwann kommt der Moment, an dem es höchste Zeit wird, all diese Träume auch zu verwirklichen, und so stürzen sie sich kopfüber ins Leben, furchtlos und zuversichtlich. Es dauert nicht lange, bis sie merken, dass das Leben nicht ganz so ist, wie sie es sich vorgestellt haben. Sie erleben Höhen und Tiefen, werden von Freude und Enttäuschungen überrascht. Und sie stellen bald fest, dass viele der aufregenden Erfahrungen, die sie machen, sie weit mehr herausfordern, als sie sich das je ausgemalt haben.

Wie kann eine junge Frau mit Kindern umgehen, die sie zwar liebt, die ihr aber viel abverlangen? Wie kann eine Frau ihrem Mann Mut machen, wenn er seine Arbeitsstelle verliert? Wie kommt eine Frau mit Prämenstrualem Syndrom zurecht, wenn sie jeden Monat neu den Boden unter den Füßen verliert? An wen kann sich eine Frau in guten und in schweren Zeiten wenden? Wer hilft ihr bei schwierigen großen Entscheidungen oder kleinen Schwierigkeiten? Es gäbe so unendlich viele Fragen, die an dieser Stelle stehen könnten. Und doch wird gerade eine der wertvollsten Hilfen, die einer jungen Frau zur Verfügung stehen, oft übersehen: die Erfahrung einer älteren Frau, die Ähnliches wie sie erlebt hat – einer Frau, die Trost, Rat, Hoffnung und Zuversicht vermitteln kann, weil sie weiß, wovon sie redet. Wir glauben, dass wir auf der Reise durch unser Leben viel besser vorwärts kommen, wenn wir von Frauen lernen, die uns auf dieser Reise vorausgegangen sind. Und deshalb haben wir dieses Buch geschrieben.

Bevor wir mit dem Schreiben begannen, beschlossen wir, uns Freundschaften zwischen älteren und jüngeren Frauen anzusehen. Wir fragten uns, wie viele jüngere Frauen überhaupt eine ältere Freundin hätten. Also luden wir zwölf Frauen zwischen 20 und 30 zu einer ganz lockeren Gesprächsrunde ein. Nachdem wir sie mit Kuchen und starkem Kaffee versorgt hatten (nichts scheint eine Frau so gesprächig zu machen wie starker Kaffee!), fragten wir sie, ob sie eine ältere Frau kannten, an die sie sich wendeten, wenn sie Rat oder Hilfe brauchten – eine Mentorin. Nur eine der zwölf Frauen hatte eine solche Freundin. Als nächstes fragten wir: »Wenn ihr eine Möglichkeit hättet, einer älteren, erfahreneren Frau eine Frage zu stellen, was würdet ihr sie fragen?«

Drei Stunden später hatten wir vom eifrigen Mitschreiben Schwielen an den Fingern. Es war nicht zu übersehen, dass diese jungen Frauen regelrecht nach dem lechzten, was die Lebenserfahrung älterer Frauen ihnen bieten konnte. Sie wünschten sich eine ältere Frau, die ihnen sagen konnte, was noch vor ihnen liegen könnte, die von den Höhen und Tiefen, den Erfolgen und dem Versagen ihres eigenen Lebens berichten und ihnen für ihr eigenes Leben Rat geben konnte.

Danach beschlossen wir, dieses Buch über ältere Frauen zu schreiben – ihre Geschichten zu Papier zu bringen und damit die Lebensweisheit, die sie erworben hatten, auch anderen Frauen zugänglich zu machen.

Die Begebenheiten, die wir hier niedergeschrieben haben, sind alle wahr. In manchen Fällen haben wir Details geändert oder einzelne Dialoge oder Szenen geschaffen, die vielleicht nicht ganz so stattgefunden haben, aber im Kern sind all diese Geschichten unverändert geblieben. Und vergessen Sie nicht – das alles sind nur winzige Bruchstücke aus dem Leben dieser Frauen; wir haben den Eindruck, nur ein kleines Stückchen der Weisheit mitbekommen zu haben, die sie im Lauf ihres Lebens angesammelt haben.

Wir begannen die Arbeit an unserem Buch einfach damit, dass wir einen Fragebogen erstellten, in dem die Fragen und Themen unseres Gesprächskreises vorkamen. Weil wir Christen sind, liegt den Fragen für dieses Buch und auch den Ratschlägen, die sich aus dem Erlebten ergeben, ein christliches Weltbild zugrunde. In Titus 2,3-5 werden die älteren Frauen aufgefordert, die jüngeren Frauen durch Beziehungen und durch ihr Beispiel zu lehren. Und im Buch Hiob wird betont, dass Alter und Erfahrung Weisheit hervorbringen. »*Bei Greisen ist Weisheit, und Einsicht bei hohem Alter*« (Hiob 12,12; Elberfelder Bibel).

Unsere Fragebögen verteilten wir überall. Wir gaben sie unseren Freundinnen, damit diese sie an ihre Mütter und Großmütter weitergeben sollten. Wir gaben sie an ältere Frauen, von denen wir viel hielten, und sie verteilten sie an ihre Freundinnen weiter. Wir verschickten die Unterlagen als E-Mails, brachten sie bei Gemeindeveranstaltungen unters Volk und hatten im Auto immer einige Exemplare liegen, um sie jederzeit weitergeben zu können. Das Ergebnis war, dass wir unwahrscheinlich faszinierende Frauen kennen lernten. Wir verbrachten unzählige Stunden im Gespräch mit ihnen und sammelten bei Telefonaten und direkten Interviews so viele Informationen, wie wir nur konnten. Wir weinten und lachten mit so vielen bemerkenswerten Frauen. Wir hätten so gerne alle ihre Geschichten hier aufgeschrieben, aber das ging nicht – die Geschichte von Vernie zum Beispiel, die eine unbezähmbare Freude ausstrahlte, obwohl sie die letzten Jahre ihres Lebens in einem Pflegeheim verbrachte. (Inzwischen ist sie im Himmel.) Oder Roxie, die mit ihrem Mann und fünf Kindern in den ganzen USA herumzog, um in Altenheimen und im Radio zu singen. Oder Elbe, die ihr erstes Kind zur Welt brachte, als ihr Mann im Zweiten Weltkrieg kämpfte. Und doch hoffen wir, dass die Geschichten, die wir hier ausgewählt haben, Ihnen Mut machen, auf eine ältere Frau zuzugehen, die sie als Freundin, Beraterin und Mentorin begleiten kann.

Wir möchten allen Frauen danken, die unseren Fragebogen ausgefüllt und all unsere schwierigen Fragen beantwortet haben. Mit ihrer Bereitschaft, offen von ihrem Leben und von dem, was sie darin gelernt haben, zu berichten, haben sie sich ein Stück weit verletzlich gemacht, und das hat uns bewegt.

Wir hoffen und beten, dass Sie an unseren Geschichten nicht nur Freude haben, sondern dass sie Ihnen auch für Ihr eigenes Leben eine Hilfe sind. Hören Sie hin, was diese Frauen zu sagen haben, und überlegen Sie, was Sie von ihnen lernen können. Halten Sie ein paar Papiertaschentücher bereit, denn an manchen Stellen kommen Ihnen bestimmt die Tränen. Und legen Sie einen Stift in Reichweite, um am Ende jeder Geschichte die Fragen zum Nachdenken zu beantworten. Aber noch wichtiger ist, dass Sie sich bewusst machen, dass jede dieser Frauen Ihnen gerne bei dem beistehen möchte, was Sie selbst im Moment erleben. Und auch wir beten, dass Sie neuen Mut bekommen und sich herausfordern lassen, selbst eine Beziehung zu einer älteren Frau aufzubauen – Ihre ganz persönliche Ratgeberin, die Ihnen auf Ihrer Lebensreise eine Hilfe sein kann.

... in großen Schwierigkeiten

Pat

Mitten in der Krise traf Pat eine Entscheidung. Sie beschloss, dass Gott sie zur Trösterin für andere machen sollte; sie beschloss, zufrieden zu sein und nicht bitter zu werden.

Pat kämpfte sich durch den dichten Nebel, der den Schlaf vom Wachsein trennt. Sie zwang sich, die Augen zu öffnen. Da war dieses Geräusch wieder, sie hatte also nicht geträumt. *Wer klopft denn um diese Zeit an die Tür?*

In der Dunkelheit eines fremden Hotelzimmers tastete sie unsicher nach dem Lichtschalter neben ihrem Nachttisch. »Komme sofort!«, rief sie und fragte sich, wer um vier Uhr morgens wohl vor ihrer Tür stehen würde. Ihr Herz schlug wie wild, als sie sich einen Morgenmantel überwarf. Wäre doch nur ihr Mann da! *Ist ja nicht mehr lang, sagte sie sich. Er kommt ja bald.* Sie tapste barfuß zur Tür und schaute durch den Spion, bevor sie die Kette zurückzog. »Was in aller Welt macht ihr denn hier?«, fragte sie Curt und Lois, gute Freunde von ihr. Sie umarmte sie beide zur Begrüßung, als sie in ihr kleines Zimmer traten.

Lois griff nach Pats Hand und führte sie zum Sofa hinüber, »Setz dich besser, Pat. Wir müssen dir etwas sagen.« Pat versuchte, die Nebelfetzen abzuschütteln, die immer noch vor ihren Gedanken hingen. *Warum sind sie hier?*

»Wollt ihr ein Glas Wasser?«, fragte sie und unterdrückte dabei ein Gähnen. »Oder ich könnte einen Kaffee aufsetzen.«

»Nein, danke«, sagte Lois, als sie sich aufs Sofa setzte und Pat sanft an ihre Seite zog.

Curt setzte sich auf die andere Seite und legte ihr einen Arm um die Schulter. »Pat, Ron kommt nicht.«

»Nimmt er das nächste Flugzeug?«, fragte Pat. Die beiden meinten bestimmt, dass er auf den Philippinen seinen Flug verpasst hatte.

Ihre Freunde antworteten nicht. Der ohnehin schon schwach beleuchtete Raum schien um Pat herum noch dunkler zu werden. Eine Welle der Übelkeit stieg in ihr hoch. Eine kalte, feuchte Hand griff nach ihrem Herzen und schien es gar nicht mehr loslassen zu wollen.

»Nein, Pat. Versteh doch«, sagte Lois, »Ron ist im Flugzeug gestorben. Er ist beim Herrn. Er kommt nicht zurück.«

»Man kommt an den Punkt, an dem man sich entscheiden muss: Entweder man lässt zu, dass Gott etwas Gutes aus dem Schlechten macht oder man kämpft für den Rest des Lebens dagegen an.«
Pat, 58

Pat wollte es in ihrer Fassungslosigkeit nicht wahrhaben: »Das kann gar nicht sein. Ich habe doch gestern Abend noch mit ihm gesprochen, bevor ich ins Bett ging.« Sie sah verwirrt von Lois zu Curt und wieder zurück. In ihren Gedanken machte sich Verwirrung breit, und sie konnte nicht mehr klar denken. Panik breitete sich in ihrem ganzen Körper aus, bis sie dachte, sie würde jeden Moment platzen.

Ron würde von seiner Missionsreise nach Hause kommen. Sie wusste es einfach. Es stimmte schon, vor mehr als einer Woche war er beim Abendessen mit Magenkrämpfen zusammengebrochen. Aber die Ärzte vor Ort waren davon ausgegangen, dass seine Schmerzen von einem Nierenstein herrührten. Als seine Schmerzen etwas nachließen, schlugen sie deshalb vor, dass er nach Amerika zurückkehrte und sich dort weiter behandeln ließ. Sobald Pat davon hörte, tat sie, was jede Frau in einer solchen Situation tun würde, die seit achtzehn Jahren mit ihrem Mann verheiratet ist:

Sie bereitete alles für sein Heimkommen vor. Sie hatte genau dieses Hotel ausgewählt, weil es ganz nahe am Flughafen lag. Das würde es viel einfacher machen, ihn vom Flughafen abzuholen. Sie hatte sogar dafür gesorgt, dass sich ein Krankenwagen und ein Notarzt bereithielten, falls sie gebraucht wurden.

Winzige Nadelstiche kribbelten ihren Rücken hinunter und breiteten sich in Armen und Beinen aus. Lois drückte ihre Hand. Plötzlich wurde Pat bewusst, dass sie den Atem anhielt. Sie wünschte sich verzweifelt, dass ihre Freunde ihr sagten, dass alles in Ordnung sei und dass Ron auf dem Weg zu ihr war. Stattdessen nahmen sie sie fest in den Arm, und sie begann zu weinen.

»Was ist denn passiert?«

»Das wissen wir nicht so genau«, erklärte Curt. »Wir wissen nur, dass Ron eine halbe Stunde, nachdem das Flugzeug gestartet war, aufstand, um ein Glas Wasser zu trinken. Und dabei ist er wohl zusammengebrochen. Der Missionsleiter hat uns angerufen und gebeten, zu dir zu fahren und es dir zu sagen. Er wollte nicht, dass du alleine bist, und wir wollten nicht, dass du an den Flughafen fährst und es dort von jemandem erfährst, den du gar nicht kennst.«

Es entstand eine Stille, und dann fügte Lois hinzu: »In dem Flugzeug war auch ein Arzt.« Als würde das den Schmerz nehmen oder auch nur eine Frage beantworten.

»Wir bringen dich nach Hause, sobald du hier fertig bist«, sagte Curt.

Ihre Freunde halfen ihr, die wenigen Sachen zusammenzupacken, die sie mitgebracht hatte. Sie gingen unten an die Rezeption und meldeten sie ab. Als draußen die Sonne aufging und einen neuen Tag ankündigte, fühlte sich Pat, als läge über ihrer Zukunft eine gewaltige Sonnenfinsternis.

Zu Hause war niemand. Und doch war das Haus so voll – mit Erinnerungen. Wohin sie auch sah, wurde sie an Ron erinnert. Sie öffnete seinen Schrank, und sein Geruch strömte ihr entgegen. Sie wachte neben einem unberührten Kissen auf und musste weinen.

Auf dem Kaminsims stand immer noch ein Geburtstagsgeschenk, das er ihr von den Philippinen aus geschickt hatte. Es war mit einer handschriftlichen Notiz versehen: »Erst öffnen, wenn ich wieder da bin.« Sie packte das Paket lange nicht aus, weil sie damit endgültig hätte akzeptieren müssen, dass Ron tot war. Als sie es schließlich doch öffnete, fiel ihr eine wunderschöne Uhr entgegen, in die eine Inschrift graviert war: »Bis dass der Tod uns scheidet.« Wieder weinte sie hemmungslos. Sie packte die Uhr wieder in ihren Karton und verstaute sie in ihrem Kleiderschrank.

Später erfuhr sie von dem Arzt, der Ron wiederzubeleben versucht hatte, dass ihr Mann mehrmals das Bewusstsein wiedererlangt hatte. Einmal hatte er nach dem Arm des Arztes gegriffen und gesagt: »Keine Sorge, Gott weiß schon, was er tut.« Pat fühlte sich von diesen letzten Worten unwahrscheinlich getröstet. Sie glaubte, dass sie speziell für sie waren – von Ron und auch von Gott.

Pat fühlte sich taub, als sie wie früher für ihre vier Kinder sorgte. Ihr fünfzehnjähriger Sohn hielt sich mit Freunden und vielen Aktivitäten beschäftigt, um den Schmerz zu übertünchen, während ihr Dreizehnjähriger sich allein in seinem Zimmer verschanzte. Ihr Elfjähriger weinte viel, und ihre acht Jahre alte Tochter dachte jedes Mal, wenn es an der Tür läutete, dass ihr Vater wieder nach Hause gekommen war – in ihrem Alter konnte sie den Tod ihres Vaters noch nicht annähernd begreifen.

Pat hatte keine Antworten auf ihre vielen Fragen, die ihr das Herz zerrissen. Und sie konnte auch einfache Fragen nicht mehr beantworten wie die, was es zum Abendessen gab.

Eines Abends kam eine Freundin vorbei und brachte ihr ein paar Brathähnchen. Pat stand an der Küchentheke. Sie konnte sich nicht entscheiden, ob sie Kartoffelpüree, Kroketten oder Reis dazu machen sollte, und so machte sie schließlich gar nichts.

Ihr Kummer über Rons Tod wurde noch verstärkt, weil es sieben lange Tage dauerte, bis sein Leichnam aus Japan überführt werden konnte, wo das Flugzeug nach Rons Tod notgelandet war.

Als der Leichnam endlich ankam und obduziert wurde, stellte sich heraus, dass Ron gar keine Nierensteine hatte. Stattdessen hatte er sich auf den Philippinen einen Parasiten eingefangen, der eine Entzündung seiner Bauchspeicheldrüse verursacht hatte. Die Krankheit breitete sich rasch in allen lebenswichtigen Organen aus und zerstörte sie. Weil es Ron mit den Schmerzmitteln, die die Ärzte verschrieben hatten, besser ging, hatte man ihm vorgeschlagen, mit einem gewöhnlichen Linienflug heimzukehren und nicht mit einem speziellen Krankenflugzeug.

»Eine Sache, die ich gelernt habe, ist, dass jeder Mensch Trauer unterschiedlich erlebt – und auch unterschiedlich lange.«
Pat

Pat brach schluchzend auf dem Sofa zusammen und drückte den Autopsiebericht an ihr Herz. *Gott, wenn du doch so gut bist und uns so lieb hast – warum hattest du uns dann so deutlich gemacht, dass Ron auf diese Reise gehen sollte – und wie konnte dann so etwas passieren? Warum hast du unsere Gebete, Ron gesund heimzubringen, nicht erhört?*

Fragen dieser Art quälten sie lange. Sie wuchsen zwischen ihr und Gott zu einer dicken Dornenhecke heran. Manchmal war sie so wütend, weil Gott Ron hatte sterben lassen, dass sie gar nicht mehr klar denken konnte. Zorn machte sich in ihr breit – ein Gefühl, das sie bis dahin gar nicht gekannt hatte. Sie wusste nicht, wie sie mit diesem immensen Ärger, den sie nicht unter Kontrolle halten konnte, umgehen sollte, und es machte ihr Angst.

»Dass Sie diesen Ärger empfinden, gehört zur Trauer einfach dazu«, erklärte ihr ein Seelsorger, dem sie anvertraute, was in ihr vorging. »Gehen Sie doch einfach auf den nächsten Flohmarkt, kaufen Sie sich billiges Porzellan, und wenn Sie diesen Zorn in sich wahrnehmen, schlagen Sie einfach was davon kaputt!«

Am nächsten Samstag schlenderte Pat also über einen Flohmarkt und wühlte sich durch ganze Stapel von Porzellan. In einem Karton entdeckte sie eine protzige Glasplatte, auf die kitschige rosa Blümchen und drei riesige, hässliche grüne Kreise aufgemalt waren. *Die sind so hässlich, dass ich sie gerne kaputt hauen würde,* dachte Pat, als sie den Karton mit dem ganzen Glasservice an sich nahm und den Verkäufer suchte, um zu bezahlen.

Einige Wochen später saß Pat im Hof, und Duffy, ihr Cockerspaniel, lag zu ihren Füßen. Pat versuchte verzweifelt, ihrer Bibellese irgendetwas abzugewinnen. Frustriert schaute sie zum Himmel auf: »Gott, jetzt ist es schon zweieinhalb Monate her, seit Ron tot ist, und im Moment empfinde ich alles andere als Trost. Bitte gib mir doch ein paar Worte, die mir weiterhelfen.« Sie blätterte in ihrer Bibel herum und suchte darin nach Worten des Trostes. Je mehr der Trost sich ihr entzog, desto mehr Ärger empfand sie. Sie schlug einen Psalm auf, der sie nur noch wütender machte, sah wieder zum strahlend blauen Himmel auf, deutete wütend auf ihre Bibel und rief: »Hier heißt es, dass du eine Zuflucht und eine starke Festung bist, aber im Moment bist du das für mich nun wirklich nicht! Und da steht, dass du die beschützt, die dich lieben, aber Ron hast du nicht beschützt!« Sie wurde von ihrem eigenen Ärger geschüttelt wie von einem Sturm. Ihr Herz begann schneller zu schlagen.

»Ich habe im Lauf meines Lebens schon genügend bittere Menschen getroffen, und mir war klar, dass ich die Wahl hatte, entweder bitter zu werden – oder ein Segen für andere. Ich wollte lieber ein Segen sein.«
Pat

Sie marschierte zur Garage hinüber und griff nach dem Karton mit dem hässlichen Geschirr vom Flohmarkt. Sie musste eine Weile überlegen, in welcher Entfernung von ihrem zwei Meter hohen Zaun sie sich hinstellen sollte, dass sie zwar den Zaun gut traf, gleichzeitig aber nicht von den Nachbarn gesehen wurde. Nachdem sie die perfekte Stelle gefunden hatte, stellte sie den Karton ab, griff nach einer Kaffeetasse und warf sie mit aller Wucht gegen den Zaun. Es tut gut, etwas kaputt zu machen, dachte sie, als sie nach dem nächsten Teil, einem Teller, griff. Wieder legte sie auf den Zaun an und sagte zu Gott: »Hoffentlich fühlst du jetzt genau den Schmerz, den ich fühle!« Mit aller Kraft, die ihre zierliche Statur aufbringen konnte, schleuderte sie auch diesen Teller gegen den Zaun. Als nächstes nahm sie sich einen Kuchenteller vor; sie warf ihn wie eine Frisbeescheibe, was etwas merkwürdig aussah. Er traf voll auf den Zaun und zersprang in tausend kleine Scherben. Wieder und wieder warf sie ihr Porzellan gegen den Zaun. Eine Kaffeetasse landete im Gras, und so ging sie extra hin, hob sie auf und warf sie erneut. Und mit jedem Teil, das sie warf, schrie sie Gott unter Tränen ihren Zorn entgegen.

»Warum hast du mir Ron weggenommen?«

Krach!

»Wie soll ich denn bitteschön ohne ihn zurechtkommen?«

Krach!

»Er war mein bester Freund!«

Krach!

Duffy legte verwundert den Kopf schief und schaute zu, wie sie ihren Ärger abbaute. Nachdem sie ein gutes Dutzend Stücke aus ihrem Service zerschlagen hatte, fühlte sie sich müde. Sie ging zum Zaun hinüber, kniete sich ins Gras und begann, all die Scherben aufzusammeln. »Ich will doch nicht, dass die Kinder sehen, was ich hier angerichtet habe«, sagte sie zu ihrem Hund. »Die kriegen ja Angst, wenn sie denken, dass ihre Mama hässliches Geschirr an den Gartenzaun schmeißt.« Nachdem sie alle Scherben aufgesammelt hatte, fiel sie erschöpft in ihren Gartenstuhl im Hof. Sie kraulte Duffy hinter den Ohren, als er den Kopf auf ihren Schoß legte. Sie seufzte und sagte: »Naja, Duffy, wahrscheinlich kann ich jetzt den Rest meines Lebens Geschirr zerdeppern, oder ich überlege mir, was Gott aus den Scherben meines Herzens machen könnte. Was meinst du?«

Und plötzlich dämmerte es ihr. Menschen stehen im Lauf ihres Lebens immer wieder vor weitreichenden Entscheidungen, und eine solche Entscheidung lag nun auch vor ihr. *Wie gehe ich nach dieser Tragödie nur mit Gott um? Bin ich bereit, ihm zu vertrauen, dass er auch das Schlimme, das passiert ist, in meinem Leben und in dem der Kinder benutzen kann, damit wir Jesus ähnlicher werden?* Je mehr sie über diese Frage nachdachte, desto mehr dachte sie daran, dass auch Gott der Vater und Jesus voneinander getrennt werden mussten, damit Gottes Plan erfüllt werden konnte. Sie waren auch nicht froh über diese Trennung. Und auch Pat war nicht froh über das, was passiert war. Sie wollte nicht von Ron getrennt sein, aber sie wollte auch nicht für den Rest ihres Lebens bitter und wütend sein. Also beschloss sie, bis auf Weiteres bei Gott Trost zu suchen – und nicht mehr Antworten auf all ihre Fragen nach dem Warum.

> *»In Jesaja 43,2 heißt es ›Wenn‹ du durchs Wasser gehst, bin ich mit dir, und ›wenn‹ du durchs Feuer gehst, wirst du nicht verbrennen. Es heißt nicht ›falls‹. Vertrauen Sie also auf Gott – nicht, dass er alles Schlimme von Ihnen fernhält, sondern dass er mit Ihnen durch alles hindurchgeht.«*
> *Pat*

Sie schloss die Augen, atmete tief durch und formulierte ein Gebet, das mehr ihrem Glauben als ihren Gefühlen entsprach: »Gott, ich möchte, dass du mich gebrauchst. Auch mit gebrochenem Herzen. Vielleicht kannst du das alles benutzen, dass was Gutes draus wird.« In diesem Moment beschloss sie, zufrieden zu sein und nicht bitter.

Von da an gelang es ihr immer besser, zur Normalität zurückzukehren. Eine ganze Zeit lang hatten Freunde ihr Essen vorbei gebracht, aber nun war es an der Zeit, wieder selbst einzukaufen und zu kochen. Sie schob ihren Einkaufswagen durch den Laden und legte eine Packung Tortillas oben auf ihre Einkäufe. Sie griff nach einer Flasche Salsa-Sauce – Rons Lieblingssauce. Pat brach in Tränen aus. Ihre Knie fühlten sich so weich an, dass sie sich mitten zwischen den Regalen auf den Boden setzte. Links und rechts von ihr gingen Leute vorbei, aber niemand beachtete das Häufchen Elend, das dort weinend auf dem schmutzigen Boden saß. Niemand sprach sie an, ob sie Hilfe brauchte. Sie fühlte sich schrecklich einsam. Dass sie allen egal zu sein schien, machte ihren Schmerz nur noch größer.

Schließlich stand sie wieder auf und bürstete sich den Dreck von der Hose. In diesem Moment durchzuckte sie der Gedanke: *An wie vielen Leuten bin ich in diesem Supermarkt wohl schon vorbeigelaufen, die schrecklichen Kummer empfanden?*

Die Erkenntnis, die sie dort im Supermarkt hatte, veränderte ihr Leben. Sie begann Gott zu fragen, wie sie anderen Trost spenden konnte. Anstatt sich um ihren eigenen Schmerz zu drehen, beschloss sie, stärker auf die Schmerzen anderer Menschen zu achten und nicht achtlos an denen vorbeizugehen, die Kummer hatten.

Inzwischen betet Pat jedes Mal, wenn sie einkaufen geht, für Menschen, die mutlos und traurig sind. Sie betet, dass Gott ihr offene Augen gibt zu sehen, wo sie anderen helfen kann.

Einmal bemerkte sie im Supermarkt eine Frau, die zusammengesunken in einer Ecke saß. Sie hatte die Augen geschlossen und stützte den Kopf schwer auf ihre Hände. Pat ging mutig auf sie zu und sprach sie an: »Entschuldigen Sie bitte. Ich möchte nur fragen, ob ich Ihnen irgendwie helfen kann.«

Etwas verwirrt sah die Frau auf, starrte Pat mit feuchten Augen an und sagte: »Ja. Sie können für mich beten.« Mehr sagte sie nicht.

»Ich bete gerne für Sie«, sagte Pat. »Aber ich wollte, dass Sie hier nicht weggehen, ohne zu wissen, dass Sie jemandem wichtig sind.«

Mit den Jahren gewöhnte Pat sich immer besser an ein Leben ohne ihren Mann. Der Schmerz verschwand nie ganz. Gerade in Zeiten, in denen es viel Grund zur Freude gab – als ihre Tochter beim Schwimmen einen Wettkampf gewann, ihr Ältester heiratete oder ihre beiden jüngeren Söhne an den ersten Baseballspielen teilnahmen –, hätte sie diese bedeutenden Momente gerne mit Ron geteilt.

Inzwischen sind dreizehn Jahre vergangen und Pat kommen immer noch die Tränen, wenn sie an Ron erinnert wird. Sie trägt immer noch ihren Ehering. Das Päckchen, das er ihr von den Philippinen geschickt hat, liegt immer noch in ihrem Schrank. Die Uhr würde sie einfach zu schmerzhaft daran erinnern, dass Rons Tod sie früher auseinander gerissen hat, als sie sich das je vorgestellt hätte. Es ist ein anderer Schmerz als der, den sie in der ersten Zeit nach seinem Tod erlebte. Aber er wird immer Teil ihres Lebens sein, weil Pat und Ron sich so nahe standen. Und doch hält Pat treu an der Entscheidung fest, die sie damals getroffen hat: dass Gott diese Katastrophe benutzt, um anderen zu helfen.

> *»Fragen Sie einen Menschen, der trauert, nicht, wie Sie ihm helfen können. Das kann er Ihnen selbst nicht sagen. Bitten Sie lieber Gott um Weisheit und Verständnis, zu erkennen, wo Sie helfen können.«*
> *Pat*

Heute steht Pat vielen Frauen bei, die durch eine Krise gehen, und sie spricht vor Frauengruppen auf der ganzen Welt. Sie lacht schnell lauthals los, und genauso schnell kommen ihr die Tränen – je nachdem, was der Augenblick oder ihr Gegenüber gerade erfordert. »In dieser Zeit habe ich gelernt, meine ehrlichsten, aufrichtigsten, echtesten Gebete zu beten. Nicht alles, was passiert, hat Gott so verursacht, aber alles, was passiert, hat er zugelassen. Was uns äußerlich passiert, ist nicht halb so wichtig wie das, was in uns passiert. Gott ist in all unserem Schmerz bei uns und benutzt ihn dann, um uns ihm ähnlicher zu machen.« Weil sie das begriffen hat, kann Pat heutzutage anderen beistehen, die schmerzhafte Verluste erlitten haben. Und sie nutzt dazu jede Gelegenheit.

Betty

Durch den tragischen Verlust ihrer Tochter lernte Betty, die Frage »Warum, Gott?« nicht mehr zu stellen.

»Betty«, flüsterte eine leise Stimme. Verwirrt öffnete Betty die Augen.

»Ja?«, fragte sie und wunderte sich, dass die Gemeindesekretärin sie mitten in einem Treffen der Hauskreisleiter unterbrach – und dann auch noch während des gemeinsamen Gebets.

»Dein Mann ist am Telefon. Es ist dringend.«

Betty erhob sich von den Knien und hastete zum Telefon im Gemeindebüro. »Don?«

»Ein Arzt aus Aberdeen hat hier gerade angerufen, Betty. Er hat gesagt, das Cyndy im Krankenhaus ist. Sie liegt im Koma.« Seine Stimme klang erstickt. »Er sagt, sie ist schwer krank. Ich habe ihm gesagt, wir würden sofort kommen.«

Ihre Gedanken und ihr Herzschlag begannen gleichzeitig zu rasen. »Ich komme sofort heim«, sagte sie und legte den Hörer auf. Sie musste sofort nach Hause. Sie musste zu Cyndy, ihrer 23-jährigen Tochter, die während der Semesterferien nach Schottland gefahren war, um ein paar Freunde zu besuchen.

Nachdem sie von einem Bekannten aus ihrem Hauskreis heimgefahren worden war, begann Betty sofort, ihre Koffer zu packen, während Don ihr das wenige erzählte, das er von dem Neurochirurgen hatte erfahren können. »Sie hat heute morgen Hirnblutungen gehabt«, erklärte er, und in seinen Augen standen Tränen. »Er hat gesagt, dass sie vielleicht nicht mehr am Leben ist, bis wir es von Kalifornien dorthin schaffen.«

Herr, lass Cyndy bitte wenigstens leben, bis wir dort sind, betete Betty verzweifelt, während sie ihre Kleidung achtlos in den Koffer warf.

Im Flugzeug hielten Betty und Don einander bei der Hand und weinten leise zusammen. Tränen liefen Betty über das Gesicht, als sie den Herrn wieder anflehte, Cyndy leben zu lassen. *Warum denn nur, Herr? Warum solltest du sie sterben lassen? Sie hat dich doch so lieb und dient dir so treu!* Betty war immer erstaunt gewesen, wie viel geistliche Reife ihre Tochter an den Tag legte. Sie schien immer irgendeine Bibelarbeit vorzubereiten oder sonst etwas für den Herrn zu tun. Betty konnte sich einfach nicht vorstellen, wie Gott jemanden sterben lassen konnte, der ihn so lieb hatte und ihm so hingegeben diente.

Als Schmerz und Verzweiflung sie zu überwältigen drohten, hielt sich Betty an dem fest, was sie von Gott wusste. *Herr, ich weiß, dass du Cyndy noch viel mehr liebst als ich, und ich bete einfach nur, dass dein vollkommener Wille auch in ihrem Leben geschieht. Bitte hilf mir, deinen Willen anzunehmen, auch wenn er ganz anders aussieht als meiner.* Als Betty diese Worte hoch über dem Atlantik betete, wurde sie von einem regelrechten Meer von Frieden – ja, sogar Freude – überspült. *Das muss wohl von dir kommen, Herr,* murmelte sie durch ihre Tränen hindurch, und sie musste sogar ein kleines bisschen lächeln. *Ich könnte nie so empfinden, wenn du das nicht schenktest.*

»Ich habe gewusst, wenn es überhaupt etwas gibt, das die Finsternis von Cyndys Koma durchdringen konnte, dann ist es Gottes Wort.«
Betty, 67

Als das Flugzeug schließlich in Aberdeen landete, begrüßte die Familie, bei der Cyndy gewesen war, Don und Betty. »Cyndy lebt!«, sagte Gillian, die Mutter von Cyndys Freundin. Betty atmete erleichtert auf, und Gilian fuhr fort: »Sie liegt noch im Koma, aber ihr Zustand hat sich stabilisiert.« Gilians freundliche Worte und ihre feste Umarmung gaben Betty neue Hoffnung.

Als sie zum Krankenhaus fuhren, versuchte sich Betty innerlich schon darauf einzustellen, ihre ansonsten so lebhafte Tochter im Koma auf der Intensivstation liegen zu sehen. Trotzdem brach es ihr fast das Herz, als sie Cyndys Zimmer betrat. Ihre Tochter lag völlig bewegungslos da; ihr wunderschönes aschblondes Haar lag wie ein Fächer auf dem Kissen um ihren Kopf herum. Allerhand Schläuche, Apparate und Flaschen standen und hingen um sie herum. Bettys Knie gaben nach, und so zog sie einen Stuhl heran, legte den Kopf auf Cyndys Bett und weinte. *Sie dient dir doch so hingegeben. Warum, Herr? Warum denn nur?* Ihr unterdrücktes Schluchzen wurde von der Matratze weiter gedämpft.

Sie hielt ihren Kopf immer noch im Bett vergraben, als sie merkte, wie sich freundlich eine Hand auf ihre Schulter legte. Sie sah auf und blickte in das mitfühlende Gesicht der Oberschwester. »Reden Sie mit Cyndy«, sagte sie im schönsten Schottisch. »Streicheln Sie ihr den Arm. Halten Sie ihr die Hand. Sie kann Sie hören und ihre Berührung wahrnehmen.«

Betty wischte sich die Tränen aus den Augen, setzte sich auf und nahm die Hand ihrer Tochter. »Schätzchen, wir sind da. Papa und ich sind bei dir. Wir haben dich lieb, Cyndy. Wir sind für dich da.« Sie stand auf, beugte sich über Cyndy, küsste sie auf die Stirn und wischte dann ihre eigenen Tränen von Cyndys Gesicht.

Am nächsten Tag erklärte der Neurochirurg Betty und Don, dass er ohne eine umfangreiche Operation nicht herausfinden könnte, woher die plötzlichen Hirnblutungen gekommen waren. Sie konnten sich für diese Idee alle nicht erwärmen. Ihnen war es am wichtigsten, dass Cyndys Zustand sich weiter stabilisierte und sie nach Hause fliegen konnte. Aber ein hartnäckiges Fieber hielt Cyndy zweieinhalb Monate im Krankenhaus in Aberdeen fest.

Als die Zeit fortschritt, spielte sich für Betty eine Alltagsroutine mit Cyndy ein. Sie ging früh morgens zum Krankenhaus, um sie zu baden. Dann las sie ihr ein oder zwei Stunden aus der Bibel vor, betete mit ihr und hörte Kassetten mit Lobpreisliedern an. Als sie eines Morgens wie üblich einen Stuhl an Cyndys Bett zog, sagte sie: »Ich habe gestern Abend Jesaja gelesen, Cyndy. Hör dir das mal an.« Und sie schlug ihre Bibel auf und las Jesaja 26,3 vor: »Wer festen Herzens ist, dem bewahrst du Frieden; denn er verlässt sich auf dich.« Sie konnte die Tränen nicht zurückhalten, als sie die Worte noch einmal las. Sie sah von ihrer Bibel auf und betrachtete ihre Tochter, wie sie dort im Koma lag, und sie spürte wieder, was Gott dort versprochen hatte. Mitten in all ihrem Kummer war ihr Herz in Trost gewickelt wie in eine Decke. »Cyndy, wir dürfen ihn nicht aus den Augen verlieren. Wenn wir ganz fest an ihm hängen, wird er uns Frieden geben.«

Schließlich begann sich Cyndys Zustand zu verbessern. Endlich ließ ihr Fieber nach, und die Ärzte erlaubten, dass sie nach Kalifornien geflogen wurde. Als Betty mit Cyndy im Flugzeug saß, rief sie sich die Wahrheiten von Gottes Wort wieder ins Gedächtnis und hoffte, dass es mit Cyndy immer weiter aufwärts gehen würde, wenn sie erst einmal zurück in den USA war.

Im Krankenhaus von San Diego kümmerten sich neue Ärzte um Cyndy. Nach einer ganzen Serie von Untersuchungen und einer Hirnbiopsie bat Cyndys Neurochirurg Betty und Don, ihn in der Lobby des Krankenhauses zu treffen. Sie zogen sich in eine ruhige Ecke zurück und der Arzt sagte sanft: »Es tut mir Leid, Ihnen das zu sagen, aber wir haben in Cyndys Gehirn einen Tumor festgestellt. Daher kamen die Blutungen. Sie sollten wissen, dass dieser Tumor bösartig ist und nicht operiert werden kann. Wir können nichts tun.« Der Azt hatte freundliche Augen, und seine Stimme war voller Mitgefühl. »Nehmen Sie sie mit nach Hause. Machen Sie ihr das Leben noch so schön wie möglich. Sie hat nicht mehr lange.«

Obwohl diese Nachricht für Betty nicht völlig überraschend kam, war sie von der Endgültigkeit dieser Diagnose so vor den Kopf geschlagen, dass sie eine Weile lang wie gelähmt war. Sie saß bewegungslos da, während um sie herum das Leben einfach weiter zu gehen schien. *Warum denn nur, Herr? Sie hat dich doch lieb! Und sie hat doch noch eine Aufgabe in der Welt.*

Lange nachdem der Arzt gegangen war, machte sich Betty auf den Weg zu den Telefonen. Sie fühlte sich wie ein Automat. Sie musste ein paar Anrufe tätigen, damit die Familie und ihre Freunde auch wussten, was der Arzt gesagt hatte. In der Telefonzelle sank Betty auf einen Plastikstuhl und schloss die Augen. Nachdem sie einige Minuten einfach nur dagesessen hatte, hatte sie den Eindruck, dass Gott ganz klar zu ihr sprach. *Verdränge nicht, dass ich Cyndy zu mir nehme. Nimm es an, und ich werde dich an der Hand fassen und die nächste Zeit mit dir durchstehen. Wenn du es dagegen nicht wahrhaben willst, wirst du dich um meine Führung bringen und um alles, was ich dir zeigen möchte.*

»Wir erleben Frieden, wenn wir auch das Schwere annehmen.«
Betty

Eine ganze Weile lang ließ Betty diese Worte auf sich wirken. Sie hatte schon öfter Menschen erlebt, die einfach verdrängten, dass jemand starb, und es nicht wahrhaben wollten. *Aber das macht es nur noch schlimmer, nicht wahr, Herr?*

Eine Woche später, als Betty und Don sich darauf einstellten, Cyndy nach Hause zu holen, stieg Betty in ihr Auto, um zum Krankenhaus zu fahren und dort einigen Papierkram zu erledigen. Plötzlich fühlte sie sich genötigt, ihre Bibel aufzuschlagen und Jesaja 55 zu lesen. Eigentlich hätte sie längst losfahren müssen, aber sie konnte einfach nicht anders, als diesem Drang nachgeben. Sie griff zum Beifahrersitz hinüber, nahm ihre Bibel auf und blätterte durch die Seiten, bis sie zu Jesaja kam. Als ihr Blick auf Vers 8 fiel, sog sie die Worte regelrecht in sich auf und ließ sie direkt zu ihrem Herzen sprechen:

»Denn meine Gedanken sind nicht eure Gedanken, und eure Wege sind nicht meine Wege, spricht der Herr, sondern so viel der Himmel höher ist als die Erde, so sind auch meine Wege höher als eure Wege und meine Gedanken als eure Gedanken. Denn gleichwie der Regen und Schnee vom Himmel fällt und nicht wieder dahin zurückkehrt, sondern feuchtet die Erde und macht sie fruchtbar und lässt wachsen, dass sie gibt Samen, zu säen, und Brot, zu essen, so soll das Wort, das aus meinem Munde geht, auch sein: Es wird nicht wieder leer zu mir zurückkommen, sondern wird tun, was mir gefällt, und ihm wird gelingen, wozu ich es sende« (Jesaja 55,8-11).

»Vertrauen kann man nur jemandem, den man kennt, und ich kenne meinen Vater. Ich weiß, dass er in seinem ganzen Wesen vollkommen vertrauenswürdig ist.«
Betty

Tränen stiegen ihr in die Augen, als diese Worte in ihr Raum gewannen. Ich werde deine Wege nie verstehen, Herr. Und das ist auch gar nicht meine Aufgabe. Meine Aufgabe ist nur, dir zu vertrauen. Mehr nicht. Tränen liefen ihr über die Wangen, und sie merkte, dass Gott wieder direkt zu ihr sprach. In diesem Augenblick hörte sie auf, Gott zu fragen, warum er Cyndy sterben ließ, obwohl sie ihn so lieb hatte. Betty konnte ihn vielleicht nicht verstehen, aber sie konnte ihm vertrauen. Sie atmete tief durch, schloss die Augen und betete. *Wenn ich immer wieder Warum? frage, kann ich Cyndys Tod nie wirklich akzeptieren, oder, Herr? Und ich werde von dir abgelenkt.* Sie lächelte durch ihre Tränen hindurch, als Gottes Friede sie wieder durchströmte.

An diesem Nachmittag wurde Cyndy mit einem Krankenwagen nach Hause gefahren. Betty fuhr mit und dachte die ganze Zeit an die Verse aus Jesaja, die sie am Morgen gelesen hatte. Als sie auf das bewegungslose Gesicht ihrer schlafenden Tochter blickte, zerriss es ihr fast das Herz. Sie wusste nicht, wie lange Cyndy noch bei ihnen sein würde, aber sie nahm Gott beim Wort und hielt sich daran, dass sein Wille und seine Ziele entscheidend waren, nicht ihre. *Herr, ich hasse das alles. Wenn ich doch nur sterben könnte und nicht Cyndy. Aber ich vertraue dir*, flüsterte sie, als sie ihrer Tochter über die Wange strich.

Entgegen den Prognosen des Arztes lebte Cyndy noch sechs

furchtbar lange Monate. An einem ruhigen Februartag lag sie nachmittags friedlich in ihrem Bett zu Hause. Ihre Familie hielt ihre Hand. Im Hintergrund spielte leise Anbetungsmusik. Als Cyndy ihren letzten Atem aushauchte, sprach die Musik Betty direkt an: »Wir stehen auf heiligem Boden, und um uns herum scharen sich die Engel.« Obwohl Betty froh war, dass Cyndys Kampf vorbei war, zerbrach ihr Herz in viele kleine Splitter.

Nach der Beerdigung suchte Betty in ihrer Gemeinde nach einer Gruppe, die Trauernde unterstützte, aber sie stellte fest, dass es so etwas nicht gab. Weil sie keine anderen Menschen kannte, die ihr helfen konnten, beschloss Betty, dass sie sich allein auf Gott verlassen würde. Er sollte sie führen und ihr durch den unermesslichen Kummer und Schmerz hindurchhelfen. Es wurde eine erstaunliche Reise, die Betty schließlich in einem eigenen Buch niederschrieb: *God's Grip in Grief (In der Trauer greift uns Gott).* Inzwischen koordiniert sie in ihrer Gemeinde selbst ein Team von Leuten, das Trauernde unterstützt. Außerdem bildet sie Mitarbeiter aus, die Gruppen für Trauernde leiten sollen, und ist anderen Gemeinden dabei behilflich, selbst eine Trauerarbeit zu beginnen.

Bis heute kann Betty es kaum fassen, wie Gott ihren Weg durch Cyndys Krankheit und Sterben hindurch benutzt hat, um anderen Menschen zu dienen. »Als ich das unbekannte Land betrat, vor dem sich alle Eltern fürchten, habe ich mich auf Gottes Reiseführer verlassen – die Bibel –, um mich zurechtzufinden. Und langsam aber sicher hat er mir eine Straßenkarte zur Verfügung gestellt, auf der mehr als 200 Verse deutlich machen, wie man diese Reise durch den Verlust überstehen kann. Es ist ein solcher Segen, das alles durch mein Buch und meine Arbeit auch anderen mitzuteilen.«

Jane

Jane leidet an Multipler Sklerose (MS). Im Verlauf der letzten 28 Jahre hat die Krankheit ihr alle Kontrolle über ihren Körper genommen. Da sie in diesem Leben so viel verloren hat, hat Jane die Hoffnung des ewigen Lebens neu schätzen gelernt.

Jane band sich ihre vielbenutzten Turnschuhe zu und sah auf die Uhr. Sie musste sich beeilen, um nicht zu spät zu dem Morgenspaziergang mit Linda, ihrer Nachbarin, zu kommen. Sie trat nach draußen und atmete tief den frischen Geruch nach Frühling ein. Es war so herrlich, draußen an der frischen Luft zu sein. Die Steroide, die ihr Arzt verschrieben hatte, um die kürzlich diagnostizierte MS unter Kontrolle zu halten, schienen Wunder zu bewirken. Ihr rechtes Bein schleifte nicht mehr nach, und die Muskeln in beiden Beinen fühlten sich kräftig an. Auf ihrem Weg nach nebenan summte sie ein Loblied.

Nachdem sie drei Kilometer bergauf gelaufen waren, fühlte sich Jane stark und voller Tatendrang. Sie duschte und sprang dann ins Auto, um zum Orgelüben zur Kirche hinüberzufahren. Als ihr Mann Mel am Abend nach Hause kam, hatte sie das Haus einem Großputz unterzogen, und das Abendessen stand dampfend auf dem Tisch.

In dieser Nacht drehte sie sich unruhig im Bett hin und her. Der Arzt hatte ihr erklärt, dass Schlaflosigkeit eine der Nebenwirkungen der Steroide sein könnte. Nach mehreren Stunden fand sie sich damit ab, dass sie wohl keinen Schlaf mehr finden würde, also konnte sie genauso gut aufstehen und etwas tun. Sie stieg aus dem Bett und schlurfte in die Küche hinüber. Nachdem sie sich ein Glas Wasser geholt hatte, ging sie ins Wohnzimmer hinüber und machte es sich in ihrem Lieblingssessel gemütlich. Sie griff nach ihrem Tagebuch und begann zu schreiben.

Vor ein paar Tagen habe ich erfahren, dass ich MS habe. Ich bin nicht am Boden zerstört, eher erleichtert. Jetzt kann ich mir immerhin all die merkwürdigen Dinge erklären, die in der letzten Zeit in meinem Körper vorgegangen sind. Ich habe auch keine Angst vor der Zukunft, weil der Arzt gesagt hat, dass MS bei jedem Menschen anders verläuft. Er hat sich meine Unterlagen angeschaut und mir erzählt, dass sie sich vor zehn Jahren schon gefragt hatten, ob ich MS habe, aber sie waren sich damals nicht ganz sicher. Es ist mir all die Jahre gut gegangen, also mache ich mir keine Sorgen. Im Moment geht es mir besser als je zuvor.

Jane ging es weiter großartig, bis sie einen neuen Schub hatte. Wieder begann sie ihr Bein nachzuziehen, aber diesmal schien es schlimmer zu sein als beim letzten Mal. Wieder verschrieb ihr der Arzt Steroide, und innerhalb von zwei Tagen konnte sie wieder normal laufen. Aber als diese Medikamente abgesetzt wurden, war sie recht wackelig auf den Beinen; von da an brauchte sie einen Stock.

Der Kreislauf von MS-Schub, Steroid-Einnahme und einigermaßen normalem Leben zog sich über viele Jahre hin. Die hohen Dosen Steroide wirkten gegen die Entzündung und halfen kurzfristig, sodass Jane ganz normal leben konnte. Sie spielte immer noch Orgel, ging jeden Morgen spazieren und hielt ihr Haus tadellos in Ordnung. Aber mit der Zeit, als ihre Beine immer schwächer wurden, beschränkte sie ihren Spaziergang auf ein paar hundert Meter ohne Steigung. Irgendwann war ihr selbst das zu viel.

Eines Morgens, bevor sie ihre übliche Runde antrat, fühlte sie sich matter als gewöhnlich. Sie kämpfte gegen die Müdigkeit an und zwang sich vorwärts zu gehen; sie wollte einfach nicht klein beigeben.

Aber etwa auf der Hälfte ihres Wegs geriet sie in Panik. Ihre Beine waren so schwach, dass sie dachte, sie würde keinen einzigen Schritt mehr gehen können. Sie hielt an, schloss die Augen und versuchte, sich auf ihren Körper zu konzentrieren. Sie hatte sich das nicht eingebildet. Ihre Beine schienen wirklich jeden Moment nachgeben zu wollen. *Ich schaffe es nicht mehr zurück zum Auto*, dachte sie. Verzweifelt sah sie sich nach etwas um, an dem sie sich festhalten konnte. Knapp 100 Meter entfernt stand ein kleines Klohäuschen. *Komm schon, Jane, bis dahin schaffst du es noch*. Mühsam einen müden, schweren Fuß vor den anderen setzend, bewegte sie sich langsam in Richtung des Häuschens vorwärts. Sie hielt sich mit beiden Armen daran fest. Zentimeter für Zentimeter bewegte sie sich darum herum, bis sie auf der anderen Seite angekommen war.

Sie blickte sich nach der nächsten Sache um, die ihr Halt geben konnte. Ein paar Meter weiter stand ein Pfosten neben dem Weg. *Bis dahin schaffst du es auch noch, Jane*, redete sie sich selbst Mut zu. Obwohl sich ihre Beine wie Gummibänder anfühlten, wagte sie den Schritt in Richtung Pfosten. *Zum Auto muss ich dann wahrscheinlich kriechen*, dachte sie mit Grauen. Immerhin schaffte sie es bis zum Pfosten und krallte sich daran fest, als hinge ihr Leben davon ab. Nachdem sie sich ein paar Minuten lang ausgeruht hatte, schleppte sie sich die letzten Meter bis zum Auto und sank auf den Fahrersitz. *Das war dann wohl das letzte Mal*, sagte sie zu sich selbst und legte den Kopf aufs Lenkrad.

»Ich kann David in den Psalmen gut verstehen, wenn er vor Gott sein Herz ausschüttet. Er redet ganz aufrichtig über seine Kämpfe. Das ist für mich ein großer Trost, denn ich erlebe selbst auch oft Zeiten, in denen ich zu kämpfen habe.«
Jane, 52

Am nächsten Morgen, als an einen Spaziergang nicht zu denken war, zogen dunkle Wolken in ihren Gedanken auf. Sie war todtraurig. *Was werde ich noch alles verlieren?*, fragte sie sich, als sie aus dem Wohnzimmerfenster auf den herrlichen Herbsttag draußen starrte. Sie schob den Gedanken beiseite und ging nach draußen auf die Veranda. In der frischen Luft würde sie sich gleich besser fühlen. Sie betrachtete die Kiefern vor dem Haus und versuchte, an etwas Schönes zu denken. Aber sie konnte das Gefühl, etwas

Wesentliches verloren zu haben, einfach nicht abschütteln. So lange sie laufen konnte, hatte sie sich gesund und einigermaßen normal gefühlt.

Janes Gedanken begannen sich der Zukunft zuzuwenden. Sie hatte den Eindruck, die Kontrolle über ihr Leben verloren zu haben. *Es wird immer schlimmer*, dachte sie, und eine Welle von Angst stieg in ihr hoch. *Was kommt als nächstes?* Sie versuchte, sich zusammenzureißen und sich die Zukunft nicht in den dunkelsten Farben auszumalen. Aber ihr Körper zitterte noch lange, nachdem sich ihre Gedanken beruhigt hatten. Sie rief sich einen ihrer Lieblingsverse ins Gedächtnis und hielt sich daran fest: »Seid stille und erkennet, dass ich Gott bin!« (Psalm 46,11). Sie schloss die Augen und versuchte sich auf die Worte zu konzentrieren: *Sei still, Jane,* flüsterte sie. *Sei still.*

Jane begann Krücken zu benutzen, um kleine Strecken zurückzulegen, und zum Einkaufen benutzte sie einen kleinen Motorroller. Anfangs war sie mit diesen unförmigen Hilfsmitteln todunglücklich. Mit den Krücken kam sie sich hässlich und hilflos vor. Und der Roller ließ sich nicht gut um Ecken manövrieren, sodass sie in einigen Läden die Dekoration ansteuerte. Aber je weiter die MS fortschritt, desto mehr wusste sie ihre Geräte zu schätzen. Sie wusste, dass sie ohne Roller und Krücken alleine nirgendwo mehr hinkommen würde. Sie waren die kleinen Rettungsanker, die ihr immerhin ein Restchen Unabhängigkeit ermöglichten.

Oft bat Jane Linda und ihre Familie um ihre Mithilfe, wenn sie den Roller in ihr Auto laden wollte. Sie war immer sehr dankbar für die Hilfe, und gleichzeitig empfand sie es als schrecklich demütigend, bei allem Möglichen Hilfe in Anspruch nehmen zu müssen. An einem Nachmittag sah sie zu, wie Linda mit ihrem gesunden Körper den Roller aus dem Wagen hob, und es fiel ihr schwer, nicht an all das zu denken, das sie einmal gehabt und nun verloren hatte. Nachdem sie Linda für ihre Hilfe gedankt hatte, sah sie ihrer Nachbarin lange zu, wie sie zu ihrem Haus zurückging.

Ihre Schritte waren fest und stark. Jane sah auf ihre eigenen Beine herunter, die immer schwächer wurden, und riss sich zusammen. *Nein, Jane,* ermahnte sie sich selbst. *Fang so gar nicht erst an.* Sie hielt sich an 2. Korinther 4,16-18 fest: »Darum werden wir nicht müde; sondern wenn auch unser äußerer Mensch verfällt, so wird doch der innere von Tag zu Tag erneuert. Denn unsere Trübsal, die zeitlich und leicht ist, schafft eine ewige und über alle Maßen gewichtige Herrlichkeit, uns, die wir nicht sehen auf das Sichtbare, sondern auf das Unsichtbare. Denn was sichtbar ist, das ist zeitlich; was aber unsichtbar ist, das ist ewig.«

Ja, Herr, betete sie, als sie nach drinnen rollte. *Diese nutzlosen Beine sind sowieso nicht von Dauer. Hilf mir, dass ich mich an dem Unsichtbaren festhalten kann, das du für mich bereithältst. Mach mich jeden Tag neu, Herr. Lass mich dir ähnlicher wesrden.*

Die Steroide schlugen immer weniger an. Jane konnte immer weniger tun, und ihr Leben spielte sich immer mehr in den eigenen vier Wänden ab. Vor anderen Leuten gab sie sich immer mutig, und sie versuchte, über ihre Situation nicht zu viel nachzudenken. Sie wollte Mel, der immer so optimistisch war, nicht mit der Mutlosigkeit belasten, die sie tief in ihrer Seele empfand. Nur wenn sie alleine zu Hause war, erlaubte sie sich einige erstickte Seufzer, mit denen sie all ihre Angst und Enttäuschung vor Gott brachte.

Bald war Jane so schwach, dass auch ihre Gehhilfen nicht mehr ausreichten. Die Krücken wanderten in den Schrank. Ihr Oberkörper war inzwischen nicht mehr stark genug, um sich selbst auf den Motorroller hieven zu können, und ihre Hände konnten die Schalthebel nicht mehr bedienen. Auch zum Orgel spielen waren ihre Hände zu schwach, und später wurden sie zu steif, um Briefe zu schreiben oder den Computer zu benutzen. Völlig auf andere Menschen angewiesen, kämpfte Jane gegen die Depressionen an. »Seit ich ein kleines Mädchen war, habe ich immer alles alleine machen wollen«, weinte sie bei ihrer Seelsorgerin. »Und jetzt kann ich gar nichts mehr selbst tun.«

Jane mochte es nicht, dass andere nun die Hausarbeit übernahmen, die sie so gerne selbst getan hätte. Hilfsbereite, freundliche Freunde aus der Gemeinde kamen vorbei, um ihr das Haus zu putzen. Aber nachdem sie gegangen waren, war Jane nur wütend. *Sie haben alles falsch gemacht. Und nichts ist mehr da, wo es vorher war.* Sie zuckte innerlich zusammen. Sie hatten Geschirr, das nicht zusammenpasste, zusammengestellt und es auch noch falsch gestapelt, und sie konnte nichts daran ändern. Die Krankheit hielt sie gefangen. Sie ließ den Kopf hängen. In ihren Augen brannten Tränen, und ihre Arme hingen nutzlos an ihr herunter.

Als Jane und Mel einen todschicken, lederbezogenen Rollstuhl bestellten, musste Jane über den Gurt lachen. *Wofür sollte ich mich denn anschnallen?* Sie konnte sich das einfach nicht vorstellen. Aber je mehr Schaden die MS in ihrem Körper anrichtete, desto weniger war sie imstande, ihren Oberkörper aufrecht zu halten. Schließlich war sie froh über den zusätzlichen Halt, den ihr der Gurt gab.

Inzwischen wird Jane rund um die Uhr von einer Pflegerin betreut. Viele Stunden jeden Tag werden für ganz alltägliche Dinge wie Baden, Anziehen oder Essen verwendet. Weil Mel von zu Hause aus arbeitet und seine Mitarbeiter ständig kommen und gehen, ist sie nie allein. Ihr Haus ist immer voller Menschen, die Jane helfen, sich trotz ihres eingeschränkten Lebens nicht einsam zu fühlen. Sie hat auch zwei Freundinnen, die sie jede Woche besuchen. Mit ihnen redet sie über Gott und die Welt; sie tauschen sich über das aus, was sie bewegt, und beten zusammen. Diese Besuche bringen immer wieder frischen Wind in ihr Leben und die geistliche Nahrung, die sie braucht.

Durch all ihre Verluste hindurch hat Jane an ihrem Glauben festgehalten. Obwohl sie unbeweglich in ihrem Rollstuhl sitzt und so gut wie keine Kontrolle mehr über ihren Körper hat, strahlt ihr Gesicht Hoffnung aus. Ihre strahlenden blauen Augen leuchten, wenn sie erklärt: »Wenn mich die Hoffnungslosigkeit überkommt, versuche ich mir bewusst zu machen, dass wir sowieso nicht lange hier sind. Gemessen am großen Ganzen ist unser Leben hier doch nur ein kleiner Ausschnitt. Ewiges Leben wartet auf uns.« Sie schaut auf ihre matten Arme und Beine herunter und fährt mit einem Lächeln, das tief aus ihrem Innern kommt, fort: »Diese Hülle lassen wir irgendwann sowieso hinter uns. Wir werden einen neuen Körper haben, der nicht eingeschränkt ist von all dem, was nicht richtig funktioniert.« Und mit dem Blick auf ihre steifen, unbeweglichen Hände sagt sie zuversichtlich: »Eines Tages wird dieser Körper wieder frei sein.«

Jeden Morgen, wenn sie auf ihre Pflegerin wartet, erinnert sie sich wieder daran: »In dieser Welt ist alles vergänglich – nur Christus ist ewig.«

Janes Worte sind eine wichtige Erinnerung für jede Frau, die durch ein dunkles Tal wandert. Dieses Leben ist nicht die letzte Wirklichkeit. Es gibt ewiges Leben durch Jesus Christus.

Lorraine B.

Lorraines Mann war plötzlich verstorben. Als ihr Schwiegersohn, Todd Beamer, bei den Terroranschlägen des 11. September 2001 umkam, wusste sie deshalb, was auf ihre Tochter zukam.

Der Regen prasselte mit voller Wucht auf das Autodach, und Lorraine umfasste das Lenkrad mit aller Kraft. Auf dem Rücksitz hinter ihr schliefen friedlich ihre beiden Enkelkinder. *Ich bin so froh, dass die beiden schlafen. Wahrscheinlich habe ich sie ganz gut müde gemacht.* Die Scheibenwischer flogen wild über die Windschutzscheibe und boten ihr kurze Momente, in denen sie die Straße klar sehen konnte. Lorraine beugte sich vor und versuchte, die gelben und weißen Straßenmarkierungen zu erkennen. *Bin ich froh, wenn ich Todd sehe! Ich fahre diese Strecke so ungern – vor allem im Regen.*

In den letzten fünf Tagen hatte Lorraine sich um die beiden Jungs gekümmert, während ihre Tochter und ihr Schwiegersohn in Italien Urlaub machten. Heute, am 10. September, brachte sie zwei müde Kleinkinder zu ihren Eltern zurück. Erst vor ein paar Wochen war ihr eigenes viertes Kind, Jonathan, zu Hause ausgezogen, um aufs College zu gehen. Sie konnte es immer noch nicht glauben. Wenn sie ihre Enkel heute abgeliefert hatte, würde sie endgültig ganz alleine zu Hause sein.

Der 11. September ist der erste Tag vom Rest meines Lebens, dachte sie. *Ohne Kinder im Haus kann ich endlich einmal all die Dinge tun, die ich seit Jahren immer wieder aufgeschoben habe. Ich kann mehr Seelsorge anbieten. Ich kann mehr Zeit mit meinen Freundinnen verbringen. Aber es wird ein bisschen komisch sein, allein zu leben.*

Allein. Sie hatte sich das eigentlich nicht so vorgestellt, nach dem Auszug der Kinder allein dazustehen. Aber vor 18 Jahren war Paul, ihr Mann, plötzlich gestorben, und sie hatte vier Kinder im Alter von zwei bis fünfzehn Jahren alleine großziehen müssen. Nach seinem Tod hatte sie ganz für die Kinder gelebt. Sie studierte noch einmal, erwarb einen Magister in Seelsorge und arbeitete hart, um sie alle gut zu versorgen. Nun waren ihre Kinder erwachsen und von zu Hause ausgezogen. Diese Nacht stellte einen Wendepunkt zwischen zwei Wegstrecken in ihrem Leben dar. Und morgen würde ein neuer Abschnitt beginnen.

Nach einer Dreiviertelstunde Fahrt war sie am vereinbarten Treffpunkt angekommen und parkte ihr Auto neben Lisas und Todds Kleinbus. Todd lächelte und winkte ihr zu. *Danke, Herr, dass wir das geschafft haben*, dachte sie, als sie erleichtert aufatmete. Todd sprang aus seinem Auto und rannte durch den strömenden Regen, um die Kinder aus ihrem Auto in seins zu tragen. Lorraine stieg aus, um ihm zu helfen, und war innerhalb von Sekunden nass bis auf die Haut.

Niemand hatte große Lust, dort draußen im Regen ausführliche Gespräche zu führen, aber eine Frage wollte Lorraine ja doch loswerden: »Hattet ihr einen schönen Urlaub?«

»Ja!«, sagte Todd. Das war das letzte Wort, das sie aus seinem Mund hörte.

Sie sah zu, wie Todd in sein Auto stieg und die Jungs in ihren Kindersitzen anschnallte. »Ich ruf Lisa an, wenn ich wieder zu Hause bin. Sie kann mir dann ausführlicher erzählen, wie es war«, rief Lorraine ihm zu, als sie zur trockenen Wärme ihres Autos zurückrannte.

Zu Hause angekommen, rief sie gleich Lisa an.

»Danke, Mama. Es war wunderschön, ein bisschen Zeit mit Todd alleine zu haben. Es war ein großartiger Urlaub. Morgen muss er wieder arbeiten. Er fliegt nach Kalifornien.«

»Aber das geht doch nicht. Ihr seid doch gerade erst angekommen«, wandte Lorraine ein.

»Ja, ich weiß. Aber es geht nicht anders. Er hätte eigentlich schon heute dort sein sollen, aber er wollte die Jungs noch sehen. Also fliegt er morgen früh hin und morgen Abend wieder zurück.«

»Junge, Junge, ich weiß gar nicht, wie er das alles schafft. Naja, ich ruf dich morgen noch mal an. Hab dich lieb.«

Am nächsten Morgen, als Lorraine aufwachte, war es draußen sonnig und warm. *Was für ein großartiger Tag*, dachte Lorraine, als sie zur Arbeit fuhr. *Wie gut, dass der Regen endlich aufgehört hat.* Sie schaltete das Radio ein, um Nachrichten zu hören. Die bedeutendste Neuigkeit war das Comeback von Michael Jordan, Todds Lieblings-Basketballspieler. *Da wird Todd sich ja freuen. Aber wenn es nichts Wichtigeres zu berichten gibt, ist heute wohl kein besonders bemerkenswerter Tag*, überlegte sie.

Nach ihrer ersten Sitzung setzte sich Lorraine an ihren Schreibtisch, um einige Dinge nachzuarbeiten, die in der letzten

Zeit liegen geblieben waren. Dave, der zweite Pastor ihrer Gemeinde, kam zu ihr ins Büro und verkündete: »Hast du das mitbekommen? Da ist ein Flugzeug ins World Trade Center geflogen!«

»Ich habe nichts mitbekommen. Hatte einen Klienten. War es ein Unfall?«, fragte sie.

»Keine Ahnung. Ich geh mal wieder in mein Büro zurück und höre weiter Nachrichten.«

Nur wenig später stand er wieder im Türrahmen ihres Büros und gab ihr die neuesten Informationen weiter. »Der andere Turm ist auch getroffen worden. Die gehen davon aus, dass es Terroristen waren. Es heißt, die haben die Flugzeuge gekapert und bewusst in die Türme gesteuert.« Er verschwand für einen Moment und steckte den Kopf dann wieder in ihr Büro. »Lorraine, das ist unglaublich! Ich kriege über den Computer immer die neuesten Nachrichten rein, wenn du's dir auch anschauen möchtest.«

Lorraine starrte den Papierstapel auf ihrem Schreibtisch an und versuchte zu begreifen, was Dave da gerade gesagt hatte. Dann stieß auch Bev, die Frau von Pastor Dennis, zu ihnen; sie hatte noch weitere Neuigkeiten.

»Ich habe gehört, ein anderes Flugzeug ist ins Pentagon geflogen, und noch eins ist auf einem Feld in Pennsylvania abgestürzt.« Bevs Stimme klang ganz gepresst. »Sie haben alle Flughäfen geschlossen. Keine Flugzeuge dürfen mehr abfliegen.«

Eine plötzliche Angst griff nach Lorraines Herz. *Oh nein. Todd sollte doch heute fliegen. Ich muss unbedingt Lisa anrufen.* Lorraines Herz begann wie wild zu schlagen. Sie hatte ein ausgesprochen mulmiges Gefühl, als sie Lisas Nummer wählte. *Besetzt. Kein gutes Zeichen. Herr, bitte schenk, dass mit Todd alles in Ordnung ist.* Ein paar Sekunden, nachdem sie aufgelegt hatte, klingelte ihr Telefon. Es war Lisa. »Mama, ich glaube, Todd war in dem Flugzeug, das in Pennsylvania heruntergegangen ist!«

»Nein! Das kann doch nicht wahr sein!« Lorraine konnte es einfach nicht glauben. Und sie wollte es auch nicht glauben, bis es gar keine Zweifel mehr geben konnte.

»Doch«, brachte Lisa hervor.

»Ich komme sofort zu dir«, sagte Lorraine, die aufgeregt im Zimmer auf und ab ging und versuchte, Ruhe zu bewahren.

»Nein, Mama, du schaffst es sowieso nicht bis hierher. Alle Straßen sind gesperrt.«

»Irgendwie komme ich schon durch. Ich komme.«

»Bitte nicht, Mama. Ich will nicht, dass dir auch noch was zustößt«, schluchzte Lisa.

»Mach dir um mich mal keine Sorgen, Schätzchen. Ich komme schon zurecht. Ich fahre noch mal kurz zu Hause vorbei und mache mich dann auf den Weg zu dir.«

Sie war gerade erst zu Hause angekommen, als Bev und Dennis vor der Tür vorfuhren und darauf bestanden, sie zu Lisa zu fahren. Für die Strecke, die man normalerweise in zwei Stunden bewältigen konnte, brauchten sie nun vier. Alle großen Autobahnen waren gesperrt, und so mussten sie sich durch kleine Städtchen ihren Weg von Lorraines Haus in New York zu Lisas in New Jersey suchen. Lorraine saß während der ganzen Fahrt stumm da. Sie wollte auch gar nichts fühlen. Es tat einfach zu sehr weh. Diesen Schmerz kannte sie nur zu gut – und sie wollte ihn nicht noch einmal fühlen, den Schmerz, den sie damals bei Pauls Tod empfunden hatte.

»In jeder Situation steckt eine Chance. Auch wenn es Ihnen im Moment nicht so vorkommt, ist Ihre Krise eine Möglichkeit, Gott besser kennen zu lernen, der Mensch zu werden, als der Gott Sie haben möchte, und jemand anderen zu trösten mit dem Trost, mit dem Sie selbst von Gott getröstet worden sind.«
Lorraine, 58

Lorraine konnte sich nur zu gut daran erinnern. Ein wunderschöner Tag hatte ganz normal angefangen. Im üblichen Trubel eines Morgens mit vier Kindern hatte Lorraine Paul noch schnell auf die Wange geküsst, als er zur Arbeit aufbrach. Etwa eine Stunde später hatte sie einen Anruf erhalten, dass er zusammengebrochen und ins Krankenhaus gebracht worden war. Sie fuhr so schnell wie möglich zu ihm. Als sie ankam, war Paul bei Bewusstsein und konnte mit ihr reden. Der Arzt in der Notaufnahme schien sich nicht allzu große Sorgen zu machen, wollte Paul aber zur Beobachtung lieber eine Nacht dabehalten. Lorraine musste zurück, um sich um die Kinder zu kümmern. Also ließ sie ihn in der Obhut des Arztes zurück.

Am nächsten Morgen um halb sechs rief der Arzt an und erklärte: »Pauls Zustand hat sich letzte Nacht verschlechtert. Es sieht nicht gut aus. Wir verlegen ihn in ein anderes Krankenhaus, wo man ihn besser behandeln kann.«

»Ich fahre sofort dahin«, sagte Lorraine.

»Wahrscheinlich wäre es besser, wenn Sie jetzt nicht aus dem Haus gingen, damit wir Sie im Notfall erreichen können.«

Lisa weckte ihre vier Kinder: Lisa war 15, Paul 14, Holly 10 und Jonathan fast zwei Jahre alt. Sie saßen alle in Lorraines Zimmer zusammen und beteten für Paul. Gerade in dem Moment, als Lorraine »Amen« sagte, klingelte das Telefon. Es war der Arzt von vorher.

»Es tut mir Leid, Ihnen das sagen zu müssen, Lorraine. Wir haben Paul nicht mehr verlegen können. Er ist gestorben.« Lorraine merkte, dass sich der Schock wie eine Welle in ihr ausbreitete. Sie fühlte sich ganz taub. Ihr kamen keine Tränen. Sie wollte auch nicht vor ihren Kindern weinen. *Wenn ich mich jetzt hinsetze und anfange zu weinen, höre ich nie wieder auf*, dachte sie. Stattdessen saugte sie noch schnell im Wohnzimmer Staub, bevor sie ins Krankenhaus fuhr. Sie wusste, dass jede Menge Leute vorbeikommen würden, und sie wollte, dass ihr Haus dann wenigstens ordentlich aussah.

Und nun fuhr sie zu ihrer Tochter und zu ihren Enkelkindern, deren Ehemann und Vater gerade plötzlich von ihnen genommen worden war. Noch schlimmer war, dass Todds Leben und das so vieler anderer Unschuldiger durch einen Selbstmordattentäter beendet wurde. Es schien so unvorstellbar böse und ungerecht zu sein. *Wie können Menschen anderen Menschen nur so etwas antun?*, dachte sie. Sie fand es schwer, das alles überhaupt zu glauben. *Das stimmt alles gar nicht. Nein, das ist gar nicht passiert,* sagte sie sich immer und immer wieder. Sie starrte aus dem Fenster und sah überall Militärfahrzeuge und Soldaten. Doch, es war alles ganz real.

Lisas Haus war schon gefüllt mit Leuten. Die Straße stand mit Autos voll. In der Küche standen Essen und jede Menge Blumen.

»Wo ist Lisa?«, fragte Lorraine eine Freundin ihrer Tochter.

»Oben in ihrem Zimmer. Sie wollte alleine sein.«

Lorraine stieg die Stufen zu Lisas Zimmer hinauf. Die Tür war geschlossen. Sie klopfte leise an und öffnete dann vorsichtig die Tür. Lisa saß auf dem Bett und starrte aus dem Fenster. Sie sah einsam aus, verloren und verwirrt. Und sie war im fünften Monat schwanger.

Lisa konnte nicht sprechen. Lorraine ging zu ihr hinüber, nahm sie fest in die Arme und sagte: »Ich werde dir helfen, wo du mich brauchst.« Sie saßen zusammen auf dem Bett und schwiegen. Worte hätten die tiefen, schmerzhaften Gefühle nie beschreiben können, die sie beide empfanden. *Ich komme mir vor wie vor 18 Jahren,* dachte Lorraine die ganze Zeit. *Ich habe das alles schon einmal erlebt. Ich weiß, was auf sie zukommt. Ich weiß, dass sie selbst noch gar nicht abschätzen kann, was sie braucht, aber ich weiß es. Ich werde mich um sie und die Kleinen kümmern. Was sie auch brauchen, ich werde für sie da sein.*

Lorraine saß auf Lisas Bett, kämpfte gegen ihre eigenen Tränen an und hielt Lisa im Arm. Das Haus füllte sich mit Menschen, aber niemand verstand Lisa so gut wie ihre Mutter. Es war nun an der Zeit, das, was sie durch den Tod ihres Manns gelernt hatte, zu nutzen, um ihrer eigenen Tochter Trost zu spenden.

Lorraine blieb die nächsten drei Wochen bei Lisa und den Kleinen. Die meisten Tage brachte sie damit zu, sich um die Kinder zu kümmern. Menschen kamen scharenweise vorbei. Nachdem bruchstückhaft bekannt geworden war, wie mutig sich Todd in den letzten Momenten seines Lebens verhalten hatte, stürzten sich die Medien regelrecht auf Lisa. Lorraine sah erstaunt zu, wie ihre Tochter sich nach den tragischen Terroranschlägen öffentlich äußerte und zu einem Symbol der Hoffnung für Amerika wurde.

Einmal meinte Lorraine zu Lisa: »Gott hat mit dir und Todd wirklich etwas ganz Besonderes vor.«

»Aber warum denn nur?«, fragte Lisa.

»Warum weiß ich auch nicht. Aber schau dich doch nur mal an. Du steckst schon mittendrin!«

Ungezählte Anrufe, Briefe und Pakete gingen bei Lisa ein. Menschen aus der ganzen Welt schickten Päckchen. Manche waren einfach nur adressiert an: »Die Frau des Helden Todd Beamer, USA.« Anfangs versuchte Lorraine Lisa noch zu helfen, auf all die netten Gesten zu reagieren, aber es wurde einfach zu viel. Sie gaben es auf, all die Anrufe und Briefe zu beantworten. Es gingen immer mehr Anfragen an Lisa ein, bei öffentlichen Veranstaltungen zu sprechen oder im Fernsehen Interviews zu geben. Es ging so hektisch zu, dass Lorraine sich praktisch mit Lisa verabreden musste, damit die beiden überhaupt miteinander reden konnten. Aber sie war stolz, dass Lisa so gefasst und stark war, wenn sie vor den verschiedensten Gruppen sprach.

»Ich habe an die Terroristen kaum gedacht. Sie hatten meine Familie schon bis ins Mark verletzt, und ich wollte ihnen nicht die Macht geben, uns noch weiter zu verletzen. Ich wollte meine Zeit und Kraft einfach nicht auf sie verschwenden.«
Lorraine

Eine der Hauptsorgen, die Lorraine sich machte, war, dass Lisa es nicht schaffen würde, über Todds Tod angemessen zu trauern. Sie hatte den Eindruck, dass sie selbst sich für die Trauer um ihren eigenen Mann nie wirklich die Zeit genommen hatte. Sie war in die

Sorge um ihre Kinder geschleudert worden und hatte immer stark zu sein versucht. Dabei hatte sie es nie geschafft, den Schmerz über den Verlust wirklich zu empfinden und zu durchleben. Jetzt sah sie zu, wie Lisa sich ständig unter den wachsamen Augen der Öffentlichkeit bewegte, und sie machte sich ein wenig Sorgen.

Eines Morgens, ungefähr eine Woche nach dem 11. September, saßen Lisa und Lorraine nebeneinander in einem Bus, der sie und andere Angehörige von Menschen, die bei dem Absturz des Flugzeugs umgekommen waren, zur Absturzstelle nach Pennsylvania bringen sollte.

»Ich habe ganz viele Möglichkeiten, in den Medien aufzutreten, Mama. Heute Abend bin ich wieder im Fernsehen«, erzählte Lisa.

Wieder spürte Lorraine einen kleinen Stich der Besorgnis. *Herr, ich hätte nach Pauls Tod nie das tun können, was sie jetzt tut. Aber ich bin auch nicht Lisa. Ich muss sie dir überlassen. Ich weiß, dass du sie und Todd in all dem benutzen willst, egal wie schmerzhaft es ist. Sie wird ihre eigenen Entscheidungen treffen müssen. Lass mich ihr eine Hilfe sein, dir zu folgen.* Es war ein ganz kleiner stiller Augenblick, in dem sie versuchte, ihre Tochter loszulassen und in ihrem Wunsch, ihr Schmerzen zu ersparen, nicht über sie zu bestimmen. Sie fragte Lisa nur das eine: »Warum tust du das alles, Lisa? Was erhoffst du dir von all dem?«

> »Das Böse mag in der Welt herrschen, aber Gott steht über allem, und eines Tages wird er alles in Ordnung bringen.«
> Lorraine

Lisa wusste ganz genau, was sie wollte und warum. Sie wusste, warum sie all das öffentliche Interesse in Kauf nahm und sich äußerte, wenn sie die Gelegenheit bekam. »Ich möchte gerne, dass meine Kinder ihren Papa als Held in Erinnerung behalten. Und ich möchte gerne, dass Leute von unserem Glauben an Gott erfahren. Ich weiß, dass Todd sich das gewünscht hätte.«

»Das sind gute Gründe, Lisa. Ich kümmere mich in der Zeit um die Jungs oder springe ein, wo du mich brauchen kannst«, sagte

Lorraine. »Ich bin für dich da. Und für die Jungs. Ich habe sie gerne um mich. Und auch wenn all der Rummel nachlässt, werde ich für dich da sein, so lange du mich brauchst.«

In den nächsten eineinhalb Jahren arbeitete Lorraine immer nur von Montag bis Donnerstag und blieb von Donnerstagabend bis Sonntag bei Lisa, ihren beiden Söhnen und ihrer kleinen Tochter, die vier Monate nach Todds Tod geboren worden war.

»Der Trauerprozess dauert lang, aber Gott ist in unserer Trauer bei uns. Er trauert mit uns. Ich habe Gott vorher schon gekannt, aber jetzt kenne ich ihn auf einer ganz anderen Ebene.«
Lorraine

Der Gedanke, der ihr in all der Zeit durch den Kopf gegangen war, als sie Paul verlor, und der ihr auch jetzt nach Todds Tod immer wieder einfiel, war: »Ich will das nicht verschwenden. Obwohl ich es hasse und obwohl ich es mir nie selbst ausgesucht hätte, möchte ich es nicht verschwenden. Ich möchte daraus machen, was Gott sich dabei gedacht hat.«

Der Apfel fällt nicht weit vom Stamm. Lisa hat die Gelegenheiten genutzt, die sich durch Todds Tod ergaben, um anderen Menschen von ihrem Glauben zu erzählen. Und Lorraine nutzte diese Zeit, um für ihre Tochter und ihre Enkel da zu sein. Sie ist dankbar für die vielen Stunden, die sie mit ihnen verbringen kann, und sie freut sich, dass sie an ihren Leben teilhaben darf.

Eines Morgens, nachdem sie sich gerade mit einer Expertin für Öffentlichkeitsarbeit getroffen hatte, setzte sich Lisa zu Lorraine an den Küchentisch und sagte: »Es gäbe für mich noch sehr viele Gelegenheiten, in der Öffentlichkeit zu reden, Mama. Aber ich habe den Eindruck, ich habe alles gesagt, was ich zu sagen hatte. Ich habe beschlossen, da etwas kürzer zu treten. Ich möchte mich lieber wieder meinen Kindern widmen und auch für mich selbst Zeit haben.«

»Du bist wirklich erstaunlich, Lisa; ich habe dich immer bewundert. Wie du völlig ohne Vorbereitung aufstehst und genau das Richtige tust ... Als dein Vater starb, hätte ich nie aufstehen und darüber so reden können, wie du es jetzt über Todd tust. Ich bin von deiner Stärke immer sehr beeindruckt gewesen. Gott gebraucht dich auf so erstaunliche Weise. Wer weiß, was er noch mit dir vorhat?«

Aber natürlich verstand Lorraine Lisas Wunsch, die eigene Familie an die erste Stelle zu setzen. Schließlich hatte sie dasselbe getan, als ihr Mann starb. Andererseits spürte sie wieder, dass es nicht an ihr war, Lisa Ratschläge zu geben. Sie hörte ihr zu, lobte sie für das, was sie gut machte, und machte ihr Mut, ihren eigenen Weg durch die Trauer hindurch zu finden.

Lorraine hatte tatsächlich einen neuen Lebensabschnitt begonnen – aber es war nicht der, den sie sich ausgemalt hatte. Trotzdem empfindet sie ihn als sehr erfüllend und möchte jede Gelegenheit nutzen, um weiter zu wachsen. Sie hätte nie damit gerechnet, dass ihre Tochter den Tod ihres Mannes in einer für Amerika so schmerzhaften Zeit erleben musste, aber ihre eigenen Erfahrungen haben sie zu einer weisen Seelsorgerin und zu einer Mutter gemacht, die ihrer Tochter liebevoll zur Seite stehen kann.

Schwierigkeiten – Zusammenfassung

Das Leben ist hart. Jesus hat nicht gesagt: »In der Welt habt ihr *möglicherweise* Bedrängnis.« Er hat gesagt: »In der Welt *habt* ihr Bedrängnis; aber seid guten Mutes, ich habe die Welt überwunden« (Johannes 16,33; rev. Elberfelder; Hervorhebungen d. A.). Je älter eine Frau ist, desto wahrscheinlicher ist es, dass sie in irgendeinem Bereich ihres Lebens etwas ausgesprochen Schlimmes durchgemacht hat. Frauen, die durch große Schwierigkeiten hindurchgegangen sind, haben anderen Frauen, die gerade in einer

Krise stecken, oft genug wertvollen Rat anzubieten – selbst wenn die Situationen sich unterscheiden. Jede Frau hat eine Geschichte zu erzählen, eine Erfahrung weiterzugeben; jede Frau kann denen, die ihre Reise noch vor sich haben, raten und Hilfe bieten.

Wenn wir jemanden kennen, der schwere Krisen überstanden hat, dann macht es uns Hoffnung, dass auch wir Schwierigkeiten in unserem Leben überwinden können. Diese Menschen, die von dem Schweren nicht überwältigt wurden, haben eine Entscheidung getroffen: sie haben zugelassen, dass Not und Elend ihren Charakter formten. Sie haben beschlossen, daran zu wachsen, anstatt bitter zu werden. Auf diesen wichtigen Punkt sind wir im Interview mit Hunderten von Frauen immer wieder gestoßen: die Entscheidung, die man mitten in der Krise trifft, bestimmt darüber, ob in der Zukunft im Kern dessen, was sie sind und wie sie leben, Freude liegt oder Bitterkeit.

Sie alle sind Frauen, die Schweres erlebt und im Leben viel Kummer gehabt haben und trotzdem nicht in eine Opferrolle geschlüpft sind. Sie sind aktive Menschen, die ihre persönlichen Erfahrungen nutzen, um anderen Mut zu machen.

Mit welchen Schwierigkeiten haben Sie im Moment zu kämpfen? Welche Entscheidungen können Sie treffen, damit dieses Schwere in etwas Wertvolles verwandelt werden kann?

Beschließen Sie, mitten im Leid zum Segen für andere zu werden, oder wollen Sie lieber hart und bitter sein? Schreiben Sie Ihre Antworten in Ihr Tagebuch und stellen Sie sich diese Frage jede Woche wieder neu. Mit der Zeit werden Sie merken, welche Einstellung in Ihnen wächst.

Gibt es in Ihrem Umfeld jemanden, der im Moment Schweres durchmacht? Beten Sie, dass Gott Ihnen etwas zeigt, das Sie für diesen Menschen tun können – und dann tun Sie es.

Vorschläge:

1. Suchen Sie nach einer älteren Frau, die Ähnliches erlebt hat wie das, was Sie im Moment durchmachen. Rufen Sie sie einfach an und fragen Sie sie, ob sie bereit wäre, Ihnen von ihren Erfahrungen zu erzählen. Sagen Sie ihr, dass Sie ihren Rat und ihre Weisheit gut brauchen können, und beginnen Sie, sich regelmäßig mit ihr zu treffen.
2. Fangen Sie an, anderen zu helfen, die in Schwierigkeiten sind. Es gibt viele Organisationen und kirchliche Programme, in die Sie sich einbringen können. Rufen Sie dort einfach an. Benutzen Sie Ihre Erfahrungen, um anderen zu helfen.
3. Schreiben Sie Römer 8,28 auf ein Kärtchen und heften Sie dieses an Ihren Spiegel oder sonst irgendwohin, wo es Ihnen ständig ins Auge fällt. »Wir wissen aber, dass denen, die Gott lieben, alle Dinge zum Besten dienen, denen, die nach seinem Ratschluss berufen sind.« Lesen Sie diesen Vers öfters und entwickeln Sie einen Blick dafür, was Gott in Ihrem Leben an Gutem bewirkt.

... in der Ehe

Sue

Als Sue zu ihrem Mann sagte: »Ich vergebe dir«, meinte sie das ohne Wenn und Aber.

Unter dem dicken Bauch der Kuh, die sie gerade molk, verschwand der Kopf der dreizehnjährigen Sue fast. Das Mädchen hörte, wie sich die Tür zur Scheune mit einem Quietschen öffnete.

»Hallo, Sue.«

Sues Herz setzte einen Moment lang aus, als sie die Stimme von David erkannte, ihrem sechzehnjährigen Nachbarn. »Hallo«, sagte sie leise. Die warme Milch rann stoßweise in den Eimer zu ihren Füßen.

»Magst du am Freitag mit mir ins Kino gehen?«

Sue merkte, wie sie rot wurde. Sie sah hoch, ob in der Scheune sonst noch jemand war. Der Schwarm aller Mädchen auf ihrer Highschool fragte doch bestimmt nicht ausgerechnet sie, ob sie mit ihm ausgehen wollte. *Aber die Kuh kann er ja nicht meinen.* »Gern«, sagte Sue. Sie stand auf und wischte sich die milchverschmierten Hände an der Hose ab. »Ich muss erst meinen Vater fragen«, sagte sie und versuchte, ganz ruhig und gelassen zu klingen.

»Hab ich schon gemacht«, meinte David. Er lächelte.

Sue stolperte über den Milcheimer, und etwas Milch ergoss sich über den mit Heu bedeckten Boden. »Und was hat er gesagt?«, wollte sie wissen. Sie kam sich furchtbar unbeholfen vor.

»Er hat gesagt, das geht klar. Ich hol dich dann um sechs ab. Bis dann.«

Sobald David die Tür hinter sich geschlossen hatte, sank Sue auf den Melkschemel und lehnte den Kopf an den Bauch der Kuh. Mein erstes Date! Sie hielt sich die Hand vor den Mund, um nicht vor Begeisterung leise zu kreischen. *Das glauben mir meine Freundinnen bestimmt nicht!*

Der Funke, der an diesem Tag in der Scheune gezündet wurde, wuchs zu einer Flamme der Liebe heran. David und Sue waren die ganze Schulzeit hindurch befreundet und auch danach auf dem College. Vieles von dem, was sie zum ersten Mal taten, taten sie zusammen: das erste Mal mit jemandem ausgehen, das erste Mal zu McDonalds gehen, der erste Kuss und dann – das erste Kind.

Sue heiratete David, als sie achtzehn, schwanger und bis über beide Ohren in ihn verliebt war. Zwei Tage später begann er sein Zahnmedizinstudium. Sie bekamen eine Tochter und dann noch zwei Kinder, während David studierte. Irgendwie schaffte Sue es trotzdem noch, eine Ausbildung zur Kosmetikerin zu machen und arbeiten zu gehen, um Davids Studium finanzieren zu können.

Eines Tages kuschelte Sue sich auf ihrem durchgesessenen Sofa an David. Die beiden sahen ihren drei kleinen Kindern zu, die auf dem Fußboden ihrer kleinen Wohnung zusammen spielten. Sie sah dem Mann, den sie liebte, in die Augen und sagte: »Ich kann immer noch nicht richtig glauben, dass du aus all den Mädchen, die du hättest haben können, ausgerechnet mich ausgewählt hast.«

»Ich wollte gar keine andere«, sagte David, legte zärtlich den Arm um sie und küsste sie sanft auf die Stirn. »Du warst einfach die Beste.« Er seufzte. »Wenn ich dir doch nur mehr geben könnte. Aber ich sag dir was: Sobald ich mit dem Studium fertig bin und meine eigene Praxis habe, kaufen wir uns ein Haus und ein Auto, und wir müssen nie wieder Hamburger und Fruchtcocktail aus der Dose essen.«

»Du weißt doch, dass mir das alles gar nicht wichtig ist«, sagte Sue und lehnte ihren Kopf an seine breite Schulter. »Ich habe den Mann meines Lebens geheiratet. Was will ich denn noch mehr?« Sie schloss die Augen und freute sich im Stillen über all das Schöne, das sie beide verband.

Nachdem David mit dem Studium fertig war und noch zwei Jahre als Militärzahnarzt abgeleistet hatte, machte er das Versprechen wahr, das er Sue gegeben hatte. Seine Zahnarztpraxis ging so gut, dass sie das Haus ihrer Träume und einen Cadillac kaufen konnten, und sie wurden sogar Mitglieder im örtlichen Country Club. Innerhalb kürzester Zeit hatten sie ihr ärmliches Leben gegen ein Leben im Überfluss eingetauscht. Plötzlich hatten sie auch einen ganz anderen Freundeskreis – sie verkehrten mit den wichtigsten Leuten des Ortes. Sue genoss es, sich in Schale zu werfen und zu Feiern und Empfängen zu gehen. Aber der neue Lebensstil hatte seinen Preis.

Der finanzielle Erfolg und das aufregende Leben ließ sie alle Warnsignale und Alarmrufe übersehen, die sich ihnen boten. David, der viele Überstunden machte, um seine Praxis am Laufen zu halten, gewöhnte es sich an, nach der Arbeit mit seinen Kollegen noch auf ein Bier auszugehen – einfach nur um auszuspannen. Sue hätte nie gedacht, dass eine anscheinend so harmlose Angewohnheit ihre Beziehung in einen Strudel stoßen würde, der zu ihrer Vernichtung führen musste.

»Wenn Ihr Mann Sie um Vergebung bittet, müssen Sie diese Vergebung so gewähren wie Christus es getan hat – hundertprozentig! Ihre Ehe wird besser sein, als sie es sich je vorstellen konnten.«
Sue, 65

Weil er mittwochs und am Wochenende nicht arbeitete, ging David dienstags und freitags noch aus und kam erst gegen halb sieben nach Hause. Mit der Zeit dehnten sich die Treffen in der Kneipe immer weiter in den Abend hinein aus, und es kam immer wieder vor, dass er erst in den frühen Morgenstunden nach Hause wankte. Manchmal befürchtete Sue sogar, dass er gar nicht heimkommen würde.

Eines Abends riss ihr der Geduldsfaden. David stolperte wie üblich spät zur Haustür herein, aber diesmal wurde er von einer völlig aufgelösten, wütenden Sue empfangen. Sie griff nach seinem Hemd, riss es vorne mitten entzwei und begann seine Brust mit Fäusten zu traktieren. »Was denkst du eigentlich, wer du bist, mich so zu behandeln? Ich ertrag das nicht mehr!«

David war so betrunken, dass er auf ihren Angriff nicht einmal mehr reagieren konnte. Er murmelte irgendetwas, dass es ihm Leid tue.

»Ich habe immer ein Notizbuch mit mir herumgetragen, in dem ich alles aufschrieb, was ich an David schätzte. Immer wenn ich mutlos wurde, habe ich in dieses Notizbuch hineingeschaut und gelesen, was ich geschrieben hatte. Zuerst war es sehr schwierig, mich tatsächlich auf diese Dinge zu konzentrieren, aber es hat mir geholfen, nie zu vergessen, wie sehr ich ihn liebte.«
Sue

»Es reicht nicht, dass dir das Leid tut! Du und deine Freunde – ihr benehmt euch wie die hinterletzten Idioten. Die denken alle, du bist der Held jeder Party – aber ich finde das einfach nur abscheulich«, wütete Sue. Von dem Alkoholgeruch, der von ihm ausging, war ihr ganz schlecht.

David fiel ins Bett, ohne sich überhaupt erst noch auszuziehen, und schlief sofort ein. Sue starrte ihn an. *Das ist nicht der Mann, den ich geheiratet habe,* dachte sie. *Aber wohin sollte ich schon gehen, wenn ich ihn verließe? Wie könnte ich für die Kinder sorgen?* Sue weinte sich an diesem Abend in den Schlaf.

An der Situation änderte sich nichts.

Ein halbes Jahr später war ihre Beziehung auf dem Tiefpunkt angekommen. Am achten Geburtstag seiner Tochter griff David nach seiner Jacke und machte sich auf in Richtung Haustür.

»Wo willst du denn hin, David?« fragte Sue misstrauisch. »Es ist doch Sonntag, und es ist erst zehn.« Sie hatte das Gefühl, dass irgendetwas nicht stimmte, und ihr war ganz elend zu Mute. Sie versuchte die Tür zu schließen und ihn wieder in die Küche zurückzuholen.

»Ich geh nur mal auf ein paar Minuten zu Stan hinüber«, sagte David, als er die Tür wieder öffnete und in den Ärmel seiner Jacke schlüpfte.

»Aber heute feiert Ann doch ihren Geburtstag! Wir wollten um eins Schlittschuh laufen und danach hier mit Kaffee und Kuchen weiter feiern – die Johnsons und Robertsons wollten doch kommen!«

»Zum Schlittschuhlaufen bin ich wieder zurück. Mach dir mal keine Sorgen. Ich vergess doch nicht den Geburtstag meiner eigenen Tochter!« David küsste Sue flüchtig auf die Wange, lächelte zuversichtlich wie immer und verschwand.

David kam nicht zum Schlittschuhlaufen. Sue rief ihn an und bettelte, dass er wenigstens zu Kaffee und Kuchen heim käme. Aber er kam nicht. Um der Kinder willen ließ Sue sich nichts anmerken und veranstaltete eine wunderbare Party für die Kinder. Als David schließlich nach Hause kam, fand er Sue im Schlafzimmer. Sie packte ihre Koffer, um ihn zu verlassen.

»David, ich kann nicht mehr. Du bist nicht mehr der Mann, den ich mal geheiratet habe«, eröffnete sie ihm, als sie einen Pullover faltete und oben auf die anderen Sachen in ihren Koffer legte. »Du hast heute Anns Party verpasst. Ich bin es so Leid, mir ständig Entschuldigungen für dich auszudenken. Ich weiß noch nicht, wie ich zurechtkommen werde, aber ich muss hier weg. Die Kinder nehme ich mit«, sagte sie entschlossen.

»Warte doch mal, Sue«, begann David. Er rannte plötzlich aus dem Schlafzimmer und zur Haustür hinaus. Sie hörte, wie er sich in die Büsche vor dem Haus übergab. Sie hielt sich die Hand vor den Mund und schloss die Augen in der Hoffnung, das Bild ihres Mannes, wie er einmal gewesen war und wie er nun war, aus ihrem Bewusstsein zu löschen. David kam wieder ins Schlafzimmer zurück und wischte sich mit dem Ärmel den Speichel vom Mund. »Ich weiß, dass ich alkoholabhängig bin. Ich weiß, dass ich Hilfe brauche. Gibst du mir noch eine Chance?«

Sue setzte sich aufs Bett und begann zu weinen. *Gott, ich will David ja helfen, aber ich kann einfach nicht mehr. Zeig mir bitte, was ich tun soll.* David lag lang hingestreckt auf dem Bett und der vertraute Alkoholgeruch breitete sich im Schlafzimmer aus. Als Sue ihren Mann betrachtete und betete, sah sie plötzlich Christus vor sich, wie er am Kreuz hing. *Wenn Jesus einen so schmerzhaften Tod sterben und den Menschen trotzdem vergeben konnte, dass sie ihn umbrachten, dann sollte ich sicher seinem Beispiel folgen und David noch eine Chance geben.*

»David, ich hab dir doch von diesem Bibelkreis für Frauen erzählt, zu dem ich neuerdings gehe. Weißt du, ich hab da von dem Opfer gehört, das Jesus für uns gebracht hat, und was er alles getan hat, damit uns vergeben werden kann. Ich denke, wenn Jesus so elend für mich sterben und mir meine Sünden vergeben kann, dann kann ich auch versuchen, dir zu vergeben. Ich liebe dich, aber du brauchst Hilfe.«

David änderte sich nicht von heute auf morgen. Er brauchte eineinhalb Jahre, um die Finger ganz vom Alkohol zu lassen. Er hörte immer wieder auf zu trinken – und hatte immer wieder Rückfälle. Sie gingen immer noch zu ihren üblichen Partys, und er versuchte, dort einfach nur Cola zu trinken. Aber in einem schwachen Moment gab er der Versuchung nach, und der Alkohol gewann wieder die Kontrolle über ihn. In solchen Zeiten brach Sue das Herz, und sie flehte um Davids willen zu Gott. Sie beschäftigte sich selbst intensiv mit der Bibel und redete ständig mit Gott; sie bat ihn, ihr zu helfen, dass sie David so sehen konnte, wie Gott ihn sah, und nicht als einen Menschen, der in der Sucht gefangen war.

Nach jedem Rückfall stand David wieder auf und versprach, es wieder von neuem zu versuchen. Und seine aufrichtigen Beteuerungen hielten Sues Hoffnung am Leben.

Eines Morgens, nach einem Wochenende, an dem David wieder viel zu viel getrunken hatte, eröffnete David seiner Frau, dass sie ihre Hausbar entsorgen sollten. Sie hatten alkoholische Getränke im Wert von Tausenden von Dollars. Zusammen öffneten sie jede einzelne Flasche und gossen sie in die Toilette aus.

Sues Hoffnung wurde nie ganz zerstört, während David vor sich hin kämpfte. Sie gab nie auf.

Schließlich, nach einem Angelwochenende mit seinen Kumpels, kam David mit den üblichen rotgeränderten Augen und der bleichen Haut eines Mannes, der zu viel getrunken hatte, nach Hause. »Sue, ich schaffe das alleine nicht.«

»Ich habe David seine Schuld ständig spüren lassen, anstatt ihn so zu lieben, wie Gott ihn liebte, und ihm so zu vergeben, wie Gott ihm vergab – ohne jede Einschränkung.«
Sue

Er stieg langsam die Treppe zu ihrem Schlafzimmer nach oben, aber anstatt wie sonst auf der Stelle einzuschlafen, kniete er vor dem Bett nieder, legte den Kopf auf die gefalteten Hände und weinte. »Jesus«, rief er, »ich kann mich alleine nicht verändern. Ich brauche deine Hilfe. Ich möchte, dass du mein Leben übernimmst. Bitte hilf mir, den Alkohol zu besiegen.« David konnte sich den Frieden und die Ruhe, die in diesem Moment über ihn kamen, selbst nicht erklären; er spürte, dass noch jemand im Zimmer war. Er sah sich um und bemerkte niemanden, aber er spürte in sich eine ganz ungeahnte Kraft, die diese Veränderung möglich machen würde. Von neuer Hoffnung erfüllt, ging er nach unten, um Sue von diesem übernatürlichen Ereignis zu berichten.

»Ich habe Christus gerade mein Leben übergeben, Sue, und ich habe ihn gebeten, dass er mir hilft, nie wieder einen Tropfen Alkohol anzurühren. Ich kann es nicht erklären, aber es kam mir so vor, als wäre er da in dem Zimmer mit mir gewesen. Ich weiß jetzt, dass ich mich ändern kann. Ich kann vom Alkohol loskommen.«

Sue weinte, als sie David um den Hals fiel. Sie sah wieder ein Stückchen von dem Mann, der er einmal gewesen war.

Sie begannen gemeinsam von vorn. Sie suchten sich neue Freunde und verliebten sich ganz neu ineinander. David rührte nie wieder einen Tropfen Alkohol an. Es war ganz wie in den guten alten Zeiten!

Aber etwas gab es noch, das Sue nicht wusste. Als sie einmal in die Berge fuhren, um ein romantisches Wochenende miteinander zu verbringen, kamen sie auf einen Bekannten zu sprechen. Er hatte David anvertraut, dass er seine Frau betrogen hatte.

»Er hat mich gefragt, ob er es ihr sagen soll. Es ist nur einmal passiert und danach nie wieder. Ich weiß nicht, was ich ihm sagen soll. Meinst du, er soll es seiner Frau erzählen?« fragte er Sue.

»Unbedingt«, gab Sue zurück. »Sie werden nie die Art Beziehung haben können, die Gott sich für sie gedacht hat, wenn er diesen Ehebruch nicht bekennt und sie um Vergebung bittet. Sie muss ja nicht alle Details wissen, aber er sollte ihr seine Schuld wirklich bekennen.«

Als sie zu ihrer Ferienwohnung kamen, zog David den Zündschlüssel mit zitternden Händen ab. Er konnte Sue lange Zeit nicht in die Augen sehen. Schließlich, nach einer halben Ewigkeit, sah er sie an und sagte leise, mit Tränen in den Augen: »Was du da eben gesagt hast, Sue, darüber, dass wir unsere Schuld bekennen müssen, um die Ehe wirklich so genießen zu können, wie Gott sich das wünscht ... Mir ist plötzlich bewusst geworden, dass ich dir auch noch etwas sagen muss. Ich muss dir etwas bekennen. Ich habe Gott um Vergebung gebeten, aber ich habe nie daran gedacht, dass ich dich auch darum bitten sollte. Einmal, als ich betrunken war, habe ich mit einer anderen Frau geschlafen. Es tut mir Leid. Ich war schrecklich betrunken, und es ist auch nur einmal passiert. Kannst du mir das bitte verzeihen?«

> *»Immer wenn meine Gedanken um meinen Schmerz zu kreisen begannen, habe ich gebetet: ›Du hast David das vergeben, Herr. Hilf mir, es aus meinem Gedächtnis zu löschen.‹«*
> *Sue*

Sue war so vor den Kopf geschlagen, dass ihr die Worte fehlten. *Was mach ich denn jetzt, Herr? Wie geh ich damit um?* »Ich weiß nicht, was ich sagen soll, David. Ich möchte jetzt alleine sein.« Tränen rannen ihr über die Wangen, als sie nach ihrer Bibel griff, den Berg ein Stück weit hoch wanderte und sich auf einen etwas abseits stehenden Felsen setzte. Die warme Sommersonne schien ihr aufs Gesicht, als sie in den klaren Himmel hinaufblickte und sich an Gott um Trost wandte. »Ich bin so verletzt und ich fühle mich so schmutzig, Gott. Wie konnte er mir das nur antun? Wie oft muss ich diesem Mann denn noch vergeben?« Stundenlang schüttete sie Gott unter Tränen ihr Herz aus.

Wieder merkte sie, dass Gott sie aufforderte, David so zu vergeben, wie Gott ihr vergeben hatte. Sue kletterte von ihrem Felsen herunter und ging zur Hütte, um David zu suchen.

»Ich bin so verletzt, dass ich es gar nicht beschreiben kann, David«, sagte sie. »Ich habe gedacht, dass ich dir das nicht vergeben könnte, aber mit Gottes Hilfe werde ich es versuchen.«

Die Verletzung brauchte eine ganze Weile, um zu heilen. Obwohl Sue gesagt hatte, dass sie David vergeben würde, bahnten Schmerz und Enttäuschung sich immer wieder ihren Weg in ihr Bewusstsein und nahmen ihr den Mut. In solchen Zeiten nahm sie sich fest vor, dem Schmerz keinen Raum zu geben. Immer wenn ihr David und seine Schuld in den Sinn kamen, stellte sie sich vor, wie Jesus an einer Tafel stand, auf der allerhand Unsinn stand. Er nahm dann einen Schwamm und wischte all den Müll weg, so dass die Tafel wieder ganz sauber war. Sue versuchte, an diese saubere Tafel zu denken, und machte sich immer wieder bewusst, dass der Schwamm seine Arbeit schon längst verrichtet hatte.

Mit der Zeit ließ der Schmerz nach. Gott hatte versprochen, dass er die Wunde heilen würde, und das tat er auch.

Inzwischen sind dreißig Jahre vergangen. David hat nie wieder einen Tropfen Alkohol angerührt. Sie arbeiten zusammen in seiner Zahnarztpraxis und bringen sich auch in die Arbeit ihrer Gemeinde gemeinsam ein. Auf einer Skala von eins bis zehn würde Sue ihre Ehe bei fünfzehn einordnen.

Als sie uns mit einem breiten Lächeln auf dem Gesicht von David und ihrer Ehe erzählt, klingelt nebenan im Arbeitszimmer das Telefon. Sue neigt leicht den Kopf, um mitzubekommen, wessen Anruf sie da gerade verpasst.

Aber in dem Moment, als sie Davids Stimme erkennt, die da gerade auf den Anrufbeantworter spricht, springt sie aus ihrem Sessel und rennt zum Telefon, bevor er auflegt. »Ist mein Liebster«, erklärt sie. Und wie ein junges Mädchen, das gerade frisch verliebt ist, kichert und schäkert sie mit dem Mann am anderen Ende der Leitung, ihrem besten Freund und vertrautesten Gefährten seit über 50 Jahren.

Martha

Als Martha aufhörte, über ihren Mann bestimmen zu wollen, und ihn wirklich kennen zu lernen begann, liebte sie ihn mehr als je zuvor.

Martha rückte den Rückspiegel zurecht, um sich selbst noch einmal betrachten zu können, bevor sie aus dem Auto stieg. *Bäh! Ich kann es kaum erwarten, mich ordentlich zu duschen. Neun Stunden im Auto an der Kopfstütze zu kleben, tut den Haaren wirklich gut*! Sie stieg aus dem Auto, streckte sich, und versuchte ihren Pullover und ihre Hose dann so weit in Form zu ziehen, dass sie sich ihrer Freundin Trisha präsentieren konnte. *Zum Glück ist Paul hunderte Meilen weg und kann mich so nicht sehen.*

Martha klingelte. Als sich die Tür öffnete, setzte Marthas Herz für einen Moment aus und ihre Gesichtszüge entgleisten.

»Hi, Mar! Überraschung!«, sagte Paul mit einem breiten Grinsen. Und bevor sie überhaupt ein Wort sagen konnte, wurde sie von einem hellen Blitzlicht geblendet – einer Kamera auf einem Stativ, die ihre zerknautschtes Outfit ein für alle Mal festhielt.

»Paul!«, rief Martha. Sie schüttelte heftig den Kopf und rieb sich die Augen in dem Versuch zu verstehen, was hier abging. »Was machst du denn hier? Wo ist Trisha? Und warum trägst du einen Smoking?« Und noch während sie das sagte, dämmerte ihr, was er an diesem Abend vorhatte. *Ach du liebe Zeit, er wird mich fragen, ob ich ihn heiraten will! Hilfe, Herr, ich habe mir nie ausgemalt, dass das so passieren würde.*

Sie rang sich ein Lächeln ab, aber innerlich fühlte sie sich elend. Sie musste doch wirklich furchtbar aussehen.

»Trisha hat gesagt, dass ich mir ihr Haus für heute Abend ausborgen kann. Ich hab dir was gekocht. Komm doch rein«, sagte Paul, als er zur Seite trat. Der warme Schein von Kerzen hieß sie im Haus ihrer Freundin willkommen.

»Äh, ja, sicher«, sagte Martha und versuchte, die Panik niederzukämpfen, die in ihr aufstieg. »Tut mir Leid, dass ich so zerknittert ausseh. War eine lange Fahrt. Ich glaub, ich mach mich besser ein bisschen frisch.«

Martha hastete zum Bad, zog die Tür hinter sich zu und setzte sich auf den Badewannenrand. *Warum komme ich mir bloß vor wie das gemästete Kalb, das geschlachtet werden soll?*, fragte sie sich. *Es ist ja nicht so, dass wir nicht übers Heiraten gesprochen hätten. Hätte ich doch nur gewusst, dass er das hier plant. Was soll ich denn bloß sagen?*

»Herr«, betete sie. »Ich gehe davon aus, dass das der Mann ist, den ich heiraten soll. Ich bin in ihn verliebt. Wenn du nicht willst, dass ich ihn heirate, dann schenke, dass ich mich jetzt übergeben muss.« Sie wartete eine Minute. Ihrem Magen schien es glänzend zu gehen. »Okay, Herr. Dann sage ich ja.«

An irgendeinem Punkt zwischen Steak und Backkartoffel reichte Paul plötzlich über den Tisch, ergriff Marthas Hand und bat sie, ihn zu heiraten. Und natürlich sagte sie ja.

An einem wunderschönen Samstagvormittag, als sie schon einige Jahre verheiratet waren, stand Martha am Küchenfenster und dachte: *Verheiratet-Sein ist ja wirklich ein Kinderspiel. Wer auch immer behauptet hat, dass Ehe schwierig ist, war nicht mit jemandem wie Paul verheiratet.*

»Kontrolle bedeutet, es muss nach mir gehen. Letztlich ging es mir immer nur um mich.«
Martha, 51

Sie griff nach seiner Lieblingstasse, füllte frischen, heißen Tee hinein und brachte ihm die Tasse ans Bett. »Hey, Schlafmütze, aufstehen! Es ist wunderschön draußen. Sollen wir nicht einen Picknickkorb packen und wandern gehen?«

Paul zog sich das Kissen über das Gesicht, grunzte irgendetwas Unverständliches und rollte auf die andere Seite, um weiterzuschlafen. »Ach komm schon, Schatz. Steh doch auf, lass uns losziehen. Ich würde am liebsten den ganzen Tag draußen bleiben.«

»Lass mich noch ein bisschen schlafen«, murmelte Paul. »Danach können wir ja immer noch überlegen, was wir heute machen.«

»Na gut, aber nicht mehr so lange. Ich möchte dir noch ein Sofa zeigen, in das ich mich verliebt habe. Es würde so gut in unser Wohnzimmer passen. Und ich habe gehofft, heute auch draußen noch ein paar Sachen zu erledigen. Ach so, und ich habe den Langes zugesagt, dass wir heute Abend mit ihnen ausgehen. Ich dachte, es wäre doch nett, dieses neue mexikanische Restaurant in der Innenstadt auszuprobieren und dann noch ins Kino zu gehen.«

»Aber es ist doch Samstag. Können wir den Tag nicht ein bisschen ruhiger angehen und uns einfach entspannen?«

»Du machst wohl Witze? Sei nicht so faul! Dafür ist der Samstag doch da. Man muss ihn mit lauter tollen Sachen voll packen!«

»Ist ja gut. Aber gib mir noch eine halbe Stunde.«

Als Paul schließlich in der Küche auftauchte, war Martha schon dabei, alles für ein Picknick zusammenzupacken. Sobald er sein Frühstück beendet hatte, nahm sie ihn bei der Hand und zog ihn zur Tür. »Komm schon, ich muss dir dieses Sofa zeigen, bevor es uns jemand anderes vor der Nase wegschnappt. Es ist super. Du wirst total begeistert sein!«

Paul und Martha fuhren zu einem nahegelegenen Möbelgeschäft, und Martha redete die ganze Fahrt über begeistert von dem Sofa, nach dem sie die ganze Zeit gesucht und das sie nun endlich gefunden hatte. Im Laden griff sie nach Pauls Hand und zog ihn zu einer Ecke mit Sofas. »Da, guck mal! Ist das nicht toll?«, fragte sie und zeigte auf ein verschnörkeltes Sofa in Dunkelblau, Braun und Gelb mit einem goldenen Flammenmuster. »Das ist total in. In edel eingerichteten Häusern haben alle so was – aber das hier ist nicht einmal teuer. Es ist ein richtiges Schnäppchen! Ist es nicht großartig?«

Auf Pauls Gesicht machte sich Verwirrung breit. »Mar, gefällt dir das wirklich?«

»Gefallen? Ich bin hin und weg!«

»Ich glaube, das ist das hässlichste Sofa, das ich je gesehen habe«, bekannte Paul.

Martha konnte nicht glauben, dass es ihm nicht gefiel. Sie lächelte ihren Mann an und dachte im Stillen: *Du hast doch keine Ahnung von Raumgestaltung. Ich meine, schau dir doch bloß mal die Möbel an, die du mit in die Ehe gebracht hast, diese hässliche Coca-Cola-Lampe aus Plastik zum Beispiel, die aussieht, als gehörte sie in irgendeiner Kaschemme über den Billardtisch!* Sie biss sich auf die Zunge, lächelte weiter und sagte: »Aber es ist perfekt! Es hat genau die richtigen Farben und wird in unserem Wohnzimmer super aussehen. Mach dir mal keine Sorgen. Mit der Zeit wirst du es richtig ins Herz schließen.«

Paul verlor über das Sofa kein Wort mehr. Sehr zu ihrer Bestürzung musste Martha feststellen, dass ihr Mann tatsächlich gewisse Vorstellungen hatte, welche Art Inneneinrichtung er sich wünschte, und den Rest des Tages kochte sie innerlich, weil sie das Sofa ihrer Träume nun doch nicht bekam.

Sieben Jahre und zwei Kinder später beschloss Paul, einen Kurs zu besuchen und ein Seelsorgediplom zu machen. Zu der Ausbildung gehörte auch, dass er selbst mit Martha Eheberatung in Anspruch nahm. Martha fand, das war eine großartige Idee; sie würden dabei bestimmt viel lernen können. Außerdem hatten sie eine großartige Ehe. Sie hatten alles »richtig« gemacht. Sie gingen immer noch regelmäßig miteinander aus, leiteten zusammen einen Hauskreis und stritten fast nie. Sie hatten nichts zu befürchten.

Während ihres ersten Gesprächs beantworteten sie die typischen Einstiegsfragen: wie lange sie schon verheiratet waren, wie viele Kinder sie hatten ... Dann fragte der Seelsorger Paul: »Wie ist das eigentlich für Sie, mit Martha verheiratet zu sein?«

Paul dachte eine ganze Weile nach, bevor er antwortete.

»Ich habe das Gefühl, mit einer willensstarken, wilden Stute verheiratet zu sein, die mich auf einen Ausritt schleppt, bei dem ich keinerlei Kontrolle habe. Ich weiß oft einfach nicht, wie ich mit ihr umgehen soll.«

Martha starrte Paul an, sie war wie vor den Kopf geschlagen.

»Ui. Ich hatte ja keine Ahnung, dass es ihm so geht; so etwas hat er noch nie gesagt«, war alles, was sie herausbrachte. Über die nächsten Wochen, in denen Pauls Worte sich immer stärker in ihr Bewusstsein gruben, fiel ihr auf, dass sie eigentlich nicht wirklich zusammenarbeiteten. Sie hatte von allem und jedem eine Meinung, sie traf die meisten Entscheidungen. Und deswegen fand sie es auch so einfach, mit Paul verheiratet zu sein – sie bekam meistens, was sie sich wünschte.

»Ob Sie über Ihren Mann zu bestimmen versuchen, merken Sie daran, dass Sie immer zwanghaft über die Schulter nach hinten schauen, ob von hinten jemand kommt – wenn er fährt.« Martha

Diese Seelsorgegespräche schlossen ihnen ein ganz neues Kapitel in ihrer Ehe auf. Martha nahm immer stärker wahr, wie sehr sie über Paul bestimmte, und Paul fing an, seine eigenen Gedanken und Gefühle deutlicher zu formulieren.

Manchmal kam sich Martha vor wie ein hoffnungsloser Fall; sie hatte dieses Kontrollbedürfnis schon gehabt, so lange sie denken konnte. Weil ihr bewusst wurde, wie sehr dieser Teil ihrer Persönlichkeit ihre Beziehung zu Paul belastete, wollte sie sich ändern. Aber alte Gewohnheiten lassen sich nur sehr schwer ändern – überhaupt nicht, stellte Martha fest, wenn man es alleine versuchte. Sie brauchte Gottes Hilfe, und so bat sie ihn, sie zu verändern.

> *»Sie sollten der erste Fan Ihres Mannes sein. Männer bekommen für gewöhnlich nicht viel Lob oder Anerkennung – also seien Sie mit ermutigenden Worten immer schnell bei der Hand.«*
> *Martha*

Nach einem Jahr, in dem sie viel Seelsorge in Anspruch genommen und intensiv gebetet hatte, bemerkte Martha einen Fortschritt in ihrem Impuls, über Paul zu bestimmen. An einem schönen Sommertag trafen sie und Paul sich mit Freunden aus Texas am Strand. Weil Martha selbst im Süden aufgewachsen war, waren ihr die Umgangsformen der Texaner vertraut. Ihr war klar, dass die Freunde geschniegelt und gebügelt auftauchen würden. Paul trat in dem karierten Hemd und den dunkelblauen Shorts vor die Tür, die sie ihm extra für die Gelegenheit herausgesucht hatte. Aber ihrer Meinung nach fehlte noch etwas.

»Willst du keinen Gürtel tragen?«, platzte sie heraus.

»Nein, ich will keinen Gürtel tragen«, sagte Paul entschlossen. (Immerhin hatte er in der Zwischenzeit gelernt, zu sagen, was er dachte und wollte – auch wenn er sich dann mit Martha auseinander setzen musste.)

»Aber du würdest mit Gürtel viel besser aussehen.«

»Ich mag einfach keine Gürtel. Außerdem gehen wir an den Strand, und ich will am Strand keinen Gürtel tragen.«

»Kannst du ihn nicht um meinetwillen tragen? Bitte! Ich möchte so gerne, dass du heute gut aussiehst«, bettelte Martha.

Paul stampfte wütend ins Haus zurück, band sich ärgerlich einen Gürtel um, stampfte wieder zum Auto, schlug die Autotür zu und fuhr schweigend los in Richtung Strand. Während der angespannten, unangenehm stillen Fahrt hatte Martha Zeit zum Nachdenken. *Warum ist es mir eigentlich so wichtig, wie Paul aussieht?*, fragte sie sich. Die Wahrheit traf sie mit voller Wucht, und sie tat weh.

> *»Wenn Sie über Ihren Mann bestimmen, werden Sie nie herausfinden, wie er wirklich ist. Wenn Sie wissen wollen, was ihm gefällt und was nicht, müssen Sie ihn schon fragen!«*
> *Martha*

»Paul«, sagte Martha leise, »es tut mir Leid. Ich komme mir furchtbar oberflächlich vor. Mir ist klar geworden, dass ich dich unbedingt mit diesem blöden Gürtel sehen möchte, damit ich selbst gut dastehe.« Sie fuhr unter Tränen fort: »Ich habe wirklich geglaubt, wenn du keinen Gürtel anhast, denken meine Freunde, ich bin mit einem Mann verheiratet, der sich unmöglich anzieht – und ich würde dann gar nicht gut dastehen. Es tut mir so Leid.«

Paul drückte ihr sanft die Hand und sagte: »Danke, dass du das gesagt hast, Mar. Ich hab dich lieb. Und ich werde diesen albernen Gürtel tragen.« Martha war so dankbar, dass Paul so freundlich reagierte, aber für den Rest des Tages erinnerte sie jeder Blick auf seinen Gürtel an ihren egoistischen Wunsch, dass er sie gut dastehen lassen sollte. Aber er erinnerte sie auch daran, wie sehr sie ihren Wunsch, über Paul zu bestimmen, inzwischen wahrnahm, und wie weit sie schon gekommen war, diesen Wunsch zu besiegen.

Heute, nach 21 Ehejahren, haben Paul und Martha Strategien entwickelt, wie sie den Kreislauf aus Kontrolle und Frustration durchbrechen können. Wenn Martha merkt, dass sie über Paul bestimmen möchte, fragt sie sich automatisch: Warum? Sie hinterfragt kritisch ihre eigene Motivation. »Und wenn ich merke, dass es mir eigentlich nur um mich geht, dann weiß ich, dass mit meiner Motivation wahrscheinlich etwas nicht stimmt.«

Martha findet es immer noch schwierig, nicht alles im Griff zu haben. Vor einiger Zeit wurde bei Paul eine sehr seltene Form von Krebs festgestellt. Wieder einmal muss Martha lernen, die Kontrolle aus der Hand zu geben und sich ganz auf Gott zu verlassen. Inzwischen ist Paul operiert worden. Seine Zukunft liegt noch im Ungewissen, aber die beiden lassen sich zusammen auf einen Ausritt ein, bei dem Gott die Zügel in der Hand hält.

Pat

In einer Ehe das Prickeln zu erhalten, kann ganz schön schwierig sein – vor allem, wenn ständig Kinder um einen herumspringen. Pat stellte fest, dass die Romantik in ihrer Ehe erhalten blieb, wenn sie und ihr Mann öfter Zeit einplanten, in der sie alleine wegfuhren.

Pat und Jeff hielten sich an den Händen, als sie in das Zimmer ihrer beiden Söhne spähten.

»Die schlafen tief und fest«, flüsterte Pat. Ihr war ein bisschen kalt, als sie da in ihrem winzigen grellrosa Bikini mit ihrem Mann im Haus herumschlich.

»Na endlich«, seufzte Jeff und zog Pat zur Hintertür in Richtung des Whirlpools, den er kürzlich auf der Veranda eingebaut hatte.

Die warme Juninacht war voller angenehmer Düfte und die Sterne glitzerten am klaren Himmel – eine Nacht wie geschaffen für Romantik und Leidenschaft. Sie stiegen beide in das warme Wasser, und bald war ihnen richtig heiß. (Wobei das dann nicht mehr am Wasser lag.)

»Jeff«, meinte Pat, »meinst du nicht, wir sollten aufpassen? Ich will nicht schwanger werden. Brent ist doch erst acht Monate.«

»Ach wo. Spermien sterben im heißen Wasser ab. Und du stillst ja auch noch.«

»Wir haben uns auch für frühmorgens verabredet. Wir sind beide Frühaufsteher, und wir haben es einfach genossen, vor den Kindern aufzuwachen und zu kuscheln.«
Pat, 57

Auf den Tag genau neun Monate später hielten Jeff und Pat ein vier Kilo schweres, quicklebendiges Bündel namens Blake im Arm – ihren dritten Sohn.

Mit drei Söhnen im Alter von neun Jahren bis neugeboren wurden spontane leidenschaftliche Treffen im Whirlpool begreiflicherweise etwas seltener. Pat fand es schwer, sich zu entspannen, weil sie sich rund um die Uhr um das Baby zu kümmern hatte. Und wenn das Baby gerade schlief, hatte sie immer Sorge, dass ihr Ältester, der schlafwandelte, sie überraschen würde; man konnte nie wissen, wann und wo er auftauchte. Den ganzen Tag über zog sie irgendjemand am Ärmel oder nuckelte an ihr herum, und abends fühlte sie sich alles andere als sexy und begehrenswert. Um das Maß voll zu machen, war sie ständig so müde, dass sie auf Sex einfach keine Lust hatte. Trotzdem hatte sie Schuldgefühle, dass sie die Zeiten allein mit ihrem Mann nicht zur obersten Priorität machte. Er schien immer mehr in den Hintergrund all der Dinge zu treten, die sich den Tag über im Haus abspielten.

Eines Tages hatte Jeff eine großartige Idee. Pat saß auf dem Sofa und stillte das Baby, während die anderen Kinder im Wohnzimmer spielten, als Jeff ihr einen kleinen Zettel zuschob: »Wie wär's, wenn wir uns für nachher verabredeten?« Sie sah das Verlangen in seinen Augen und nickte. Im Moment fühlte sie sich nicht gerade sexy, aber es war schön, sich auf eine Zeit mit Jeff freuen zu können, wenn die Jungs endlich schliefen. Sie begannen, die Zeiten, in denen sie miteinander schlafen wollten, einander immer öfter auf diese Weise mitzuteilen. Sie fanden es herrlich, sich kleine Notizzettel zuzuspielen und sich dann auf die gemeinsame Zeit zu freuen. Und manchmal, an ihren jeweiligen Geburtstagen oder am Valentinstag, arbeiteten sie einen richtigen Plan aus, wie sie ohne die Kinder wegfahren konnten.

Dann kamen schwierige Zeiten auf sie zu – Zeiten, in denen ein großer Prozentsatz der Ehen zerbricht. Im herrlichen Alter von drei Jahren zog sich ihr Sohn Blake eine Hirnhautentzündung zu und starb. Der Schmerz und Kummer, den sie empfanden, war mit Worten nicht zu beschreiben. Manchmal kam es Pat so vor, als würde sie ihre Ehe mit Jeff nie bewältigen. Ihr war einfach alles zu viel.

Dann fragte Jeff sie eines Tages: »Was würde Blake wohl davon halten, wenn diese Familie jetzt auseinander bricht?« Und Pat wusste, dass er Recht hatte.

»Ich möchte nicht, dass unsere Familie zerbricht«, schluchzte Pat. »Blake würde das ganz furchtbar gefunden haben.« Sie würden zusammen bleiben, egal was passierte.

»Jeff hat dienstags immer frei, also verbringen wir den Tag gemeinsam. Wir essen immer zusammen zu Mittag, und dann ziehen wir uns auch noch ein bisschen hinter verschlossene Türen zurück.«
Pat

Kurz nach dem Tod ihres Sohnes erlitt Pat eine Fehlgeburt. Weil sie keine weiteren Kinder mehr bekommen konnte, beschlossen Jeff und sie, ein Kind zu adoptieren. Sie wurden als Eltern eines süßen kleinen Mädchens ausgewählt. Sie half ihnen durch ihre Trauer hindurch, und langsam ließ der Schmerz etwas nach. Sie hatten Kinder schrecklich gern und wünschten sich noch eins, also adoptierten sie einige Jahre später noch ein Mädchen.

Je größer ihre Familie wurde, desto weniger Zeit hatten Jeff und Pat allein miteinander. Es wurde noch wichtiger, diese kostbaren Zeiten zu planen und das Beste aus ihnen zu machen. Also begannen sie, ein oder zwei Mal im Jahr alleine wegzufahren. Es musste nichts Besonderes sein, Hauptsache, die Kinder waren nicht dabei. Wenn das Geld knapp war, baten sie ihre Eltern, auf die Kinder aufzupassen. Manchmal tauschten sie mit Freunden Babysitter-Dienste aus. Ein anderes Mal sparten sie extra Geld und bezahlten einen Babysitter. Egal wie – sie achteten einfach darauf, dass sie diese Zeiten miteinander hatten. Pat kam immer ganz verjüngt zurück, und sie fühlte sich mit Jeff auch wieder mehr verbunden.

Inzwischen sind Pats Töchter schon Teenager, aber das heißt nicht, dass sie weniger von Pats Zeit, Energie und Aufmerksamkeit bräuchten. Mehr denn je ist ihr bewusst, dass sie extra Zeiten einplanen muss, in denen sie mit Jeff alleine sein kann.

Vor nicht allzu langer Zeit planten sie wieder einmal ein romantisches Wochenende ein, aber diesmal ging es etwas schief. Pat lud die Sachen ins Auto, und sobald Jeff heimkam, verabschiedeten sie sich von den Mädchen und fuhren los.

»Hast du was zum Essen eingepackt?«, fragte Jeff.

»Na klar«, sagte Pat und zog die Tasche hervor, die sie immer mitnahmen, wenn sie wegfuhren. Es war lauter fettiges, ungesundes Zeug darin, das sie zu Hause niemals essen würden – Chips und Knabberzeug, Süßigkeiten in rauen Mengen.

»E-Mails sind eine großartige Erfindung. Sie können Ihrem Mann den ganzen Tag über kleine Mitteilungen schicken.«
Pat

»Gibt's da drin auch Schokolade?«, fragte Jeff mit einem breiten Grinsen.

»Was für ein Frage! Weiße, Zartbitter, Vollmilch oder mit Erdbeerfüllung?«

Sie verbrachten die Fahrt damit, über alles Mögliche zu reden – nur nicht über die Kinder. Leider merkten sie, sobald sie am Zielort angekommen waren, dass sie sich beide eine Magengrippe eingefangen hatten. Das Wochenende umarmten sie mehr die Kloschüssel als einander. Aber das tat ihrer Liebe keinen Abbruch. Sie kehrten wie eh und je verliebt nach Hause zurück und freuten sich umso mehr auf ihren nächsten Ausflug alleine.

»Wir haben das Schlimmste miteinander überstanden, und wir sind immer noch ineinander verliebt«, meint Pat. In den 22 Jahren ihrer Ehe hat Pat einige wichtige Lektionen gelernt: »Ganz wichtig: Heißes

Wasser tötet Spermien *nicht* ab. Und Stillen ist *kein* zuverlässiges Verhütungsmittel. Glauben Sie einem Mann bloß nichts, wenn er gerade an Sex denkt – der würde Ihnen doch alles Mögliche erzählen! Aber Spaß beiseite: Planen Sie Ausflüge und Wochenenden ein, in denen Sie mit Ihrem Mann alleine sein können. Auch wenn das manchmal schwer zu organisieren ist – es ist die Mühe in jedem Fall wert.«

Eheleben – Zusammenfassung

Ich nehme dich als meinen Ehemann aus Gottes Hand.
Ich will dich lieben und achten, dir vertrauen und treu sein.
Ich will dir helfen und für dich sorgen, will dir vergeben, wie Gott uns vergibt.
Ich will zusammen mit dir Gott und den Menschen dienen.
Solange wir leben.
Dazu helfe mir Gott. Amen.

Wunderschöne junge Bräute sehen ihren Mann vor dem Altar an, und ihnen ist ganz schwindelig, wenn sie diese Erklärung ablegen. Die meisten Frauen wissen nicht, worauf sie sich einlassen – sie gehen einfach davon aus, dass ihr Märchenprinz nun mit ihnen auf einem weißen Pferd in ein Leben hineinreiten wird, in dem alles schön und rosa ist. Sie sind ganz aufgeregt und können nicht klar denken, wenn sie begeistert sagen: »Ja, ich will.« Aber wenn die Flitterwochen vorbei sind und der Ehealltag beginnt, fragen sie sich verwundert: »Und das soll's jetzt gewesen sein?«

Einige Beziehungen sind sicher schwieriger als andere, aber alle Verheirateten müssen viel Energie und Einsatz aufbringen, damit ihre Ehe funktioniert – in guten wie in bösen Tagen. Fast alle Frauen, die wir interviewt haben, sagten, dass sich die Ausdauer auch durch schwierige Zeiten hindurch gelohnt hat.

Martha lernte, von den Fehlern ihres Mannes wegzusehen, und begriff, dass sie selbst an ihrer Einstellung und ihrem Verhalten arbeiten musste. Sue vergab ihrem Mann wieder und wieder und hielt durch die ganze Zeit seiner Sucht zu ihm. Und Pat räumt den Zeiten, die sie mit ihrem Mann alleine verbringt, den höchsten Stellenwert ein, indem sie die Ausflüge und Wochenenden mit ihm extra plant.

Der Beschluss all dieser Frauen, zu ihrem heiligen und ernsten Eheversprechen zu stehen, ist überdies in all diesen Fällen belohnt worden mit intakten Ehen, die stärker sind als je zuvor.

Womit ringen Sie in Ihrer Ehe? An welchen Punkten hakt es bei Ihnen? Und inwieweit tragen Sie zum Problem bei?

Was sind Ihrer Meinung nach die vier wichtigsten Faktoren, die eine starke, dauerhafte Ehe ausmachen? Welche von ihnen finden sich in Ihrer Ehe? An welchen können Sie durch Ihre eigenen Entscheidungen und Einstellungen arbeiten?

Nennen Sie drei Ehen in Ihrem Bekanntenkreis, die Sie für stark und intakt halten. Was bringen die Ehepartner in diesen Fällen mit, das diese Ehen so gut funktionieren lässt?

Vorschläge:

1. Laden Sie Ihre Freundinnen und einige ältere, glücklich verheiratete Frauen zu einem unkomplizierten Abendessen ein, zu dem jede etwas beisteuert. Reden Sie über das Thema »Ehe« und bitten Sie die älteren Frauen, aus ihrer eigenen Erfahrung zu berichten und Ratschläge zu geben, was eine Ehe stark und stabil macht. Fragen Sie sie, wie sie gelernt haben, ihre Männer zu achten.

2. Legen Sie eine Art Tagebuch an, in dem Sie täglich – oder zumindest einmal die Woche – aufschreiben, was Sie an Ihrem Mann alles toll finden. Markieren Sie alles Positive, das er zum Gelingen Ihrer Beziehung beiträgt. (Schreiben Sie nichts Negatives in dieses Buch.) Wenn er Ihnen auf die Nerven geht oder etwas tut, das Sie wütend macht, lesen Sie in diesem Buch und rufen Sie sich ins Gedächtnis zurück, mit was für einem Mann Sie verheiratet sind.
3. Schreiben Sie auch Gebete für Ihre Ehe in dieses Buch.
4. Planen Sie ein romantisches Wochenende nur für Sie beide ein. Lassen Sie sich etwas Originelles einfallen; es muss nicht teuer sein.
5. Kaufen Sie ein kleines Büchlein, in das Sie beide kleine Liebesbriefchen einschreiben. Lassen Sie es zwischen sich hin- und herwandern.

... als Mutter

Eileen

Es kann einen in den Wahnsinn treiben, in einer unvollkommenen Welt die vollkommene Mutter sein und vollkommene Kinder großziehen zu wollen. Eileen stand unter dem ständigen Druck, eine Supermutter zu sein, bis sie lernte, gelassener zu werden und ihre Kinder Gott anzuvertrauen. Sie erlebte einen Frieden, den sie nie gekannt hatte.

Eileen blies in die Trillerpfeife, die um ihren Hals hing, und brüllte: »Stop! Alle anhalten! Bleibt stehen! Was hab ich da gerade sehen müssen?«

Die Gruppe zehnjähriger Jungs hielt inne und starrte sie hoffnungslos verwirrt an. Der Ball war doch noch nicht einmal ins Aus gerollt.

»Mama«, sagte ihr Sohn Luke schließlich, »wovon redest du eigentlich?«

»Ich hab da ein völlig unangebrachtes Verhalten beobachtet, und darüber reden wir jetzt. Wer sagt mir, was da eben schief gelaufen ist?«

Die Jungs starrten Eileen, ihre Fußballtrainerin, immer noch genauso verständnislos an wie vorher.

»Dann sag ich's euch. David hat Erik den Ball super zugespielt, und keiner von euch hat ihn dafür gelobt. Ihr müsst einander unterstützen! Ihr seid doch ein Team. Macht euch gegenseitig Mut.« Sie klatschte in die Hände. »Okay, weiter geht's.«

Gegen Ende des Trainings bemerkte sie, wie David und Erik Luke wegen eines Tors aufzogen, das er verpasst hatte. Luke versuchte darüber zu lachen, aber Eileen war klar, dass er verlegen und über die Bemerkungen der anderen verletzt war. *Die beiden machen nur Ärger. Ich möchte nicht, dass Luke mit ihnen mehr zu tun hat als unbedingt nötig,* dachte sie, als sie den letzten Fußball in den Netzbeutel packte. *Aber Chris scheint ganz nett zu sein. Er behandelt mich mit Achtung, er ist nett zu den anderen Kindern, und er hört gut zu, was ich sage. Ich glaube, ich lade ihn dieses Wochenende zu uns ein, um mit Luke zu spielen.*

Es war wirklich eine großartige Idee gewesen, sich als Trainerin für das Fußballteam ihres Sohnes zu melden. Nicht dass sie irgendwie Ahnung von Fußball gehabt hätte. Aber es gab ihr die Gelegenheit, die Kinder ein bisschen kennen zu lernen und einschätzen zu können, welche sich gut benahmen. Dann konnte sie sicherstellen, dass ihre Kinder sich mit den richtigen Altersgenossen anfreundeten. Ich weiß ja, dass ich meine Kinder nicht aus der Welt herausnehmen kann, aber ich werde sie von allem Bösen beschützen, so gut ich kann.

Auf dem Rückweg vom Fußballtraining holte Eileen Sarah, ihre Dreizehnjährige, von der Schule ab und hielt noch kurz am Reformhaus. »Wir brauchen noch ein paar Sachen für morgen. In Lukes Schule findet eine Party statt, aber ich möchte nicht, dass er das ganze Zuckerzeug isst, das es dort gibt. Komm, wir suchen ihm ein paar gesunde Knabbersachen, die er mitnehmen und stattdessen essen kann«, sagte Eileen.

Während sie einkauften, schlurfte Sarah lustlos neben Eileen her. Sie schien keine Lust zum Reden zu haben. »Was ist denn, Sarah?«, fragte Eileen. »Du siehst so aus, als würdest du dich über irgendetwas ärgern.«

Sarah griff nach einer Packung Couscous und drehte sie in den Händen hin und her. Sie seufzte. »Mr. O'Neal hat mich heute in der Mittagspause nicht nach draußen gehen lassen, weil ich im

Unterricht mit Kathy geredet habe.« Sie warf den Karton wütend ins Regal zurück. »Dabei war sein Unterricht sooo langweilig!«

»Soll ich ihn anrufen?«, fragte Eileen, während sie einen Blick auf die Sesamriegel warf, die sie für Lukes Party kaufen wollte.

»Bloß nicht, Mama. Das macht doch alles nur noch schlimmer.« Sarah verschränkte die Arme vor der Brust und wandte sich ab. »Ich hasse es, wenn du meine Lehrer anrufst.«

»Naja, er sollte schließlich wissen, dass du dich in seinem Unterricht langweilst. Du bist einfach unterfordert. Sieht doch so aus, als müsste er sich etwas einfallen lassen, damit du es nicht langweilig findest.«

Sarah rollte nur mit den Augen und ging ein paar Schritte weiter.

> *»Ich habe immer gedacht, dass es total an mir liegt, was aus meinen Kindern wird. Und deswegen hatte ich natürlich die volle, überwältigende Verantwortung dafür, sie zu formen und zu prägen.«*
> *Eileen, 51*

An diesem Abend stellte Eileen ihren Kindern wie üblich ein vegetarisches Essen auf den Tisch, half ihnen bei den Hausaufgaben und las ihnen vor, bis es Zeit für sie war, ins Bett zu gehen. Sie gab ihnen einen Gute-Nacht-Kuss und ging selbst ins Bett. Aber sie konnte nicht einschlafen, weil die Gedanken sich in ihrem Hirn überschlugen. Entspannung und Ruhe hatten in ihrem vollen Denken einfach keinen Platz. Stattdessen schmiedete sie Pläne.

Ich muss das mit Luke und Chris noch ein bisschen planen. Fernsehen oder Videos gucken kommt nicht in Frage. Bei mir wird nicht faul herumgehangen! Ich unternehm irgendwas Gesundes mit ihnen, wo sie an der frischen Luft sind – wir könnten schwimmen gehen! Und morgen früh rufe ich Sarahs Naturkundelehrer an und hinterlasse ihm eine Nachricht. Vielleicht ruft er ja in der Mittagspause zurück. Das würde ganz gut passen, weil ich dann noch ...

Die Gedanken drehten sich in Eileen weiter, als sie die nächsten Tage komplett durchorganisierte. Nach einigen Stunden schlief sie endlich ein.

Bisher war Eileens Leben größtenteils so verlaufen, wie sie es geplant hatte. Sie traf Mark wieder, den sie noch von der Highschool her kannte; damals hatte er behauptet, dass er nie heiraten würde. Aber die beiden heirateten und bekamen zwei Kinder, was Eileen vor die Aufgabe stellte, die perfekte Ehefrau und Mutter zu sein. Wie der Ball in einem Flipperautomaten sprang sie von einem Ereignis zum nächsten, von einer Situation in die nächste. Sie versuchte, allen alles zu sein.

Leider begann ihre durchorganisierte Welt aus den Fugen zu geraten, als ihre Tochter in die Pubertät kam. Eileen wollte Sarah unbedingt in die Sicherheit des Lebens zurücksteuern, die sie so hart für ihre Kinder erarbeitet hatte. Aber nichts, was sie versuchte, half. Die Lage spitzte sich immer mehr zu, und schließlich ging Eileen zu einer Familienberatung.

Nach dem ersten Gespräch nahm die Beraterin Eileen zur Seite und sagte: »Die Kinder sind nicht das Problem, Eileen. Das Problem sind Sie! Sie müssen aufhören, alles und jeden um Sie herum bestimmen zu wollen.«

»Aber ich will sie doch nur beschützen«, widersprach Eileen.

Die Beraterin sah Eileen verständnisvoll an. »Ich weiß. Aber weil Sie sie zu beschützen versuchen, lernen sie nicht selbst, sich im Leben zurechtzufinden. Sie sind nicht der Rettungshubschrauber, der ständig einfliegt und alles regelt. Sie müssen Ihre Kinder loslassen.«

In dieser Zeit begann Eileen sich auch nach mehr geistlichem Wachstum zu sehnen, und sie wünschte sich und den Kindern mehr Gemeinschaft. Sie ging in alle möglichen Kirchen, aber keine schien den Bedürfnissen, die sie empfand, gerecht zu werden. Eines Tages traf sie eine liebenswürdige Frau, die sie in ihren Frauenbibelkreis einlud. Als Eileen den Raum betrat, in dem sich lauter freundliche junge Frauen befanden, spürte sie, wie sich in ihr ein Friede ausbreitete, den sie nie gekannt hatte. Sie fühlte sich sofort wohl. *Hier ist so viel Liebe, Trost und Wahrhaftigkeit,* dachte sie. *Man kann das richtig spüren. Ich habe schon so viele Kirchen und Religionen ausprobiert, aber hier ist es anders. Ich habe das Gefühl, dass ich nach langer Zeit endlich zu Hause angekommen bin.* Ein ungekanntes Gefühl der Erleichterung überkam Eileen, dass ihr die Tränen kamen. *Endlich bin ich zu Hause,* dachte sie wieder und wieder.

Kurze Zeit später traf sie eine weitere Entscheidung, nach der ihr Leben nie wieder so war wie vorher. Sie hörte in diesem Bibelkreis von Jesus Christus und erfuhr, wie sie eine persönliche Beziehung zu ihm haben konnte. Als sie eines Tages im Gottesdienstraum dieser Kirche saß, begann sie mit Gott zu reden: »Also gut, Jesus. Du weißt ja, was ich all die Jahre über so geglaubt habe, aber ich will jetzt an dich glauben – und nur an dich.« Und Eileen gab ihr Leben in die Hand des Einzigen, dem sie wirklich trauen konnte – die Hand eines liebenden Gottes. Zum ersten Mal konnte sie die gewaltige Last loslassen, die sie die ganze Zeit mit sich herumgeschleppt hatte – das Gefühl, für ihre Kinder und deren Leben hundertprozentig verantwortlich zu sein. Stattdessen begann sie Gott immer mehr zu vertrauen, dass er sich gut um sie kümmern würde.

»Ich befreie meine Kinder nicht mehr aus jeder misslichen Lage. Stattdessen versuche ich ihnen zu helfen, dass sie selbst die nötigen Fertigkeiten entwickeln, mit Schwierigkeiten fertig zu werden.«
Eileen

Im Rückblick sah Eileen, dass sie ihren Kindern nie zugestanden hatte, ihre eigenen Lehren aus dem Leben zu ziehen. »Ich habe unter einem so ungeheuren Druck gestanden, meine Kinder zu beschützen und ihnen zu geben, was sie brauchten. Ich war natürlich hoffnungslos überfordert.« Mit der Zeit änderte sich ihr Erziehungsstil, nicht so sehr in dem, *was* sie tat, sondern in dem, *warum* sie es tat. Weil ihr bewusst geworden war, dass ein liebender Gott um jede kleinste Kleinigkeit in ihrem Leben und dem ihrer Kinder wusste, erlebte sie eine ungeahnte Gelassenheit und einen nie gekannten Frieden.

»Ich weiß jetzt, dass ich nur verwalte, was Gott mir anvertraut hat. Der Herr hat meine Kinder noch viel mehr lieb als ich, und er hat viel Besseres mit ihnen vor als ich. Ich möchte gerne mithelfen, dass das geschieht, was er will.«

Sie achtet immer noch darauf, was Luke und Sarah essen, was sie sich ansehen und anhören, aber ihre Motivation sind nicht mehr Angst und Kontrollsucht. »Was macht es schon, wenn sie ein paar Kekse mit Orangenfüllung essen? Das wird sie nicht gleich umbringen!«

Wenn ihre Kinder heute von der Schule heimkommen und sich über einen Lehrer beklagen oder über irgend eine ärgerliche Sache, geht Eileen nicht gleich hin und versucht das für sie in Ordnung zu bringen. Stattdessen fragt sie: »Was könntest du in dieser Situation machen? Was, denkst du, solltest du machen? Wie könntest du dich verhalten?« Eileen hat Gott ihre Kinder längst soweit anvertraut, dass sie sich selbst nicht mehr in alles einmischen muss. Und das Ergebnis? Ihre Kinder können mit schwierigen Situationen viel besser alleine fertig werden.

Eileen strahlt eine wirkliche Ruhe und Gelassenheit aus. Sie ist nicht mehr überbesorgt und steht auch nicht mehr ständig unter Strom. »Ich war früher ein richtiger Derwisch, immer in Bewegung. Rennen, rennen, rennen, machen, machen, machen ...« Über diese alte Eileen kann sie inzwischen lachen. »Jetzt geht es mir mehr darum, wer ich *bin*. Wer ich für meine Kinder *bin*, nicht was ich für sie *tue*.«

Eileens Vertrauen auf Gott und ihre Liebe zu ihrer Familie sind ein wunderbares Beispiel dafür, wie Gott im Leben von Müttern wirken kann, die ihm ganz vertrauen und die Kontrolle ganz ihm übergeben.

»Es bringt einfach Frieden, wenn man dieses Gefühl, dass man alles im Griff haben muss, loslässt und einem allmächtigen, liebevollen Gott alles überlässt«, bekennt Eileen, und sie weiß, wovon sie spricht.

Barbara

Mit vier kleinen Kindern zu Hause zu sein, ist schon an den besten Tagen eine Herausforderung. Barbaras besondere Lebenssituation erschwerten ihr die Aufgabe als Mutter nur noch mehr. Aber mitten in dem Chaos ihres Lebens wurde ihr bewusst, dass sie vor einer Entscheidung stand. Sie konnte a) laut brüllen, sich die Haare ausraufen und wegrennen, oder sie konnte b) die Momente genießen, die nie wiederkommen würden, und Gott vertrauen, dass sie ihren Kindern trotzdem eine gute Mutter sein konnte. Sie entschied sich fürs Genießen.

»Mama, kann ich noch Saft haben?«

»Mami, das Hühnchen schmeckt eklig.«

»Mama, sag Sarah, sie soll mich nicht hauen!«

Bei Mahlzeiten stand Barbara immer unter Beschuss: Anfragen prasselten von allen Seiten auf sie nieder. Ihre vier Kinder, David, ein lebhafter Dreijähriger, Sarah, eine zu allem Unsinn aufgelegte Zweijährige, und die beiden ein Jahr alten Zwillinge Christina und Julia, verlangten ihr mehr ab, als sie sich je hätte vorstellen können. *Frauen, die behaupten, dass es keine »richtige« Arbeit ist, mit den Kindern zu Hause zu bleiben, haben es offensichtlich nie versucht.*

Barbara flitzte in der Küche hin und her und wünschte sich, wenigstens ab und zu einen Moment allein zu sein. Mehr Ruhe würde ihr sicher nicht geschadet haben. Sie drückte die Finger gegen die Augen und versuchte, die Verschwommenheit zu vertreiben, die ihr schon tagelang zu schaffen machte. *Ich verbringe wahrscheinlich einfach zu viel Zeit in der Küche*, dachte sie.

Sie seufzte, öffnete die Kühlschranktür und nahm den Saftkrug heraus. Ganz automatisch goss sie Apfelsaft in eine Wackeltasse, die sie nur verschwommen sah. Sie sank auf den nächsten Stuhl und nahm vor lauter Schreck den Lärm um sich herum nicht mehr wahr: Sie konnte die Gesichter ihrer Kinder nicht erkennen.

Irgendetwas stimmt hier nicht, dachte sie. *Irgendetwas stimmt hier überhaupt nicht.* Ihr Herz klopfte wie wild. Und dann durchfuhr sie der nächste Schreck. *Oh nein, Gott, bitte lass es nicht das sein.*

Als Jugendliche hatte man bei ihr eine chronische Augenkrankheit festgestellt. Die Ärzte hatten ihr erklärt, dass das Problem wieder auftreten könnte, wenn sich das Narbengewebe hinter ihren Augen verschob. Vor ihrer Hochzeit hatte sie eine kurze Zeit lang nur undeutlich sehen können, aber bald war alles wieder in Ordnung gewesen. Jetzt fühlte es sich so an, als hielte jemand etwas direkt vor ihr Gesicht, so dass sie nur noch aus den Augenwinkeln deutlich sehen konnte. *Ich kann die Gesichter meiner Kinder nicht mehr sehen*, dachte sie entgeistert.

Vielleicht geht es besser, wenn ich mal eine Nacht richtig geschlafen habe, hoffte sie, als sie die Kinder schnell in ihre Schlafanzüge steckte.

Aber am nächsten Morgen ging es ihr nicht besser. Ihr Mann Richard, der Kinderarzt war, nahm sie fest in den Arm, nachdem sie ihm davon erzählt hatte. »Alles wird gut, Barbara. Wir werden alles tun, was wir können, um das hinzukriegen.«

Und er hielt Wort. Zusammen suchten sie verschiedene Augenärzte im ganzen Land auf. Aber niemand konnte ihnen helfen. Sie sagten alle in etwa das Gleiche.

»Da können wir leider gar nichts machen.«

»Das ist eine seltene Form der Erblindung, und wir wissen nicht besonders viel darüber.«

»Es gibt eine winzigkleine Wahrscheinlichkeit, dass sich das Gewebe wieder verschiebt und Sie wieder klar sehen können. Aber das ist so selten passiert, dass wir Ihnen da keine Hoffnung machen möchten.«

Zwischen all ihren Besuchen bei Augenspezialisten begann Barbara, sich auf ihre Behinderung einzustellen. Es war eine schwere Aufgabe. Ihr Mann, dessen Kinderarztpraxis noch im Aufbau begriffen war, musste oft 70 Stunden pro Woche arbeiten. Sie wollte den Stress, unter dem er ohnehin schon stand, nicht noch weiter vergrößern, indem sie ihn mit ihren Problem belastete, also versuchte sie, alleine zurechtzukommen.

»Ich bin so furchtbar gefrustet«, gestand sie ihrer älteren Freundin Liz eines Abends. »Jeden Tag finde ich etwas Neues, das ich nicht kann. Ich kann nicht Auto fahren. Ich kann nicht einkaufen – nicht einmal einen BH. Ich kann mit den Kindern nirgendwo hingehen. Und Geschichten kann ich ihnen auch nicht vorlesen.«

Es war so gut, jemandem all das einmal erzählen zu können. Liz war eine großartige Ermutigerin, die Barbara immer wieder half, sich auf das Positive zu konzentrieren. Weil Liz ihr dazu Mut machte, beschloss Barbara, ihre ganze Phantasie aufzubieten und zu überlegen, was sie mit ihren Kindern machen konnte, anstatt immer darüber unglücklich zu sein, was sie nicht mehr konnte.

Schon bald sah Barbara viele Möglichkeiten, wie sie ihrer kleinen, eingeschränkten Welt eine Menge Spaß abgewinnen und sich darin gut zurechtfinden konnte. Sie lernte auswendig, wo in ihrem Haus sich was genau befand, so dass sie sich bald sicher bewegte und viele Haushaltstätigkeiten wieder tun konnte. Sie nahm die freundlichen Angebote der Nachbarn an, die ihre Kinder mit in den Park oder zum Schwimmbad nahmen. Und wenn sie es den Kindern schon nicht bieten konnte, am Spaß draußen teilzuhaben, holte sie den Spaß einfach ins Haus hinein – vor allem in den langen Abendstunden, in denen Richard Bereitschaft hatte und unterwegs war. Sie schnitten sich Masken aus Papier oder Papptellern zurecht. Sie schnitzten witzige Gesichterstempel aus Kartoffeln. Sie backten Plätzchen und verzierten sie mit Hingabe. Und manchmal picknickten sie einfach auf dem Boden und aßen klebrige Pfannkuchen mit den Händen. Es waren alles einfache Sachen, aber Barbara begriff schnell, dass man nicht viel tun muss, um kleine Kinder bei Laune zu halten.

Trotzdem war das Leben nicht einfach. Oft kam sich Barbara wie eine Alleinerziehende vor, der die meiste Arbeit mit den Kindern zufiel. Nach einem langen Tag, an dem sie die ganze Zeit für die Kinder da gewesen war, fiel sie abends todmüde ins Bett.

Jeden Tag bat sie Gott wieder neu, ihr die Kraft und den Erfindungsreichtum zu geben, die sie für ihre besonderen Herausforderungen brauchte. *Herr, bitte hilf mir in allen Situationen, die heute auf mich zukommen. Hilf mir, das zu genießen was ich habe, und mich nicht von dem herzunterziehen zu lassen, was schwierig ist.*

Eines Tages, etwa ein halbes Jahr, nachdem Barbara quasi erblindet war, drehte sich ihr Mann von den Einkäufen, die er gerade in Schränken verstaute, zu ihr um und fragte: »Sag mal, Barb, hast du eigentlich je gebetet, dass Gott dich heilen würde?«

Sie überlegte einen Moment. »Nein, ich glaube nicht«, sagte sie. »Ich bete immer nur, dass Gott mir Kraft gibt.«

»Also, ich würde ja als erstes gebetet haben, dass Gott mich heilt«, sagte Richard und stellte eine Packung Milch in den Kühlschrank.

Barbara dachte über diesen Vorschlag ihres Mannes nach. Vom nächsten Tag an betete sie zusätzlich zu den anderen Gebeten um Heilung.

Zwei Jahre später begann Gott ihr Gebet zu beantworten, und sie konnte immer deutlicher sehen.

An einem Nachmittag, als Barbara mit den Kindern ein Picknick im Park veranstaltete, begann David das wiedererworbene Sehvermögen seiner Mutter zu testen – eines seiner Lieblingshobbies. »Kannst du das sehen, Mama?«, fragte er und hielt ihr einen großen roten Ball vor die Nase.

»Wir sollten nie vergessen, dass Gott sagt: ›Ich bin!‹ und nicht ›Ich war‹ oder ›Ich werde sein‹. Wir sind dazu berufen, ihm in der Gegenwart zu begegnen und im Jetzt mit ihm zu leben.«
Barbara

»Ja, Herzchen«, lachte sie. »Aber was noch viel wichtiger ist:

ich kann das da sehen« – und sie tippte mit dem Finger auf seine Nasenspitze. Er kletterte ihr auf den Schoß, und sie konnte sich an ihm nicht satt sehen. Ihr Herz machte vor Dankbarkeit lauter kleine Sprünge.

Heute schaut Barbara gerne auf diese Zeit zurück. »Im Leben geht nun mal nicht alles glatt«, hat sie zu ihrem Lebensmotto gemacht. Die Jahre ihrer Blindheit waren besonders krumm. »Wissen Sie«, lacht Barbara, »wir müssen uns einfach nur immer wieder bewusst machen, dass nicht alles im Leben so läuft, wie wir uns das wünschen. Vor allem, wenn man zufällig eine Horde kleiner Kinder hat.« Und um zu unterstreichen, was sie meint, zieht sie ein verblichenes, verflecktes Poster hervor, auf dem ein pummeliges Kleinkind gezeigt wird, das sich einen Teller Spaghetti über den Kopf schüttet. Darunter steht Psalm 118,24: »Dies ist der Tag, den der Herr macht; lasst uns freuen und fröhlich an ihm sein.«

Als sie sich das Durcheinander anschaut, das das Kind auf dem Poster verursacht hat, fährt Barbara fort: »Das ist zu meiner Devise geworden, als ich meine Kinder großzog. Ich wusste, dass ich entweder den Moment genießen oder schreiend fortrennen konnte.«

Heute sind all ihre Kinder aus dem Haus, und Barbara verbringt einen großen Teil ihrer Zeit damit, die jüngeren Mütter ihrer Kirche zu betreuen. Sie macht den Müttern, die zu Hause bei ihren Kindern bleiben, Mut. Immer wieder erinnert sie sie daran, dass es keine einfache Aufgabe ist, Kinder großzuziehen, auch wenn das von außen manchmal so aussieht. »Wir wissen ja alle, dass das nicht stimmt«, sagt sie. »Bis man selbst Mutter ist, hat man ja keine Ahnung, vor welchen Herausforderungen man steht, wenn man 24 Stunden am Tag für kleine Kinder da ist. Es macht einen müde, es ist ein ziemlich undankbarer Job, und manchmal ist es ausgesprochen unerfreulich. Aber machen Sie sich bewusst, dass Sie eine Menge verpassen, wenn Sie nur darauf hinleben, dass die Kinder endlich größer werden.«

Barbara muntert die Mütter kleiner Kinder auf, sich von all dem Durcheinander nicht unterkriegen zu lassen. »Lassen Sie sich von der Unordnung nicht den Tag verderben, und machen Sie sich nichts draus, wenn aus Ihren großen Plänen für den Tag nichts wird. Denken Sie dran, dass Ihnen jeder Tag von Gott geschenkt ist – und er will, dass wir ihn genießen.«

Edith

Als sie ein kleines Mädchen war, hatte Edith immer davon geträumt, zu heiraten und Kinder zu haben. Alles schien so zu laufen, wie sie es sich gewünscht hatte, als sie den Mann heiratete, den sie verehrte, und mit ihm drei wunderbare Kinder bekam. Als eine schmerzhafte Scheidung all ihre Träume zerbrach, verlor Edith die Hoffnung und bekam Angst vor der Zukunft. Aber mit der Zeit beschloss sie, dass Gott aus den Bruchstücken ihres Lebens etwas Neues bauen und ihr und ihren Kindern neue Träume schenken konnte.

Aus dem Lautsprecher klang die Ansage, dass die Passagiere das Flugzeug nun betreten konnten, und Ediths Herz setzte einen Moment aus. Sie schluckte schwer, stand auf und schob ihre drei Kinder in Richtung Gate. Zum ersten Mal seit der Scheidung flogen die Kinder nach Missouri, um ihren Vater zu besuchen.

Nach vielen Umarmungen zum Abschied hüpften die Kinder die Rampe herunter und riefen ihr noch zu: »Tschüss, Mami!« Edith schrie ihnen noch ein paar Ermahnungen in letzter Minute zu: »Seid schön brav ... vergesst nicht, euch die Zähne zu putzen ... und zankt euch nicht im Flugzeug!«

Sobald die Kinder außer Sichtweite waren, konnte sie sich nicht mehr beherrschen und schluchzte laut auf. Sie kramte in ihrer Handtasche nach einem Taschentuch und suchte sich dann ein abgelegenes Plätzchen, von dem aus sie das Flugzeug abheben sehen konnte. Als die Kinder in der Luft waren, hatte sie einen Frosch im Hals. Ein Gefühl völliger Verzweiflung machte sich in ihr breit. Tränen strömten ihr übers Gesicht, und ihr wurde einmal mehr klar, wie endgültig ihre Träume zerbrochen waren.

»So hatte ich mir das alles nicht vorgestellt«, flüsterte sie sich selbst zu und starrte zum Himmel hinauf. Um sie herum rannten Leute geschäftig hin und her, aber Edith saß nur da und dachte an ihren schlichten Kindheitstraum zurück, Mutter zu sein und ihre Kinder zusammen mit einem Mann großzuziehen, den sie von Herzen liebte. Sie zog noch ein Taschentuch aus ihrer Tasche, und ihre Gedanken wanderten zu den letzten fünf schmerzhaften Jahren der Trennung, die schließlich in eine Scheidung gemündet waren.

»Ich dachte, dass ich komplett durchdrehe, als meine Kleinen da ohne mich ins Flugzeug stiegen. Mich hielt einfach nichts mehr zusammen.«
Edith, 70

Diese Trennungsjahre waren Edith wie eine Ewigkeit vorgekommen. Um sich von ihrem Schmerz abzulenken und ein bisschen Abwechslung zu haben, war sie mit den Kindern nach Ohio zu ihren Eltern gefahren, so oft sie konnte. Als sie jetzt aus dem riesigen Flughafenfenster starrte, fiel Edith ein Sonntagmorgen während eines dieser Besuche ein. Sie war mit ihrer Mutter zur Kirche gegangen. Als sie am Arm ihrer Mutter durch die weiße Doppeltür der kleinen Dorfkirche trat, fühlte Edith sich sofort zu Hause. An diesem Morgen blieb sie zur Bibelstunde. Das Gehörte und die Freundlichkeit der Leute dort gaben ihr ein Gefühl von Geborgenheit. Als sie später nach Hause fuhr, empfand Edith, dass sie neu gestärkt worden war. »Mama«, sagte sie mit einem schwachen Lächeln, »ich spüre einfach, dass Gott bei mir ist. In diesem ganzen Durcheinander meines Lebens ist er doch noch bei mir.«

»Ja, Schätzchen, das ist er.« Ihre Mutter nickte ernst.

Jetzt wischte sich Edith die Tränen von den Wangen und musste lächeln, als sie sich wieder ins Gedächtnis rief, wie treu sich Gott in all diesen schwierigen Jahren erwiesen hatte. Sie musste wieder an einen anderen Besuch in Ohio denken, bei dem sie Gott ganz besonders erlebt hatte. Sie war an einem Morgen ganz früh in ihrem roten Kombi auf einer zweispurigen Schnellstraße unterwegs gewesen, die sich endlos hinzog. In Gedanken war sie bei den Kindern und bei Geldangelegenheiten, und so übersah sie eine rote Ampel total und fuhr einfach durch. In dem Moment, als sie die Kreuzung überquerte, bemerkte sie aus den Augenwinkeln eine Bewegung schräg hinter sich; irgendetwas Großes war genau hinter ihrem Auto, und ein gewaltiges Hupen jagte ihr einen Riesenschrecken ein. Als sie nach hinten sah, bemerkte sie, dass ein Lastwagen nur wenige Zentimeter an ihr vorbeirauschte.

»Jetzt bin ich 70, und Gott hat sich all meiner Bedürfnisse angenommen. Jedes einzelne hat er gestillt!«
Edith

Sie fuhr an den Straßenrand, und das Hupen hallte noch in ihr nach. Sie war völlig außer Atem vor Schreck. *Also gut, Herr,* dachte sie keuchend, *normalerweise müsste ich jetzt hier platt auf der Straße liegen. Offenbar willst du ja, dass ich lebe.*

Von diesem Moment an war Edith überzeugt, dass Gott auch mit ihrem zerbrochenen Leben etwas vorhatte. Langsam begann sie zu akzeptieren, dass ihre alten Träume unwiederbringlich verloren waren. Und sie begann zu begreifen, dass Gott ihr helfen konnte, neue Träume zu entwickeln und ein neues Leben aufzubauen. Aber einfach war das nicht.

Edith stand von ihrem Platz am Flughafenfenster auf und ging langsam durch die Abflughalle. Sie war immer noch ziemlich aufgewühlt. *Es ist so anstrengend, Gott mein Leben und das meiner Kinder völlig anzuvertrauen.* Sie zuckte zusammen, als sie sich daran erinnerte, wie oft sie mitten in der Nacht zitternd aufgewacht war und sich den Kopf zerbrochen hatte, ob sie in Missouri bleiben sollte, wo die Kinder ihrem Vater näher sein konnten, oder ob sie einen Umzug nach Ohio wagen sollte, wo ihre Familie lebte und sie auf Unterstützung hoffen konnte. Eines Nachts, als sie einfach keinen Schlaf finden konnte, krallte sie sich an der Bettdecke fest und malte sich all die verschiedenen Möglichkeiten aus, die ihr und den Kindern offen standen. Besonders begeistern konnte sie sich für keine. »Was soll ich denn bloß tun, Herr?«, rief sie in die Dunkelheit hinein. »Ich will meinen Kindern ja nicht den Vater nehmen, aber ich kann so nicht leben.«

Ein paar Wochen später, als sie bei einem Gebetstreffen in der Kirche saß, bekam sie ihre Antwort. Im Hintergrund spielte beruhigende Orgelmusik, aber Edith nahm nichts um sie herum wahr. Es war alles ganz still, als irgendetwas Weißes, Leuchtendes vor ihr auftauchte, und dann hörte sie ganz deutlich die Worte: »Sei getrost!«

Dieser Moment verwandelte Edith völlig. Sie hörte auf, sich so viele Sorgen zu machen, und beschloss, in diesem Sommer nach Ohio zu fahren und zu schauen, ob sie dort ein Haus fand. Den 1. August setzte sie als Datum fest; wenn sie bis dahin ein Haus gefunden hatte, würde sie mit den Kindern nach Ohio ziehen, wenn nicht, würde sie in Missouri bleiben. Diese Entscheidung machte sie ganz ruhig.

> *»Gott hat mir versprochen, dass er den ganzen Weg mit mir gehen würde. Er hat zu seinem Versprechen gestanden.«*
> *Edith*

In jenem Sommer, genau am 1. August, fand sie ein geeignetes Haus (und sie lebt auch heute, 40 Jahre später, noch darin).

Als Freunde, die ihr beim Umzug helfen wollten, an einem heißen Augusttag vor Ediths Wohnung in Missouri auftauchten, hatte sie alles schon perfekt vorbereitet. Auf braunen Packkisten stand genau, für welches Zimmer sie gedacht waren. Die weißen Koffer, die etwas abseits standen, waren für die Fahrt bestimmt, und auf ihnen lag eine Straßenkarte mit detaillierten Angaben, die sie zu ihrem neuen Zuhause bringen sollten. Edith hatte sich sogar schon überlegt, an welchen Stellen sie eine Pause einlegen konnten.

Sie dachte, dass sie alles im Griff hatte, bis ihre Freunde die

Wohnzimmercouch in den Umzugswagen luden. Sie stand mitten in dem leeren Zimmer und weinte verzweifelt. »Tut mir Leid«, stammelte sie. »Aber diese ganzen Möbel, diese Wohnung – das alles steht für so vieles, was wir gemeinsam hatten.«

Nachdem sie lange und heftig geweint hatte, verabschiedete sich Edith schließlich von ihrem Heim in Missouri und schnallte ihre Kinder in ihren Sitzen an, um mit ihnen nach Ohio zu fahren. Als sie quer durchs Land fuhr, überlegte sie, wie sie ihr neues Leben einrichten konnte. Weil Geld knapp war, würde sie sich etwas ausdenken müssen, damit ihre Kinder ein Zuhause voller Wärme und Geborgenheit hatten. Sie war fest entschlossen, ihnen einiges zu bieten, auch wenn sie nicht viel ausgeben konnte.

> *»Wenn ich mich an meine Sorgen klammere, versuche ich mich immer noch selbst zu erlösen.«*
> *Edith*

Während ihres ersten Jahres in Ohio begründete eine sparsam denkende Edith die Tradition des Familien-Freitag-Abends. Freitags rannten die Kinder regelrecht von der Schule heim, liefen schnurstracks auf die Küchenschublade zu und nahmen die Speisekarte des Pizzadienstes heraus. Sie gingen die Karte sehr genau durch und wählten etwas aus, und dann lauschten sie, wenn Edith das Essen bestellte, und achteten darauf, dass sie bloß nichts falsch machte. Sobald die Bestellung aufgegeben war, setzten sich alle ans Fenster und warteten darauf, dass das Essen geliefert wurde. Selbst Samson, der Kater, war ganz aufgeregt, wenn der gelbweiße Wagen in die Auffahrt einbog. Sie aßen von Tabletts, die sie vor dem Fernseher auf den Knien balancierten, und dabei schauten sie sich ihre Lieblings-Freitagabendsendung an. Anschließend spielten sie gemeinsam Gesellschaftsspiele. Es war ein preiswertes Vergnügen, aber für die Kinder war es etwas ganz Besonderes.

Obwohl der Familien-Freitag-Abend ein großer Renner war, freuten sich die Kinder doch noch mehr auf den Bananasplit-Abend, der irgendwie ganz zufällig entstanden war.

Eines Abends, als sie den Kindern das Essen auf den Tisch stellte, verkündete Edith den Kindern strahlend: »Für nach dem Abendessen habe ich noch eine Überraschung!«

»Was denn?«, fragten die Kinder gleichzeitig.

»Wartet's nur ab. Erst wird zu Abend gegessen, und dann zeig ich's euch.« Und sie ging grinsend in die Küche zurück.

Während die Kinder ihr Essen herunterschlangen, bereitete sie Doppeldecker-Bananasplits mit heißer Schokosauce, bei deren Anblick einem das Wasser im Mund zusammenlief.

»Tatatataaa!«, verkündete sie stolz, als sie den Nachtisch auf den Tisch stellte. Die Kinder langten gierig zu, aber schon nach einigen Bissen begannen sie zu stöhnen. Sie waren vom Abendessen einfach zu satt. *Das ist ja blöd,* dachte Edith und betrachtete seufzend das schmelzende Eis. *Das nächste Mal, wenn ich Bananasplits mache, gibt es die statt des Abendessens.* Von da an gab es mehrmals im Jahr Bananasplits zum Abendessen.

Edith lernte sogar, Gott zu vertrauen und sich keine Sorgen zu machen, als ihre Kinder nach Missouri flogen, um ihren Vater zu besuchen. Im nächsten Jahr, als sie vom Flughafen wegfuhr, nachdem sie die Kinder verabschiedet hatte, nahm sie sich fest vor: *Ich werde mich diesmal nicht verrückt machen.* Als sie dem Parkwächter ihr Geld in die Hand drückte, kam ihr der Gedanke, dass sie die Zeit ohne die Kinder sinnvoll nutzen wollte. Um nicht zu viel zu grübeln, dekorierte sie die Zimmer der Kinder um. Pattys Zimmer wurde in einem fröhlichen Gelbton gestrichen, den Patty sehr liebte. Für das Zimmer der Jungs nähte sie selbst Vorhänge aus einem blau und beige karierten Stoff, und sie strich auch ihre Kommode neu.

»Ich wusste, dass ich das, was von unserem Leben übrig geblieben war, nehmen und für meine Kinder das Beste daraus basteln konnte. Ich konnte immer noch etwas Wunderbares daraus machen.«
Edith

Von diesem Sommer an wurde auch das zur Tradition. Jedes Mal, wenn die Kinder zu ihrem Vater flogen, ging Edith ans Werk und gestaltete irgendetwas in den Kinderzimmern um.

Heute füllt Ediths ansteckendes Lachen die Zimmer, wenn sie an die Bananasplits, den Pizzaservice und all die vielen schönen Momente zurückdenkt, die sie mit ihren Kindern erlebt hat. Aber nachdem sie herzlich gelacht hat, wird sie auch wieder ernst. Ihre Brauen ziehen sich konzentriert zusammen, und sie meint: »Ich habe damals eine Entscheidung treffen müssen. Ich musste zulassen, dass Gott die Scherben meines Lebens aufsammelte und zu einem neuen Leben mit neuen Träumen für mich und meine Kinder umgestaltete.«

Sie hält einen Moment inne und strahlt dann: »Und das hat er getan. Er hat mich nie enttäuscht.«

Annette

Es ist nicht einfach, die eigenen Kinder Gott anzuvertrauen – vor allem dann nicht, wenn vieles nicht so läuft, wie wir uns das gewünscht haben. Dies ist die Geschichte einer Frau, die ihren Sohn nach langen, schweren Kämpfen schließlich an Gott abgab und sagte: »Ich vertraue dir, Herr. Er ist in deiner Hand, und ich vertraue dir völlig.«

Annette hörte die Hintertür und die vertrauten Schritte ihres Sohnes. Billy, ihr Vierzehnjähriger, schlurfte in die Küche. Sie spülte den letzten Teller ab und wandte ihm den Kopf zu. »Hey«, lächelte sie.

Bill ließ sich wortlos auf einen Küchenstuhl fallen. Er beugte sich vor und begann sich die Turnschuhe auszuziehen. Annette sah ihm dabei zu und begann sich über seine ruckartigen Bewegungen zu wundern. Er schien nicht besonders fest auf den Beinen zu sein und bewegte sich fahrig. Sie trocknete die Hände am Geschirrtuch ab und ging zu ihm hinüber.

»Alles in Ordnung?«, fragte sie, griff ihn an der Schulter und rüttelte sanft daran. Er sah nicht auf, schwankte aber nach einer Seite. »Billy!« Sie rüttelte ein bisschen fester. Annette war Krankenschwester und fragte sich, ob er vielleicht einen Krampfanfall hatte.

Sie ging in die Hocke, um ihm in die Augen sehen zu können. Sie schrak schnell zurück. Er stank nach Alkohol. Sie legte ihm die Finger unters Kinn und hob es an, um in seine glasigen, blutunterlaufenen Augen blicken zu können.

»Don!«, rief sie. Sie klang so aufgeregt, dass ihr Mann sofort in die Küche sprang. »Er ist betrunken!«, erklärte Annette und starrte Billy ungläubig an.

Zusammen trugen Don und Annette Billy nach oben, um ihn kalt abzuduschen. Während Don Billy half, aus den Kleidern zu kommen, rannte Annette ins Schlafzimmer und rief bei dem Krankenhaus an, in dem sie arbeitete. »Woran merkt man, ob jemand eine Alkoholvergiftung hat?«, fragte sie eine Kollegin ohne jede Einleitung.

Nachdem sie gehört hatte, auf was sie alles achten sollte, legte sie auf. Als Don ins Zimmer trat und ihr erzählte, dass Billy sich heftig übergeben hatte, sagte sie erleichtert: »Gott sei Dank!« und ließ sich aufs Bett fallen.

Don sah sie erstaunt an.

Sie zeigte aufs Telefon: »Ich habe gerade mit dem Krankenhaus telefoniert und gefragt, woran man eine Alkoholvergiftung erkennt. Wenn er sich erbricht, ist das ein gutes Zeichen, dass er keine kriegt.«

Don und Annette starrten einander einen Moment lang an, und dann durchzuckte Annette der Ärger wie ein Stromschlag.

»Was hat er sich bloß dabei gedacht?« Sie sah Don wütend an, sprang dann auf und begann unruhig im Zimmer auf und ab zu gehen.

Don starrte aus dem Fenster und schüttelte den Kopf. »Keine Ahnung.«

Am nächsten Tag war Annette klar, dass es Billy richtig dreckig ging – sein Gesicht war weiß wie Mehl, und er war nur aus seinem Zimmer gekommen, um ins Bad zu gehen. Annette und Don waren dankbar dafür, dass Billy so verkatert war; sie hofften, dass diese Erfahrung ihn davon abhalten würde, so etwas noch einmal zu tun.

Einige Wochen später ging Annette in Billys Zimmer, um Wäsche wegzuräumen. Als sie die Sockenschublade öffnete, bemerkte sie ganz hinten, unter einem Haufen Socken versteckt, einen kleinen Plastikbeutel. Sie nahm ihn aus der Schublade und öffnete ihn. In dem Beutel waren Marihuana und was man brauchte, um es zu rauchen. Annette sank auf das Bett und konnte den Blick nicht von dem Beutelchen abwenden. Sie versuchte zu begreifen, was das alles bedeutete. Ihr Herz schlug wie wild. Und dann schrie alles in ihrem Mutterherzen: Nein! Sie schauderte und sah sich in seinem Zimmer um. Hat er noch mehr davon? Der Gedanke ließ sie vom Bett hochfahren. Wie wild durchwühlte sie sein Zimmer. Sie fand nichts weiter. Aber was sie in der Hand hielt, war schon genug.

An diesem Abend setzten sich Annette und Don mit Billy zusammen, um über alles zu reden. Annette legte den Plastikbeutel vor sich auf den Tisch. »Kannst du mir mal sagen, was das ist?«, fragte Don.

Billy zuckte die Achseln. »Keine Ahnung. Ist nicht meins. Hab's nur für einen Freund aufbewahrt«, log er und sah dabei ganz unschuldig aus.

Die Situation spitzte sich in den nächsten Jahren zu, als Billys Verhalten immer schlimmer wurde. Er schwänzte die Schule, stieg aus dem Sportteam aus und hielt sich nicht an seine Ausgehzeiten. Wenn sie die Haustür abschlossen, stieg er einfach durch sein Fenster nach draußen.

Annette war am Boden zerstört, als sie zusehen musste, wie Billy immer weiter abdriftete. Sie hatte den Eindruck, als Mutter furchtbar versagt zu haben. Jeden Abend, wenn sie versuchte einzuschlafen, zermarterte sie sich das Hirn. *Wie konnte es nur dazu kommen? Was habe ich bloß falsch gemacht?*

> *»Manchmal braucht es eine Weile, bis wir lernen loszulassen und Gott ganz zu vertrauen. Es ist ein sehr schwieriger Prozess. Aber ich würde die Erfahrungen, die ich damals gemacht habe, gegen nichts eintauschen wollen.«*
> *Annette, 51*

Weil sie auf die meisten dieser Fragen keine Antwort fand, versuchte sie, das Problem wenigstens auf ihre Weise in den Griff zu bekommen. Sie vergrub sich hinter Büchern, um herauszufinden, welche Möglichkeiten es gab, Billy zu helfen. Sie forderte bei seiner Schule ein ausführliches Gutachten über ihn an. Sie ließ ihn auf Lernschwierigkeiten testen. Sie schickte ihn zum Psychiater, um dessen Einschätzung zu hören. Sie sorgte dafür, dass er in der Schule zur Beratung ging, schickte ihn zu einem Psychologen und nahm für die ganze Familie Therapien in Anspruch. Nichts half.

Nichts änderte sich.

Nachdem sie sich monatelang sinnlos abgemüht hatte, fiel Annette nichts mehr ein, was sie noch tun konnte. Eines Morgens wachte sie auf und fühlte sich schon verzweifelt, bevor der Tag überhaupt angefangen hatte. *So kann es doch nicht weitergehen. Ob ich es durch den Tag heute überhaupt noch schaffe?*

Nein, dachte sie. *Ich kann nicht mehr.*

In ihren Augen brannten Tränen, und sie merkte, wie eine schwere Last sie buchstäblich niederdrückte. Ihr war seelisch und körperlich schlecht, und sie konnte nur schwer atmen, als sie betete: *Herr, sag mir doch: was habe ich falsch gemacht? Ich bin seine Mutter. Irgendwie muss ich an all dem doch Schuld sein!*

Jeden Tag brachte sie ungezählte Stunden mit Grübeln zu; sie überlegte, an welcher Stelle sie so grundlegend versagt hatte. Don und sie führten eine gute Ehe, sie gingen zur Kirche und hatten Gott lieb, sie zeigte wirklich Interesse am Leben ihrer Kinder, ließ ihnen nicht zu viele, aber auch nicht zu wenige Freiheiten ... Was war nur schief gelaufen?

Annette fand eine Seelsorgerin, die ihr half, ihren Kummer und ihre Gefühle in Worte zu fassen. In vielen, vielen Gesprächen begriff Annette, dass sie für die Entscheidungen, die ihr Sohn traf, nicht verantwortlich war. Ihr wurde klar, dass es keine Garantie gibt, dass ein Kind, das in einem liebevollen christlichen Elternhaus aufwächst, selbst auch Christ wird und gute Entscheidungen trifft. Stattdessen hatten Billys Persönlichkeit, die für Süchte ohnehin anfällig war, und der Einfluss seiner drogenabhängigen Freunde dazu geführt, dass er sich immer tiefer in seine Sucht verstrickte.

Annette brauchte lange, diese Gedanken wirklich zu verinnerlichen. In der Zwischenzeit ging es mit Billy immer weiter bergab. Seine Sucht wurde schlimmer, als er von Alkohol und Marihuana auf harte Drogen wie Kokain und Amphetamine umstieg. Er stieg aus der Schule aus und wurde immer öfter von der Polizei aufgegriffen. In manchen Nächten kam er erst gar nicht nach Hause.

Einmal tauchte er drei Tage lang nicht zu Hause auf. Annette rief bei der Polizei an, bei seinen Freunden und bei allen, von denen sie hoffte, dass sie ihn finden helfen könnten. *So kann ich nicht leben!*, schrie alles in ihr, nachdem sie ein Dutzend Anrufe getätigt hatte. *Ich hab mich doch auch noch um zwei andere Kinder zu kümmern. Und ich habe einen Mann und einen Job.* Just in diesem Moment ging die Tür auf und Billy schlenderte herein. »Hi, Mama«, sagte er beiläufig.

»Wo bist du gewesen?«, fragte Annette weiß vor Wut.

»Hör auf, dir Sorgen zu machen! Ich war bloß mit ein paar Kumpels zusammen.« Er küsste sie auf die Wange und sprang unbekümmert die Treppe hinauf.

Sprachlos starrte Annette ihm nach. *Wir haben das hier nicht im Griff. Was sollen wir denn bloß tun? Ihn rauswerfen?* Ihr Hals schnürte sich zusammen. *Aber er ist doch erst 16. Wo soll er denn dann hin?* Es tat einfach zu weh, daran auch nur zu denken.

Als er 17 und schon mehrmals wegen schwerer Vergehen festgenommen worden war, landete Billy in einem Jugendgefängnis. Er saß dort acht Monate ab und wurde dann zur Bewährung in eine Wohngemeinschaft gesteckt.

Annette und Don standen vor einer schwierigen Wahl, was mit ihm danach geschehen sollte. Sie überlegten lange und beteten viel, bevor sie ihre Entscheidung trafen. Er hatte die Regeln, die in ihrem Haus galten, zu lange gebrochen. Es brach ihnen das Herz, ihm zu sagen: »Wir haben dich furchtbar lieb – aber wir möchten nicht, dass du wieder nach Hause kommst.«

Als Billy außer Haus war, kehrte etwas mehr Normalität ein, und Annette konnte sich wieder mehr um ihre anderen Kinder kümmern. Und doch dachte sie jede Sekunde unglücklich an ihren Ältesten.

Auf sich alleine gestellt, geriet Billy noch weiter unter die Räder. Eine Drogensucht ging in die nächste über, und über kurz oder lang spritzte er Heroin.

Eines Nachmittags kam er auf einen Besuch nach Hause. Annette starrte den abgemagerten, drogenabhängigen jungen Mann, ihren Sohn, über den Küchentisch hinweg an. Sie schluckte schwer und versuchte, sich von ihren Emotionen nicht überwältigen zu lassen. Er konnte kaum mehr als 45 Kilo wiegen und sah aus, als lebte er auf der Straße. Langes, strähniges Haar hing ihm über das schmutzige, unrasierte Gesicht.

Annette sah ihrem Sohn in die Augen. *Er schien weit weg zu sein. Das Heroin wird ihn umbringen,* dachte sie. *Bitte, Gott, lass ihn nicht sterben!* Ein riesiger Kloß saß ihr im Hals, als sie dort mit ihrem Sohn in der Küche saß. Keiner sagte ein Wort. Don und sie hatten alles versucht, was in ihrer Macht stand, um ihm zu helfen, und es hatte alles nicht funktioniert.

Nach diesem Besuch hörte Annette monatelang nichts von ihrem Sohn. Als sie eines Abends wieder einmal nicht einschlafen konnte, musste sie weinen. »Wir wissen ja nicht einmal, ob er überhaupt noch lebt«, sagte sie zu Don.

Don, dem die gleiche Last auf der Seele lag, schlang die Arme um seine Frau. »Ich weiß. Wir müssen einfach weiter hoffen und weiter beten.«

Als Weihnachten näher rückte, war Billy schon neun Monate unauffindbar. An einem kalten Samstagmorgen, als draußen Schneeflocken gegen die Scheiben wirbelten, saß Annette mit der Zeitung und einer Tasse Kaffee am Küchentisch. Als sie so aus dem Fenster schaute, war ihr nun doch nach Feiern zumute. Sie überlegte, dass das ein guter Tag war, um die Weihnachtsdekoration auszupacken und schon einen Baum zurechtzustutzen. Als sie einen letzten Blick in die Zeitung warf, blieb ihr Blick an einer Überschrift ganz unten auf der letzten Seite hängen: »Junger Mann nach Überdosis noch nicht identifiziert.« Ihr Herz setzte einen Moment lang aus. Sie sah weg und konnte sich einfach nicht überwinden, auch den Rest zu lesen. Nachdem sie noch ein paar Mal tief durchgeatmet hatte, zwang sie sich trotzdem dazu. *Das Opfer ist ungefähr 20 Jahre alt. Die Polizei bittet Personen, die bei der Identifizierung helfen könnten, sich zu melden.* Die Beschreibung, die gegeben wurde, passte genau auf Billy: dünn, ungefähr 1,80 groß, braune Haare, blaue Augen. Annettes ganzer Körper krampfte sich zusammen. Sie konnte sich weder bewegen noch sprechen. Nachdem sie lange Zeit aus dem Fenster gestarrt hatte, stand sie wie betäubt auf, ging nach oben ins Schlafzimmer und drückte Don wortlos die Zeitung in die Hand. Tränen strömten ihr übers Gesicht, als sie auf den Artikel deutete. Don wurde auch ganz blass, als er ihn las.

> *»Ich habe auf die harte Tour gelernt, dass Gott über allem steht und dass er unser Vertrauen ganz und gar verdient.«*
> *Annette*

Sie standen lange da, ohne ein Wort zu sagen. Endlich fand Annette ihre Stimme wieder. »Du guckst dir den Leichnam besser mal an.« Sie gingen zusammen nach unten. Annette sah Don wortlos nach, als er das Haus verließ. Das ganze Haus schien kleiner zu werden, als sich die Tür hinter ihm schloss. In ihrem Kopf begann sich alles zu drehen. Sie sank wie ein Häufchen Elend in einen Stuhl, der dort im Flur stand, und schluchzte haltlos.

Nach einigen Minuten bemerkte sie in den Augenwinkeln etwas. Sie wandte den Kopf. Es sah so aus, als läge ein kleiner Berg Scherben oder Diamanten in ihrem Flur in einer Ecke. Sie konnte nicht klar denken. *Was ist das denn?*, fragte sie sich verwirrt.

Durch ihre Tränen hindurch bemerkte sie, wie wunderschön diese Scherben glänzten und funkelten. Und als sie sie betrachtete, merkte sie, wie Gott ihr die Augen öffnete.

Herr, flüsterte sie. *Das bin ich, nicht wahr? Das da ist mein Herz. Es ist in lauter winzige Scherben zersprungen. Herr, ich gebe dir dieses zerbrochene Herz ein für allemal. Billy ist in deiner Hand. Ob er lebt oder tot ist – er ist dein.*

> *»Man kommt irgendwie an den gleichen Punkt wie Hiob, als er sagte: ‚Siehe, er wird mich doch umbringen, und ich habe nichts zu hoffen; doch will ich meine Wege vor ihm verantworten' (Hiob 13,15).«*
> *Annette*

Nachdem sie dieses Gebet gesprochen hatte, spürte Annette, wie Frieden sie einhüllte. Sie schloss die Augen und atmete die Ruhe tief ein, die sie so viele Jahre nicht hatte erleben können. Bis zu diesem Moment war sie innerlich zerrissen und von der Verantwortung, die sie für ihren Sohn empfand, fast erdrückt gewesen. Sie hatte diese Last ganz alleine getragen und zugelassen, dass sie an nichts anderes mehr denken konnte. Während sie nun Billy im Gebet ganz an Gott abgab, spürte sie, wie eine schwere Last buchstäblich von ihren Schultern gehoben wurde. Sie war nicht mehr da – oder jedenfalls war es nicht mehr Annette, die sie trug.

Als sie so da saß und sich an dem neugewonnenen Frieden freute, klingelte plötzlich das Telefon. Sie nahm den Hörer ab und hörte am anderen Ende Dons Stimme, die sich vor Erleichterung fast überschlug. »Schatz, es ist nicht Billy.« Seine Stimme brach. »… nicht Billy!«

Erleichterung breitete sich auch in Annette aus. Sie drückte den Telefonhörer ans Herz und weinte. *Danke, Herr.*

Billy blieb noch einige Monate verschwunden. Aber die Ruhe, die Annette an diesem Tag erlebt hatte, blieb. Sie konnte Gott auf einer Ebene vertrauen, die sie vorher nicht gekannt hatte.

Eines Abends klingelte das Telefon, und Annette hob ab. Ihre Knie gaben nach, als sie am anderen Ende der Leitung Billys Stimme hörte. »Don!«, rief sie, »geh mal an den anderen Apparat!« So hörte Annette an dem einen und Don an dem anderen Apparat zu, was Billy zu berichten hatte. Er war mit seiner Freundin erst in Virginia und dann in Florida gewesen. Sie hatte ihn vor die Wahl gestellt: Entweder er kam vom Heroin los oder sie würde ihn verlassen. Jetzt war er von den Drogen losgekommen und spürte, dass er sich der Polizei stellen sollte, weil er seine Bewährungsauflagen missachtet hatte. »Ich kann so nicht mehr leben«, bekannte er seinen Eltern müde.

Billy zeigte sich also selbst an und kam für viele Monate ins Gefängnis. Während der Haft erlebte er eine Lebenswende, als er sich eines Morgens unruhig auf seiner dünnen Matratze hin und her wälzte. Er öffnete die Augen und sah, wie die Sonne hell und freundlich durch sein Zellenfenster schien. Er lag ganz ruhig da und sah die Sonnenstrahlen an, die durch das dunkle Eisengitter in seine Zelle hineinstrahlten. Und in diesem Moment wurde ihm klar, dass er sich entscheiden musste. Er konnte wie bisher weitermachen, sein Leben weiter zerstören und den Tod wählen – oder er konnte einen neuen Weg einschlagen und das Leben wählen.

Er entschied sich für das Leben und bat Jesus, in seinem Herzen zu leben.

Obwohl diese Drogenjahre nun schon lange hinter ihr liegen, ist Annette bis heute dankbar für die Narben, die sie von den Kämpfen damals davongetragen hat. Schließlich hat sie mitten in diesen Kämpfen gelernt, dass man Frieden finden kann, wenn man alles komplett an Gott abgibt. Sie hat festgestellt, dass sie ihre Kinder ganz Gott überlassen kann und sich nicht auf ihre eigene Kraft und ihre Fähigkeit verlassen muss. Erst als sie bereit war, alles abzugeben, selbst das Leben des Sohnes, den sie liebte, konnte sie den Frieden erfahren, der nicht von dieser Welt ist und den nur Gott geben kann.

Mutterschaft – Zusammenfassung

Wenn ein kleines Bündel Freude zu einem größeren Bündel Energie heranwächst, liegen Mütter oft nächtelang wach, und wenn sie am nächsten Morgen aufstehen, haben sie dunkle Ringe unter den Augen. Wenn sie dann erleichtert aufseufzen, weil Wutanfälle, Pipi-Pausen und lästige Kindersitze endlich zur Vergangenheit gehören, stehen sie gleich vor der nächsten Herausforderung: Kindern, die in die Pubertät kommen.

Es lässt sich nicht leugnen, dass Kindererziehung eine der anspruchsvollsten, herausforderndsten Tätigkeiten ist, die eine Frau übernehmen kann. Es gibt so viele größere und kleinere Entscheidungen zu fällen, und sie alle haben irgendwelche Auswirkungen auf die Kinder. Es wäre lächerlich, eine solche Aufgabe alleine bewältigen zu wollen, ohne die Hilfe älterer Frauen, die das alles schon hinter sich haben! Obwohl die Regale in den Buchläden voll stehen mit wunderbaren Ratgebern zur Kindererziehung, lässt sich das Wissen einer erfahreneren Mutter, die ehrlich über ihre Erfolge und ihr Versagen zu berichten bereit ist, durch nichts ersetzen.

Die Frauen in diesem Kapitel haben alle gelernt, ihre Kinder Gott anzuvertrauen, weil er ihre Kinder noch viel mehr liebte, als sie das überhaupt konnten. Barbara erblindete und war körperlich nicht in der Lage, ihren Kindern zu geben, was sie für ihre Pflicht als Mutter hielt. Aber anstatt dem nachzutrauern, was sie nicht tun konnte, beschloss sie, jeden Augenblick mit ihren Kindern zu genießen. Eileen lernte, gelassener zu sein und ihre Kinder an Gott abzugeben, vor allem als sie merkte, dass sie nicht alles im Griff haben konnte. Edith ließ zu, dass Gott die ohne ihre Schuld zerplatzten Träume, die sie für ihre Kinder gehabt hatte, durch neue ersetzte. All diese Beispiele können Frauen Mut machen, die unter dem ständigen Druck stehen, ihren Kindern eine gute Mutter zu sein. Annette tat alles, was in ihrer Macht stand, um ihren Kindern gerecht zu werden, und doch traf ihr Sohn eine Reihe Entscheidungen, die ihn immer tiefer abwärts führten. Schließlich begriff Annette, dass sie die Hoffnung, ihn wieder in Ordnung zu bringen, an Gott abgeben und ihren Sohn in seine Hände legen musste. Junge Mütter, denen die Sorgen um die Kinder schlaflose Nächte bereiten, können sich diese Frauen zum Vorbild nehmen – und beruhigt schlafen.

Was ist Ihr größte Sorge bei der Kindererziehung?

In welchen Bereichen versuchen Sie, alles im Griff zu haben, und überlassen Gott nicht die Kontrolle?

Welche drei Charaktereigenschaften halten Sie für die wichtigsten, die Sie gerne Ihren Kindern vermitteln wollen? Wie leben Sie ihnen diese Eigenschaften vor?

Nennen Sie drei Mütter, an denen Sie sich ein Beispiel nehmen. Was an diesen Frauen bewundern Sie am meisten?

Vertrauen Sie Gott, dass er das Leben Ihrer Kinder in der Hand hält? Wie wirkt sich das aus? Wie sollte es sich auswirken?

Welche drei einfachen Dinge fallen Ihnen ein, die Sie diese Woche tun können, um Ihren Kindern Ihre Liebe zu zeigen?

(Tipps: stecken Sie ihnen einen kleinen Zettel mit Mut machenden Worten in ihre Pausenbrotdose. Backen Sie Pfannkuchen in Herzform. Legen Sie ihnen ein Bonbon aufs Kissen ...)

Vorschläge:

1. Nehmen Sie sich jeden Tag ein bisschen Zeit – es müssen nur einige Minuten sein –, um mit Ihren Kindern irgendetwas Verrücktes zu machen: Fangen zu spielen, Schiffe zu versenken oder ein Malbuch auszumalen.
2. Beten sie jeden Tag für Ihre Kinder. Beten Sie konkret. Vielleicht gibt es noch eine andere Mutter in Ihrem Umfeld, mit der Sie gemeinsam beten und auch vertrauliche Gebetsanliegen austauschen können.
3. Behalten Sie den Überblick, wo und mit wem Ihre Kinder ihre Zeit verbringen und was sie dann tun. Wenn Sie den Eindruck haben, dass irgendetwas nicht stimmt, verdrängen Sie das nicht und reden Sie sich nicht ein, dass Sie nur überbesorgt sind. Gehen Sie der Sache nach!
4. Achten Sie darauf, dass Sie als Familie Zeit miteinander verbringen. Richten Sie Tage ein, die Sie komplett als Familie gestalten. Unternehmen Sie an diesen Tagen irgendetwas Lustiges, essen Sie zusammen und reden Sie miteinander.

... als Single

Sally

Nach einer ganzen Reihe Beziehungen war die 41-jährige Sally Single. Anstatt gegen ihr Alleinsein anzukämpfen, gestattete sie Gott, der Mann ihres Lebens zu sein, und diese Entscheidung ließ sie zu der Frau werden, zu der Gott sie gedacht hatte.

Sally saß im Wohnzimmer ihres kleinen Häuschens. Sie hatte es sich im Schneidersitz auf ihrem Sofa bequem gemacht und drückte ihre Lieblings-Fleecedecke an sich. Sie sah aus dem Fenster und starrte ausdruckslos in den morgendlichen Nieselregen. Der Regen schien stärker zu werden und sich in einen ausgewachsenen Frühlingsregen zu verwandeln.

»Naja, da wären wir also«, sagte Sally mit belegter Stimmer zu Ted, ihrem Golden Retriever. Er lag faul neben ihr auf dem Parkettfußboden und antwortete ihr mit Schweigen. Sally hasste die Stille. Und sie hasste es, alleine zu sein. In den letzten 15 Jahren hatte es immer den einen oder anderen Mann in ihrem Leben gegeben. Als sie jetzt nach draußen in den trübseligen Tag starrte, entsprach ihre Laune dem Wetter. Die Stille begann in ihren Ohren zu dröhnen, und eine Welle von Angst durchflutete sie. *Ich kann einfach nicht gut alleine sein*, dachte sie, streckte die Beine und rollte auf ihre Seite. Sie rollte sich zu einem Ball zusammen, indem sie die Knie bis zum Kinn hochzog und die Arme um die Beine schlang. *Vielleicht sollte ich aufstehen und irgendetwas machen,* überlegte sie. Aber sie bewegte sich nicht. Sie dachte darüber nach, Lisa anzurufen, ihre beste Freundin, aber verwarf den Gedanken gleich wieder. *Doch nicht an ihrem Hochzeitstag.*

Ihre Gedanken wanderten weiter zu Brendan, ihrem Zehnjährigen, der bei einem Freund übernachtete. *Hoffentlich amüsiert er sich dort gut. Vielleicht sollte ich dort anrufen und ihn daran erinnern, seinen Helm zu tragen, wenn er Fahrrad fährt.* Aber sie blieb trotzdem liegen und sah wie betäubt zu, wie der Regen an den Fensterscheiben herunterlief.

Sie schloss die Augen und dachte an Brendans Vater zurück: Dan hat gern Spaß gehabt und war der Mittelpunkt jeder Party gewesen. Darin waren sie gut gewesen, als sie verheiratet waren: Spaß haben. Sie hatten ein kleines Restaurant aufgemacht und viel gefeiert. Sally hatte ihre Rolle als Ehefrau, mit der man Spaß haben konnte, gut ausgefüllt. Sogar Dans regelmäßiges Trinken hatte sie übersehen, weil sie sich einredete, dass das eben seine Art war, Spaß zu haben. Aber aller Spaß hörte auf, als Dan Darmkrebs bekam und nach kurzem, schwerem Kampf starb. Sie waren sieben Jahre verheiratet gewesen, und nach Dans Tod stand Sally als Witwe und alleinerziehende Mutter des damals vierjährigen Brendan da.

Sally lächelte traurig, als sie daran dachte. *Wie es wohl gewesen wäre, wenn Dan damals nicht gestorben wäre?*, überlegte sie. Ted stupste sie an und forderte seine Streicheleinheiten ein. Sie kraulte ihm die Ohren und schnitt eine Grimasse, als sie an ihre nächste Ehe dachte.

Innerhalb eines Jahres hatte Sally einen Mann aus der Nachbarschaft geheiratet. *Ich war die typische Alleinerziehende, die sich aus genau den falschen Gründen in eine Ehe stürzt,* dachte sie. *Rick schien ein vernünftiger, liebenswerter Mensch zu sein, und er kam mit seinen beiden Jungs gut zurecht. Ich dachte einfach …* Sally zuckte innerlich zusammen bei der Erinnerung daran, wie dumm sie damals gewesen war. Die Ehe mit Rick erwies sich als Katastrophe. Er behandelte Brendan schlecht und Sally noch schlechter. Nach vier Jahren, in denen er sie nur fertig gemacht hatte, gab Sally auf und ließ sich scheiden.

Auf Rick war Jeff gefolgt. Sally kamen die Tränen, als sie an die Trennung dachte, die noch gar nicht lange zurücklag. *Wie kommt es nur, dass ich so froh bin, dass daraus nichts geworden ist – und auf der anderen Seite so unglaublich verletzt?*, überlegte sie und wurde immer trauriger. Sie musste ein bisschen lächeln, als sie Jeff in Gedanken vor sich sah. Sie hatte das Gefühl von Freiheit so genossen, wenn sie dort auf dem Soziussitz seines Motorrads saß. Es war ihr so vorgekommen, als hätte sie keine einzige Sorge auf der Welt. Aus einer augenblicklichen Laune heraus hatte Sally sich kurz nach ihrer Scheidung von Rick mit Jeff verlobt. Aber die Beziehung zerbrach, als sie herausfand, dass er außer ihr noch eine Freundin hatte.

Die Tränen, die ihr schon in den Augen gebrannt hatten, liefen ihr nun über das Gesicht. Sie fuhr mit den Fingern durch Teds dichtes Fell und seufzte laut auf. So vieles tat ihr im Rückblick Leid. Als sie jetzt eine Bestandsaufnahme ihrer bisherigen Beziehungen machte, durchzuckte sie plötzlich ein Gedanke, bei dem ihr ganz kalt wurde. *Ich habe mich mit jedem dieser Männer ganz anders verhalten.* Sie setzte sich kerzengerade auf, so dass ihre Decke verrutschte und Ted unter sich begrub. *Das scheint ja ein regelrechtes Muster bei mir zu sein*, dachte sie, und es wurde ihr mit erschreckender Deutlichkeit bewusst: *Ich bin immer zu dem geworden, was der Mann sich wünschte.*

»Ist ja ekelhaft«, sagte sie laut. Sie war ganz verstört über das, was sie da an sich bemerkte. Sie stand auf und ging zum Fenster hinüber. *Ich bin ein Chamäleon*, dachte sie und musste schlucken. Es machte ihr Angst. Ihre Tränen standen dem Regen, der an den Fensterscheiben herunterlief, in nichts mehr nach, als Sally sich fragte: »Wer bin ich eigentlich?«

Sie sah lange aus dem Fenster und ging dann hinüber zum Couchtisch, wo ihre Bibel lag. Sie nahm sie und begann zu beten.

Jetzt, wo ich allein bin, Herr, ist es vielleicht an der Zeit herauszufinden, wer ich eigentlich bin.

> *»Gott wollte, dass ich Single war, weil er einen Plan für mein Leben hatte – und ich versuchte die ganze Zeit, meinen eigenen Plan zu verwirklichen, nicht seinen.«*
> *Sally, 53*

Sie lehnte sich zurück und schloss die Augen. Der Regen prasselte draußen leise vor sich hin, und Ruhe erfüllte Sally. Es war eine Stille in ihr, und sie spürte, wie Gott zärtlich ihren Namen flüsterte. *Ja, Sally. Es ist an der Zeit, dass du herausfindest, zu wem ich dich erschaffen habe.*

In den nächsten sieben Jahren genoss Sally diese aufregende Reise, genau das herauszufinden. Sie hatte sich so lange den Erwartungen angepasst, die andere an sie hatten, dass sie nun etwas Zeit brauchte, um herauszufinden, was sie wirklich mochte und konnte.

Zunächst einmal wurde sie in der Theatergruppe ihrer Kirche aktiv und konnte so ihre lebenslange Begeisterung für die Schauspielerei ausleben. Dann begann sie, regelmäßig zu einem nahegelegenen Altenheim zu gehen. Jede Woche zog sie mit Ted los, um die älteren Leute dort zu besuchen. Die beiden sorgten schon für Freude, wenn Ted einfach nur mit dem Schwanz wedelte und Sally freundlich lächelte.

Sally schloss sich einem Bibelkreis für Frauen an und wurde Vorstandsmitglied einer christlichen Frauenvereinigung vor Ort. Zum ersten Mal in ihrem Leben änderten sich ihre Prioritäten. Es war ihr nicht mehr wichtig, einem Mann zu gefallen, sondern Gott.

Als Alleinstehende erlebte Sally auch viele Alltagssituationen, in denen sie Gott den »Mann im Haus« sein ließ. Ob es Fragen zu Geldangelegenheiten, Erziehungsschwierigkeiten oder kleine Reparaturen am Haus waren – all das, wofür sie bis dahin immer einen Mann zu brauchen geglaubt hatte, legte sie nun ihm vor.

Eines Tages versuchte sie, ihre kaputte Spülmaschine zu reparieren und rief deprimiert: »Ich weiß gar nicht, was ich hier eigentlich tun soll, Herr! Ich brauch wirklich Hilfe!« Ganz plötzlich sah sie vor ihrem inneren Auge ein seltsames Werkzeug. *So was habe ich doch in der Garage liegen sehen,* dachte sie. *Aber ich habe keinen blassen Schimmer, was man damit macht.* Sie stiefelte zur Garage hinüber und wühlte im Werkzeugkasten herum. »Na so was! Da ist es ja!«, sagte sie überrascht, als sie das Gerät hervorzog. Sie hielt es hoch und sah nach oben. »Und was mach ich jetzt damit?« Mit dem Werkzeug in der Hand ging sie in die Küche zurück, und bevor sie sich recht versah, hatte sie die Spülmaschine repariert. »Wer hätte das gedacht? Wir haben sie repariert, Gott!«, lachte sie.

In dieser Zeit machte Gott ihr auch klar, dass sie an Beziehungen arbeiten sollte, die zerbrochen waren. Insbesondere bereitete er den Boden dafür vor, dass sie den Ärger auf ihre Mutter loslassen konnte, den sie schon ihr ganzes Leben lang mit sich herumtrug. Die Bitterkeit war schon während ihrer Kindheit gesät worden, als Sally sich um ihre alkoholkranke Mutter zu kümmern hatte. Als ihre Mutter mit dem Trinken aufhörte, war Sallys Abneigung gegen sie bereits so fest verwurzelt, dass sie nicht davon loskam. Aber je näher sie Gott kam, desto mehr schmolzen Bitterkeit und Abscheu, die sich über Jahrzehnte angesammelt hatten.

> *»Gott will mich nicht nur ›Teilzeit‹. Er will mich ›Vollzeit‹.«*
> *Sally*

Als ihre Mutter im Sterben lag, verbrachte Sally ungezählte Stunden an ihrem Bett. Sie kämmte ihr die Haare, streichelte ihr den Arm und half ihr freundlich, wo sie konnte. Die Frau, die ihre Kindheit zerstört hatte, wurde Sally nun sehr kostbar. *Das kommt alles von dir, Gott,* betete Sally dankbar, als sie eines Nachmittags zum Pflegeheim fuhr, in dem ihre Mutter lag. *Ich weiß genau, dass ich innerlich viel zu hart und mit mir selbst beschäftigt gewesen wäre, um das alleine hinzukriegen.*

Obwohl Sally es sehr genoss, dem Herrn so nahe zu sein, empfand sie es manchmal doch als sehr schwierig, als Single in einer Welt zu leben, in der alles auf Paare zugeschnitten zu sein schien.

Jede Woche wurde sie mindestens einmal gefragt: »Denkst du eigentlich manchmal daran, wieder zu heiraten?«

»Aber sicher. Ich fand Männer schon immer toll!«, sagte sie dann jedes Mal mit einem Lachen.

»Gott war so treu, Sie würden es mir nie glauben. Diese vielen kleinen Alltagsdinge, die ich normalerweise wahrscheinlich meinem Mann überlassen hätte, brachte ich stattdessen zu Gott. Und er kümmerte sich darum.«
Sally

Und obwohl ihre Antwort fröhlich und unbeschwert klang, sehnte sie sich doch im Grunde ihres Herzens sehr nach einem Partner. Wie alles andere, so besprach sie auch das mit Gott: »Du kennst mich, Herr. Ich wünsche mir so sehr einen Mann, mit dem ich zusammen durchs Leben gehen kann.«

Sally griff sogar nach Blatt und Stift und schrieb auf, welche Eigenschaften ein zukünftiger Mann mitbringen sollte. Sie hatte auch früher schon ähnliche Listen aufgestellt, aber diese hier war anders. An erster Stelle stand diesmal, dass er ein gottesfürchtiger Mann sein sollte.

Während der Jahre, die sie nun schon alleine lebte, war auch eine weitere Veränderung in ihr geschehen – das Alleinsein trieb sie nicht mehr um. Sie hatte Gott auf ganz neue Weise kennen gelernt. Sie vertraute ihm und wusste, dass er Gutes mit ihr vorhatte. Weil sie ihm wirklich die Herrschaft über ihr Leben ganz überlassen wollte, lernte sie, sich an Jeremia 29,11 festzuhalten, wo es heißt: *»Denn ich kenne ja die Gedanken, die ich über euch denke, spricht der Herr, Gedanken des Friedens und nicht zum Unheil. Um euch Zukunft und Hoffnung zu gewähren.«* (Elberfelder Bibel)

Gottes Plan zu vertrauen, veränderte Sallys Gefühlsleben. Sie konnte am Sonntagmorgen mit Gottes Verheißung im Herzen zum Gottesdienst gehen und musste nicht traurig oder neidisch sein, wenn sie all die glücklich verheirateten Paare um sich herum bemerkte.

Heute sitzt Sally auf demselben Sofa, das vor Jahren in ihrem kleinen Häuschen stand. Aber inzwischen steht dieses Sofa vor dem Fenster in einem malerischen alten Haus, das sie zusammen mit ihrem Mann George bewohnt. Vor zwei Jahren hat Gott es so geführt, dass Sally in der Gemeinde George kennen lernte.

So sehr Sally ihren Mann auch liebt und sich an ihrer Ehe freut, in der Christus im Mittelpunkt steht, so schätzt sie doch auch die Jahre des Alleinseins. »Wenn ich wieder in eine Beziehung hineingeraten wäre, die Gott nicht gewollt hätte, wären mir all diese wertvollen Jahre entgangen, in denen Gott der einzige Mann in meinem Leben war.« Sie lernte sich selbst in diesen Jahren kennen, sie erlernte, vollständig von Gott abhängig zu sein, und sie erfuhr die heilende Berührung durch Gottes gute Hand. Es war auch eine Zeit in Sallys Leben, während der sie ihre Prioritäten umstellte und die enge Beziehung zu Gott über die Leidenschaft für einen Mann stellte.

»Ich würde diese Jahre gegen nichts in der Welt eintauschen wollen«, sagt Sally heute, »denn erst durch sie habe ich zu mir selbst gefunden. Ich bin die Frau, die Gott geplant hat, und nicht irgendein armseliges Chamäleon, das bei jeder Gelegenheit die Farbe wechselt. Und all das wäre nie passiert, wenn er mir diese Zeit alleine nicht geschenkt hätte – allein mit ihm.«

Jody

Als alleinerziehende Mutter von vier Kindern, die nur über wenig Geld verfügte, verließ sich Jody darauf, dass Gott ihr alles Nötige geben würde. Als ihre Gebete immer drängender wurden, sorgte er auf ganz ungeahnte Weise für sie.

»Bitte nicht anklopfen«, wies Jody ihre vier Kinder an, als sie sich in die Einsamkeit ihres Badezimmers zurückzog. »Spielt bitte leise und seid mal für ein paar Minuten brav.« Das Bad war zur Zeit der einzige Raum, wo sie Zeit fand, allein zu sein und zu beten. Jody schloss die Tür, lehnte ihren müden Rücken gegen die kalten Fliesen und betete: »Herr, gib mir bitte die Kraft, all die Dinge zu tun, die ich tun muss, und die Weisheit, sie auch zu tun ...«

Ein paar Minuten später hörte sie draußen aufgeregtes Flüstern und das Knittern von Papier. Sie öffnete die Augen und sah, wie sich ein kleines, zusammengerolltes Stück Papier unter der Badezimmertür durchschob. Sie griff danach, rollte es auf und las, was dort in der Handschrift des siebenjährigen Dan geschrieben stand: »Liebe Mama kanst du uns was millch geben und Becky mus mal.« Sie lächelte über den Erfindungsreichtum ihrer Kinder, öffnete die Tür und half ihnen.

Das Leben war nicht einfach als Alleinerziehende mit vier Kindern. Die Verantwortung, all ihre körperlichen, emotionalen und geistlichen Bedürfnisse zu erfüllen, empfand sie zu manchen Zeiten einfach als erdrückend. Da sie sich an niemanden anders wenden konnte als an Gott, betete sie, so oft sie Gelegenheit dazu bekam. Sie merkte immer wieder, was ein großartiger, liebender Gott alles tun kann, wenn man sich an ihn um Hilfe wendet.

Jody und ihre Kinder lebten in einer kleinen Wohnung. Die drei Jungs teilten sich ein Zimmer, die Tochter und sie das andere. Je größer die Kinder wurden, desto beengter wurde es für alle. Sie begann zu beten, dass Gott ihr ein Haus zur Verfügung stellte, in dem sie die Kinder großziehen konnte. Aber Jody wusste, dass ein Hauskauf ein ziemlich großes Anliegen für eine Kreißsaal-Schwester war, die zudem nur halbtags arbeitete. Selbst die Makler erklärten ihr, dass dies undenkbar sei. Von ihrem Pessimismus unbeeindruckt, betete Jody und begann, nach einem Haus Ausschau zu halten.

»Los, Kinder!«, rief sie. »Ins Auto mit euch! Wir fahren ein bisschen rum und schauen uns Häuser an.« Die Kinder kletterten in ihren alten Kombi, und Jody fuhr mit ihnen in solchen Stadtvierteln umher, in denen sie sich ein Haus am ehesten würde leisten können.

»Mama, wie wär's mit dem da?«, rief Dan und deutete auf ein Haus, vor dem ein großes Schild verkündete: »Zu verkaufen.«

»Schauen wir uns das mal an.« Jody parkte. Sie stiegen alle fünf aus, rannten um das leerstehende Haus herum und spähten in alle Fenster. *Dieses Haus ist im hässlichsten Grün gestrichen, das ich je gesehen habe*, dachte Jody und verzog das Gesicht.

»Das ist ja eine richtige Villa!«, erklärte Cameron. »Es hat drei Schlafzimmer!« Die Kinder tauschten sich aufgeregt aus, was ihnen an dem Haus alles gefiel. Besonders angetan waren sie alle von dem Park auf der Nordseite des Hauses, der den größten Platz zum Spielen bot, den sie je gesehen hatten.

Jody unterdrückte ihre Begeisterung. *Ich kann mir dieses Haus wahrscheinlich sowieso nicht leisten, aber es schadet nie zu beten*, dachte sie. Sie scharte ihre Schäfchen auf der Veranda um sich und betete: »Gott, dieses Haus ist einfach perfekt. Es ist groß und hat diesen wunderschönen Park nebenan, in dem die Kinder sich austoben können. Wenn es dein Wille ist, schenke, dass wir das haben können. Wir haben dich lieb! In Jesu Namen, Amen.« Sie hüpften zurück zum Auto und fuhren heim.

An diesem Abend beim Essen redeten sie alle nur von dem Haus und davon, ob es wohl möglich sei, das Haus zu kaufen.

»Ich weiß nicht, ob Gott dieses Haus für uns vorgesehen hat«, erklärte Jody ihren Kindern. »Aber wenn es das ist, müssen wir noch ein bisschen sparen. Es hat nämlich keinen Kühlschrank.«

»Das ist schon okay, Mami«, versicherte ihr Dan. »Wir sparen ganz feste.«

»Aber wir werden wohl ein paar Opfer bringen müssen. Wir könnten schon mal damit anfangen, das Licht nur brennen zu lassen, wenn wir es auch wirklich brauchen«, schlug Jody vor.

Plötzlich klingelte das Telefon. Es war ihr Pastor.

»Jody«, sagte er. »Sie brauchen nicht zufällig einen Kühlschrank, oder?«

Jody ließ fast das Telefon fallen. »Pastor Bob, Sie werden das nicht glauben, aber wir haben uns heute ein Haus angeschaut. Es war ideal für uns. Das einzige, was darin fehlte, war ein Kühlschrank!«

»Naja, den hier hat heute jemand der Gemeinde gespendet, und ich habe mich gefragt, ob er nicht was für Sie wäre.«

»Wir nehmen ihn auf der Stelle!«

Jody sah es als Zeichen von Gott an, dass er ihnen, wenn er ihnen schon einen Kühlschrank schenkte, irgendwie auch das Haus geben würde. Also rief sie am nächsten Tag den Immobilienmakler an und besichtigte das Haus. Sie traute ihren Ohren kaum, als sie den Preis erfuhr. »Das ist im Rahmen dessen, was ich mir leisten kann«, sagte sie mit einem breiten Grinsen.

> *»Der beste Rat, den mir meine Mutter je gegeben hat, war der, mir Zeit für mich selbst zu gönnen und mich deswegen nicht schuldig zu fühlen. Wenn Sie immer wieder neu auftanken, taugen Sie als Mutter viel mehr. Ich bin alle paar Monate für ein Wochenende alleine weggefahren.«*
> *Jody, 50*

Einige Monate später zog sie mit den Kindern in das Haus und strichen es in einem herrlichen hellen Grün. Seither leben sie darin.

Ihre finanzielle Lage war sehr angespannt. Oft hatten sie nur so viel Geld, dass es gerade so bis zum nächsten Zahltag reichte, und sie vertrauten auf Gott, dass er sie versorgte. Einmal hatten sie zum Beispiel fast keine Lebensmittel mehr im Haus, aber bis zum nächsten Gehaltsscheck dauerte es noch eine ganze Woche. Außerdem hatte ihre Tochter Becky einen anhaltenden Heißhunger auf eine Banane. Weil sie wusste, dass ihre Mutter ihr erst in der nächsten Woche wieder eine kaufen konnte, begann sie, für eine Banane zu beten, ohne ihrer Mutter davon zu erzählen.

Noch am selben Tag kam eine Nachbarin einige Zeit später vorbei, um Obst vorbeizubringen, dass von ihrem Einkauf übrig war. Becky hüpfte die Treppe hinab und rief aufgeregt: »Oh prima, da kommen unsere Bananen!«

»Welche Bananen denn?«, fragte Jody, die annahm, dass Becky die Nachbarin bestimmt um welche gebeten hatte.

»Die Bananen, um die ich gebetet habe«, verkündete Becky und zeigte auf das Geschenk in der Hand ihrer Nachbarin.

Bis heute ermutigen Jody und Becky einander manchmal mit: »Wo ist dein Bananenglaube«, wenn sie eine Erinnerung daran brauchen, was Gott aus dem Glauben eines kleinen Kindes machen kann.

Manchmal erfüllte Gott auch die Herzenswünsche der Kinder, ohne dass sie ihn extra darum gebeten hatten. Einmal zum Beispiel, an Weihnachten, erzählten die Kinder, was sie sich alles wünschen würden, wenn sie Geld hätten. Ihr elfjähriger Sohn Dan träumte von einer Stereoanlage, der neunjährige Cameron von einem Plattenspieler. Becky, damals sieben, wünschte sich einen Koffer, und Shannon, fünf Jahre alt, eine Autorennbahn. Gott wusste, dass Jodys Kinder nicht habgierig waren; sie träumten nur ein bisschen. Und wieder einmal sorgte Gott für sie.

Kurz vor Weihnachten erwähnte eine von Jodys Kolleginnen, dass sie ihrer Tochter eine neue Stereoanlage kaufen würde, und sie wollte von Jody wissen, ob sie an der alten interessiert wäre. Ein paar Tage später erzählte eine andere Kollegin, dass sie die Garage mit den alten Sachen ihrer erwachsenen Kinder ausgemistet hatte, und fragte Jody, ob sie etwas davon haben wollte. Unter den Sachen befand sich auch ein Plattenspieler. Und dann, einige Tage vor Weihnachten, drückte wieder eine andere Kollegin Jody zwei Sachen in die Hand: einen rot-weißen Kinderkoffer und eine elektrische Autorennbahn. Gott hatte für all die Dinge gesorgt, die sich die Kinder wünschten.

Gott sorgte sich nicht nur um das körperliche Wohl Jodys und ihrer Kinder, sondern gab Jody auch Weisheit, wenn sie um seine Führung bat. Sie betete ständig um Weisheit, ihre Kinder auch alleine großziehen zu können. Einmal benutzte Gott sogar ihren

Sohn Dan, um dieses Gebet zu erhören. Als sie am Tresen stand und Gemüse fürs Abendessen schnitt, erzählte er ihr, was er am Tag alles erlebt hatte. Jody war damit beschäftigt, die jüngeren Kinder zu füttern und die Hausarbeit zu erledigen, und so sagte sie nur: »Hmm-hmm. Ah ja«, und nickte in regelmäßigen Abständen.

Dan war enttäuscht, dass sie ihm nicht richtig zuhörte, legte ihr die Hände aufs Gesicht und drehte ihr Gesicht zu ihm hin. Er sah ihr ganz fest in die Augen, so dass ihr das Herz aufging, und sagte: »Mama, das ist eine Geschichte für zwei Ohren.« Von da an versuchte sie, ihren Kindern immer mit beiden Ohren zuzuhören.

»Ich bin so dankbar, dass Gott meine Hilfeschreie jedes Mal erhörte, wenn ich bei ihm anklopfte – und das war ziemlich oft.«
Jody

Je älter die Kinder wurden, desto länger und manchmal auch verzweifelter wurden Jodys Gebete. Die ganzen wilden Teenager-Jahre hindurch betete Jody ausgiebig für sie alle. Sie betete oft um die Weisheit, ihren Kindern eine gute Mutter zu sein und jedem von ihnen gerecht zu werden, obwohl sie alle so unterschiedlich waren. Gott erhörte ihr Gebet und gab ihr oft besondere Einsichten, wie sie sich jedem von ihnen zuwenden konnte. Einmal zum Beispiel, als sie für Dan betete, offenbarte Gott ihr, dass ihr ältester Sohn zugänglicher war und mehr von sich erzählte, wenn er angelte. Also begann sie, mit ihm öfter zu einem nahegelegenen See zu fahren, um zu angeln. Sie genoss die Zeit mit ihm sehr, wenn er neben ihr saß und redete, und wenn sie gemeinsam ihre Angeln auswarfen und hofften, etwas zu fangen.

Eines Nachts, Jahre nachdem Dan von zu Hause ausgezogen war, hörte Jody, wie jemand an die Tür klopfte. Sie schaute auf die Uhr. *Zwei Uhr morgens. Wer kann das wohl sein?*

Als das Klopfen nicht aufhörte, wachte sie weiter auf. *Das wird wohl Dan sein. Niemand sonst würde um die Uhr an meine Tür klopfen.*

Schließlich stieg sie aus dem Bett und öffnete die Tür. Draußen stand Dan mit einem breiten Lächeln.

»Hi, Mama, kommst du mit angeln?«, fragte ihr inzwischen Einundzwanzigjähriger.

»Aber sicher«, antwortete Jody und lachte, bevor ihr ein Gähnen entschlüpfte. »Ich hol meine Sachen.«

Sie fuhren zu einem nahegelegenen See, nahmen ihre Angeln aus dem Auto, steckten Würmer auf die Haken und warfen ihre Köder aus. Zusammen saßen sie am Ufer und freuten sich über die Geräusche der Nacht, das gelegentliche Plätschern zu ihren Füßen und den Gesang der Ochsenfrösche, der über den See hallte. Schließlich brach Dan das Schweigen und begann zu erzählen, was ihm auf der Seele brannte. Er erzählte, womit er zu kämpfen hatte und was ihn bewegte, und sie hörte einfach nur zu und betete im Stillen für ihn. Gelegentlich warf sie das eine oder andere Wort mütterlicher Ermutigung ein.

Jody hatte Dan schon fast eine Stunde lang zugehört, als sie bemerkte, dass etwas an ihrer Leine zog. Sie hakte die Schnur fest, und die Angel senkte sich bis fast an die Wasseroberfläche.

»Mama, du hast einen ganz großen erwischt!«, rief Dan. Zusammen kämpften sie mit einem viereinhalb Kilo schweren Wels und zogen ihn um halb vier morgens aus dem Wasser. Das Auto war voll Freude und Lachen, als sie gemeinsam heimfuhren, und in ihren Herzen fühlten sie sich erneut verbunden.

»Gott hört immer mit beiden Ohren zu, braucht nie Abstand und ist jederzeit erreichbar.«
Jody

Heutzutage betet Jody mindestens genauso viel wie damals, wenn nicht noch mehr. Es ist für sie nichts Ungewöhnliches, wenn sie mitten in der Nacht wach wird und den Eindruck hat, dass sie für jemanden beten sollte. Der Pfarrer ihrer Gemeinde hat ihr sogar einen Schlüssel für die Kirche gegeben, damit sie jederzeit zum Beten kommen und so lange bleiben kann, wie sie möchte.

Gott gibt ihr immer treu Antworten auf ihre anhaltenden Gebete – zwar nicht immer die Antwort, die sie erwartet, aber doch stets eine Antwort. »Kürzlich las ich Lukas 12,22-34, wo es heißt, dass wir uns keine Sorgen um das machen sollen, was wir essen oder trinken. Da ist mir klar geworden, dass Gott schon weiß, was wir brauchen, bevor wir das selbst wissen. Aber wenn wir im Gebet mit ihm Gemeinschaft haben, kann er uns in seiner Weisheit wachsen und reifen lassen, und gleichzeitig kümmert er sich um unsere grundlegenden Bedürfnisse. Nur so können wir unseren Aufgaben als Mütter auch gerecht werden«, meint Jody. Mit den Jahren hat sie Gott als den kennen gelernt, der sie versorgt. Er freut sich, wenn er Gebete beantworten kann. Und noch mehr freut er sich, wenn sich Herzen wie Jodys mit jedem Bedürfnis an ihn wenden.

Als Single leben – Zusammenfassung

Single zu sein ist kein Todesurteil. Und es ist auch unweise, das Alleinsein nur als Übergangszeit zu betrachten, bis wir dann doch »endlich« heiraten. Es gibt viel zu erleben, wenn wir nicht einfach herumsitzen und auf den »Richtigen« warten wollen. Und wir lernen dabei oft eine ganze Menge interessanter Menschen kennen.

Immer mehr Frauen leben allein – ob sie nun verwitwet oder geschieden sind oder einfach nie geheiratet haben. Manche dieser Frauen finden, dass sie in einer Welt der Verheirateten vernachlässigt und übersehen werden. Und es stimmt, dass es in einer Gesellschaft, in der alles auf Paare und Familien ausgerichtet ist, schwer und oft regelrecht schmerzhaft sein kann, Single zu sein. Viele Alleinstehende stolpern so durchs Leben und versuchen, Beziehungen zu anderen Menschen aufzubauen, werden aber oft wie

Aussätzige behandelt, mit denen man nicht richtig umzugehen weiß. Es ist nicht schwierig für Singles, sich ein Netzwerk von Menschen aufzubauen, die sie unterstützen und auf die sie zählen können, Menschen, mit denen sie die Feiertage verbringen oder einfach reden können.

Aber obwohl das Single-Leben hart sein kann und ganz besondere Herausforderungen mit sich bringt, kann es gleichzeitig ein aufregendes, erfüllendes Abenteuer werden. Alleinstehende Frauen, die sich nach Gott ausstrecken, entwickeln oft die großartigste Beziehung zu ihm. Er wird ihnen zum Gefährten, Leiter, weisen Ratgeber und besten Freund.

Die Frauen in diesem Kapitel sind Beispiele für Frauen, die sich entschlossen haben, ihr Alleinsein anzunehmen und zu genießen. Sie haben sich an Gott gewandt und ihn zu ihrem engsten Vertrauten gemacht. Nach einer ganzen Reihe zerbrochener Beziehungen stand Sally allein mit Gott da und begriff, wozu er sie eigentlich geschaffen hatte. Jody, eine alleinerziehende Mutter, vertraute Gott, dass er sie versorgen würde, und er ließ sie nie im Stich.

»Verschwenden Sie Ihre Zeit nicht mit der Suche nach einem Mann«, raten viele Frauen. »Gott wird Ihnen schon einen schicken, wenn das seinem Plan für Sie entspricht. Verbringen Sie die Zeit mit den Menschen, mit denen Gott Sie umgeben hat, und wachsen Sie in der Beziehung zu ihm.«

Wie geht es Ihnen im Blick auf Ihr Alleinsein? Schreiben Sie auf, wo Ihre Stärken und Schwächen liegen.

Was halten Sie von Gott als Ihrem engsten Vertrauten? Wie können Sie die Beziehung zu ihm verbessern?

Gibt es in Ihrem Leben im Moment Beziehungen, in die Sie mehr Zeit und Energie investieren sollten (Kinder, Enkel, Eltern, Freunde ...)? Was könnte Ihr nächster Schritt sein, um diese Beziehungen zu erneuern und zu verbessern?

Vorschläge:

1. Machen Sie heute etwas, das Sie noch nie gemacht haben.
2. Wenn Sie sich noch nirgendwo ehrenamtlich engagieren, fangen Sie jetzt damit an. Suchen Sie sich eine Aufgabe im geistlichen Bereich, etwas, das Ihnen selbst auch neue Kraft gibt, und schließen Sie sich an.
3. Suchen Sie sich eine ältere alleinstehende Frau, mit der Sie über Ihre Ängste und Gefühle reden können. Treffen Sie sich einmal im Monat.
4. Verabreden Sie sich mit Gott.
5. Laden Sie eine Alleinstehende (und ihre Kinder, wenn sie welche hat) für einen Sonntagnachmittag oder einen Feiertag ein.
6. Besuchen Sie eine ältere Frau, die alleine lebt, und freunden Sie sich mit ihr an. Gehen Sie mit ihr ins Museum oder in Ausstellungen, Konzerte und ins Theater.

... wenn alles zerbricht

Ihla

Gnade bedeutet, dass Gott uns wohlgesinnt ist, ohne dass wir das verdienen. Es gibt nichts, das wir von uns aus dazu beitragen könnten; Gnade ist sein Geschenk an uns. Aber wie sieht dieses Geschenk der Gnade aus? Genau wie alle anderen Geschenke, so kommt auch dieses in verschiedenen Formen, Größen und Ausfertigungen. Hier wird von einer Frau berichtet, die eine schwere Zeit durchmachte und gerade darin Gottes Gnade auf verschiedene Weisen erlebte.

Der heruntergekommene Landrover ruckelte über eine Straße, die mit Schlaglöchern übersät war. Ihla, die mit einigen anderen Missionaren unterwegs war, sah die herrliche Landschaft an, die Afrika zu bieten hatte, und genoss den Anblick der satt-grünen Wiesen und weiten Hügel. Zusammen mit John, ihrem Mann, war sie jetzt schon seit sechs Jahren als Missionarin in Uganda, und sie fühlte sich dort zu Hause.

Als sie nun nach draußen ins Land schaute, wanderten ihre Gedanken hin zu den Menschen, die ihr in dieser Zeit so ans Herz gewachsen waren. Diese Leute hetzten nicht so durchs Leben wie die Amerikaner. In ihrer Gesellschaft waren Beziehungen wichtiger als alles andere, und so brachten sie ihre gesamte Freizeit damit zu, einander zu besuchen oder sich um Leute zu kümmern, denen es schlecht ging. Die aufrichtige Freundlichkeit und Gastfreundschaft der Menschen in ihrem Dorf hatte Ihla von Anfang an sehr berührt, und inzwischen konnte sie sich überhaupt nicht mehr vorstellen, irgendwo anders zu leben.

Der Wagen war auf dem Weg nach Kampala, der Hauptstadt Ugandas, wo John bei einer Tagung einen Vortrag halten sollte. Ihla musste beim Gedanken an ihr ungewöhnliches Leben lächeln. Ihre drei Kinder waren längst außer Haus, und sie hätte die Ruhe zu Hause in Colorado genießen können. Stattdessen saß sie hier eingezwängt zwischen zwei Männern auf dem Vordersitz eines alten Lasters, lebte in einem von Armut heimgesuchten afrikanischen Dorf und hatte sich in ein Volk verliebt, dessen Sprache sie kaum verstand.

Ihla hing ihren Gedanken weiter nach, während die Sonne höher stieg. Im Wagen war es heiß und stickig, und die Sonne knallte durch die Windschutzscheibe, als sie sich mit dem Fahrer und dem Pflegedienstleiter ihrer Mission unterhielt. Das Gespräch brach ab, als der Wagen unvermittelt ins Schleudern geriet und von der Straße abkam. Ihla wurde zur Tür hinausgeschleudert.

Dann wurde alles dunkel.

Als sie wieder zu sich kam, hob sie den Kopf und bemerkte den Wagen, der rund zehn Meter von ihr entfernt auf der Seite lag. Sie lag im Straßengraben und war voller Dreck und Blut. Irgendjemand begann zu schreien. Sie verrenkte sich den Kopf, um zu sehen, woher die Stimme kam. Neben dem Wagen lag einer der anderen Missionare. Man sah ihm an, dass er starke Schmerzen hatte. Blut schoss unter seinem linken Arm hervor.

Ihla versuchte, durch ihre Verwirrung hindurch einen klaren Gedanken zu fassen. *Ich muss mein Tuch finden, damit ich ihm den Arm abbinden und die Blutung stoppen kann.* Sie versuchte aufzustehen, aber zu viele Knochen waren gebrochen, und sie konnte sich kaum rühren. Sie konnte nicht klar sehen; trotzdem wandte sie den Kopf, um zu schauen, was aus John geworden war. Wo ist er bloß? Sie konnte ihn nirgends sehen. Erschöpft ließ sie den Kopf wieder in den Straßengraben zurücksinken und schloss die Augen. *Schenk bitte, dass bei ihm alles in Ordnung ist, Herr.*

Ihre Gedanken drehten sich im Kreis und versuchten, all das Durcheinander um sie herum zu begreifen. Nicht weit von ihr entfernt konnte sie jemanden leise stöhnen hören. Etwas weiter weg schrie jemand laut. Überall herrschte Verwirrung.

Als sie dort bewegungslos am staubigen Straßenrand lag, nahm sie die Stimmen um sich herum immer weniger wahr. Ein tiefer, übernatürlicher Frieden überkam sie, und sie hatte den Eindruck, sich mitten in einem ruhigen, friedlichen Traum zu befinden. In diesem Traum hörte sie eine Stimme – eine tröstliche Stimme, die ihr Mut zusprach. Sie hörte Gott flüstern: *Ihla, ich werde dich nicht verlassen und dich nicht aufgeben. Du wirst überleben.*

Von dem Moment an hatte Ihla keine Angst mehr. Sie wusste, dass sie überleben würde – egal wie schwer sie verletzt war.

Irgendwann innerhalb der nächsten Stunde kam ein Armeelastwagen laut vorbeigebraust. Der Fahrer hielt sofort an, als er den Unfall bemerkte. Alle acht Leute, die in dem Landrover gesessen hatten, waren schwer verletzt und lagen auf der Straße und im Straßengraben. Soldaten trugen all die Verwundeten behutsam auf die Ladefläche ihres Lasters und legten sie oben auf Säcke voller Lebensmittel.

Als die Männer Ihla absetzten, bemerkte sie ihren Mann, der schon auf der Ladefläche lag. Eine Welle der Erleichterung überkam sie, als sie ihn sah. Er hatte die Augen geschlossen und lag ganz ruhig da. Ihla verlor wieder das Bewusstsein, als der Laster auf der holprigen Straße zum nächsten Krankenhaus fuhr, das zwei Stunden entfernt war. Das erste Krankenhaus, das sie erreichten, hatte weder Medikamente noch ein Röntgengerät, also fuhr der Lastwagen noch zwei Stunden, bis er zum nächsten Missionskrankenhaus kam.

Als sie an dem spartanisch eingerichteten, von katholischen Missionaren geführten Krankenhaus ankamen, trugen Pflegekräfte Ihla zu einem Bett, und ein Arzt kam, um sie zu untersuchen. Nach ein paar Minuten drehte er sich zu den Schwestern um und sagte leise: »Sie überlebt das nie. Zu viele Verletzungen und Knochenbrüche.« Er schüttelte den Kopf. »Sie hat eigentlich nur eine Chance, wenn wir sie ins Chirurgie-Krankenhaus nach Nairobi ausfliegen können.« Die Krankenschwestern blickten düster drein. Ihnen allen war klar, dass das nicht möglich war, weil die unsichere politische Lage den ganzen Flugverkehr lahmgelegt hatte.

»Das Leben als Missionarin war alles andere als sicher. Eine ganze Reihe Missionare haben unser Gebiet sogar verlassen, weil es zu gefährlich war. Aber wir wussten. dass wir genau da waren, wo Gott uns haben wollte – also blieben wir.«
Ihla, 64

An diesem Nachmittag, als Ihla dort im Krankenbett lag und Schmerzmittel in ihren Arm tropften, erkannte eine einheimische Frau aus dem Dorf, die eine Verwandte in dem Krankenhaus besuchte, Ihla wieder. Sie wusste, dass John und Ihla engagierte Missionare waren. Als sie hörte, was passiert war, verbreitete sie die Nachricht von dem Unfall unter den Christen in den umliegenden Dörfern. Viele Männer und Frauen, von denen Ihla die meisten nie gesehen hatte, kamen an diesem Abend zum Krankenhausgelände, um für sie zu beten. Manche waren aus mehr als hundert Kilometern Entfernung angereist! Sie hielten die ganze Nacht über eine Gebetswache und baten Gott, ihrer Schwester in Christus zu helfen.

Am nächsten Morgen bei Sonnenaufgang wurde Gottes Gnade offensichtlich. Kollegen von der Missionsgesellschaft hatten sich an die Botschaft der Vereinigten Staaten gewandt und erklärt, wie es um Ihla stand. Nach vielen Telefonaten zwischen hohen amerikanischen und afrikanischen Funktionären erhielt die *Mission Aviation Fellowship*, der Flugdienst der Missionare, durch ein Wunder eine Sondererlaubnis, Ihla nach Nairobi in das Spezialkrankenhaus zu fliegen.

Als sie Ihla auf den Flug vorbereiteten, kamen zwei ihrer engsten Missionarsfreunde an ihr Bett. Ihla merkte, dass es ihnen schwer fiel zu sprechen, und sah die Tränen in ihren Augen.

»John?«, fragte sie und konnte wegen der Schmerzmittel doch keinen klaren Gedanken fassen.

»Es tut uns so Leid, Ihla. Die Ärzte haben gesagt, dass er nicht gelitten hat. Er hat das Bewusstsein nach dem Unfall nie wiedererlangt.«

Am nächsten Tag, gerade zu der Zeit, in der Ihla in einem winzigen Flugzeug auf dem Weg nach Nairobi war, fand in einer nahegelegenen Kathedrale die Beerdigung statt. Über tausend Leute nahmen daran teil.

Ihla blieb fünf Wochen lang in dem Krankenhaus in Nairobi, um sich von ihren Verletzungen und den Operationen zu erholen. Jeden Tag, an dem sie dort war, kam Deb vorbei, eine andere Missionarin. Bei ihrem ersten Besuch saß Deb lange an Ihlas Bett, ohne ein Wort zu sagen. Ihla empfand den Trost, den ihre Gegenwart spendete, und schlief immer wieder für kurze Zeit ein. Bevor sie ging, griff Deb ganz vorsichtig nach Ihlas verletzten Händen. Sie sah ihr fest in die Augen und sagte voller Mitgefühl: »Ihla, wenn Gottes Gnade nicht für die großen Dinge taugt, dann taugt sie überhaupt nichts.« Und Deb wusste, wovon sie sprach. Erst drei Monate zuvor hatte sie ihren Mann und zwei Söhne bei einem anderen schrecklichen Verkehrsunfall in Afrika verloren.

Ihla ließ diese Worte tief in ihr Herz sinken. *Gottes Gnade*, dachte sie erschöpft. Ganz plötzlich fiel ihr 2. Korinther 12,9 ein. Sie öffnete die Augen und flüsterte die Worte dieses Verses: *»Lass dir an meiner Gnade genügen.«* Dieser Vers hatte ihr immer viel bedeutet. Immer und immer wieder ging er ihr nun durch den Kopf. Bevor sie wieder einschlief, murmelte sie leise: »Diese Worte sind für mich, nicht wahr, Herr? Deine Gnade genügt mir.« Und sie konnte ruhig schlafen.

Schließlich wurde Ihla in die USA geflogen, wo sie mehrere Monate lang in einem Rehabilitationszentrum verbrachte und wieder neu laufen lernte. Eines Nachmittags, ganz zu Anfang ihrer Rehabilitation, kam ihr Orthopäde in den Warteraum, in dem Ihla saß. Er sah sie aus stahlblauen Augen an und sagte: »Sie werden Zeit zum Trauern haben, Ihla, aber im Moment ist es am wichtigsten, dass sie alle Zeit und Energie darauf verwenden, körperlich wieder in Schuss zu kommen. Wenn Sie das nicht tun, werden Sie hinterher nicht nur die Trauer durchleben müssen, sondern auch noch die Depression, die sich aus Ihrer Behinderung ergibt.« Er fasste sie an der Schulter und machte ihr Mut: »Richten Sie alle Kraft darauf, wieder gesund zu werden.«

Ihla hörte auf ihn. Die nächsten Monate verbrachte sie sechs zermürbende Stunden täglich damit, ihren Beinen beizubringen, sich wieder richtig zu bewegen. In dieser Zeit wohnte sie bei Verwandten. An einem Abend fühlte sie sich besonders erschöpft und stand deshalb schon früher vom Abendbrot auf. Nachdem sie das Licht ausgeschaltet hatte und unter ihre Bettdekke gekrochen war, hörte sie nebenan die anderen noch leise reden. »Was wird sie wohl als nächstes machen? Ob sie zurück nach Afrika geht? Und wo wird sie wohnen?« So ging es eine ganze Weile hin und her. Ihla schloss die Augen und drehte sich auf die Seite, so dass sie die Stimmen nicht mehr hören konnte. *Du hast mir schon so viel Gnade geschenkt, Herr, dass ich mir um die Zukunft keine Sorgen mache,* dachte sie und schlief ein.

»Ein Arzt hat einmal gemeint, dass ich mit all dem, was ich erlebt hatte, eigentlich weit außerhalb der Stresstabelle liegen müsste. Ich hatte alles verloren – meinen Mann, meine Heimat, einen Lebensstil. Aber ich bin nie in Panik geraten. Ich habe seine Gegenwart immer gespürt.«
Ihla

Nachdem Ihla wieder laufen konnte, kehrte sie nach Afrika zurück, um dort mit den Leuten ihres Dorfes zu trauern. Sie hielt sich an die Trauerbräuche der Einheimischen und gab ein großes Fest für Hunderte von Bewohnern. Vorher wurde ein Gedenkgottesdienst abgehalten. Fröhliche Musik erklang, und die Leute aßen und tanzten zusammen. Sie feierten Ihlas Genesung und waren froh, dass sie die Gelegenheit erhielten, mit ihr zu trauern.

Ihla verabschiedete sich von ihren afrikanischen Freunden, was ihr fast das Herz brach. Dann flog sie in die USA zurück und unternahm ein Jahr lang mit verschiedenen Verwandten einige Reisen. Zweieinhalb Jahre nach Johns Tod richtete sie sich ihr Leben als Witwe ein und zog wieder in das Haus, das sie gemeinsam bewohnt hatten, bevor sie in die Mission gingen. Sie engagierte sich wieder in ihrer alten Gemeinde und meldete sich als Ehrenamtliche bei einem Hospiz in der Nähe.

Eines Tages saß sie aufmerksam in einer Schulungsveranstaltung für freiwillige Hospizmitarbeiter und hörte, wie ein anderer Mitarbeiter die Stufen der Trauer beschrieb. Plötzlich durchzuckte sie die Erkenntnis wie ein Blitzschlag. *Ich habe noch gar nicht richtig getrauert. Ich habe mich die ganze Zeit von Gottes Gnade tragen lassen, aber getrauert habe ich eigentlich nicht.* Als sie an diesem Nachmittag nach Hause fuhr, fühlte sie sich schwer und müde, und sie wusste, dass die Zeit zum Trauern gekommen war.

Die Sicherheit, die sie in den vergangenen zweieinhalb Jahren so liebevoll umhüllt hatte, verschwand ganz plötzlich und sie merkte, wie sie in einen dunklen, einsamen Tunnel eintauchte. Wenige Wochen nach diesem Schulungstag war sie alleine in ihrem Haus und konnte sich keinen Zentimeter bewegen. Sie lag auf dem Sofa im Wohnzimmer, und die leeren Wände ihres Hauses schienen sie regelrecht anzuschreien.

Ihre Zukunft erschien ihr so düster, dass ihr vor dem nächsten Tag graute. Sie starrte die Bibel an, die da neben ihr auf dem Wohnzimmertisch lag, und wandte den Kopf ab. Sie konnte einfach nicht danach greifen. Und es war ihr auch egal, was darin stand.

Viele Monate verbrachte sie in einem Dämmerzustand. Sie kämpfte gegen die Hoffnungslosigkeit, das Selbstmitleid und die Depression an. Obwohl der Hospizmitarbeiter gesagt hatte, dass Trauer Zeit braucht, kam es ihr so vor, als nähme ihre Verzweiflung nie ein Ende.

In diesen Monaten begann Ihla das Buch *Loneliness* (Einsamkeit) von Elizabeth Elliot zu lesen. Die gläubige Schriftstellerin hatte es Ihla nach Johns Tod zugeschickt. In diesem Buch stellte sie ihren Lesern verschiedene ganz konkrete Sachen vor, die ihnen bei ihrer einsamen Reise durch den Schmerz helfen konnten. Vorne in das Buch hatte Elisabeth eine Notiz geklebt: »TU DAS NAHELIEGENDE!« Obwohl Ihla nichts anderes wahrnahm als ihren Schmerz, zwang sie sich, diesen Rat zu Herzen zu nehmen. Sie las das Buch und tat immer »das Naheliegende«.

Allmählich begann sie, wieder einen Funken Hoffnung zu verspüren.

Eines Morgens wachte sie auf und merkte, dass ihr das Herz nicht so schwer war wie üblich. Nachdem sie sich eine Tasse Kaffee gekocht hatte, setzte sie sich in ihren Lieblingssessel und schaute nach draußen auf die Berge. Dann starrte sie auf ihre zusammengeballten Fäuste nieder und öffnete sie ganz langsam, so dass ihre Handflächen nach oben zeigten. Sie betete leise: »Mein Leben gehört dir, Herr. Ich lasse los.«

»Ich versuche, ein Leben der Dankbarkeit und Hoffnung zu leben und ein Segen für andere zu sein, weil ich selbst so gesegnet werde. Ich freue mich auf das, was Gott in der Zukunft noch mit mir vorhat. Ich kann dabei auf die Vergangenheit bauen, denn da habe ich viel gelernt und begriffen: Seine Gnade genügt.«
Ihla

Je mehr die Dunkelheit ihres Kummers schwand, desto mehr konnte Ihla Gottes Gnade auch wieder empfinden. Aber diesmal sah sie anders aus. Sie kam nicht mehr in Form eines warmen, tröstlichen Friedens. Sie schien viel tiefer und umfassender. Sie stellte fest, dass sie die kleinen, alltäglichen Gaben Gottes viel stärker wertschätzen konnte als früher – ihr Haus, Spaziergänge, den blauen Himmel, Freundschaften und ihre Gemeinde, tiefe Gespräche und ihre Arbeit als Ehrenamtliche. Sie begann zu merken, wie viel Gott ihr geschenkt hatte, und nicht mehr daran zu denken, wie viel sie verloren hatte.

Seine Gnade war ihr wirklich genug. Sie hatte ihr von dem Unfall an bis zu der Zeit, als sie körperlich geheilt war, einen Frieden geboten, der alles Verständnis überstieg. Sie hatte Ihla durch die dunklen Zeiten der Trauer hindurch erhalten. Und nun, viele Jahre nach dem Tod ihres Mannes, hat sie eine ganz besondere Gabe – die Fähigkeit, sich am Gewöhnlichen zu freuen und Gottes Wunder in allem Alltäglichen um sie herum zu bemerken.

Ihla weiß, dass sie gesegnet ist. Sie hat Gottes Gnade auf so viele Weisen erlebt.

Denise

In Zeiten des Leids wandte der Psalmist David sich schon am frühen Morgen an Gott um Hilfe: »Herr, frühe wollest du meine Stimme hören, frühe will ich mich zu dir wenden und aufmerken« (Psalm 5,4). Denise schöpft ihre Kraft, wie auch David, in den Zeiten, die sie morgens mit Gott verbringt.

Denise wachte kurz nach 6 Uhr auf. Ihre Gedanken waren noch etwas verschwommen, als sie sich müde die Augen rieb. Dann fiel ihr wieder ein, dass sie später am Vormittag zu ihrer Tochter fliegen würde. Sie hatte die Koffer schon gepackt und war eigentlich fertig. Umso besser, da kann ich heute morgen ausgiebig Bibel lesen, dachte sie und stieg aus dem Bett. Sie warf sich ihren Morgenmantel über und ging in die Küche, um sich einen Kaffee aufzusetzen. Während er durch die Maschine lief, las sie den Bibelvers, den der Wandkalender für diesen Tag zeigte: »Er muss wachsen, ich aber abnehmen.« *Ja, Herr*, betete sie. *Lass mich heute bei allem, was ich tue, dich an die erste Stelle setzen.*

Sie schenkte sich eine Tasse Kaffee ein, ging ins Schlafzimmer zurück und schloss die Tür hinter sich. Zuerst griff sie nach ihrem Andachtsbuch und las den Abschnitt, der für diesen Tag angegeben war. *Herr, die Stelle heute erinnert mich an das, was John immer am meisten an dir fasziniert hat: Jesus Christus ist derselbe gestern, heute und in Ewigkeit.* Sie sah zu ihrem Hochzeitsbild in Schwarz-Weiß hinüber, und es gab ihr einen Stich ins Herz. *Du weißt, dass ich nicht jeden Tag dieselbe bin, Herr. An manchen Tagen fahren meine Gefühle mit mir Achterbahn. Hilf mir, dass ich mich an dir festhalten und darauf vertrauen kann, dass du dich nie veränderst.* Als nächstes nahm sie ihre Bibel auf und begann, im Johannesevangelium zu lesen. Sie schien immer neue Kraft und Stärke zu bekommen, wenn sie in den Evangelien las. Wenn sie nur die Worte Jesu las, fasste sie Vertrauen und Mut. *Ich möchte dir auch heute vertrauen, Herr*, betete sie, als ihr Blick wieder auf das Hochzeitsfoto fiel. *Ich fühle mich immer so zerrissen, wenn ich reise. Gib mir Frieden. Deinen Frieden.*

Als sie so das Foto betrachtete, legte sie die Bibel wieder weg und griff nach dem Bild. Sie musste lächeln, wie jung sie darauf beide aussahen. Sie hatte ein schickes kleines Hütchen getragen, das perfekt zu ihrem Satinkleid gepasst hatte. Und sie fand, dass John ein schwarzer Frack besonders gut stand. Sie lehnte sich wieder in ihre Kissen zurück, und ihre Gedanken wanderten zu diesem ganz besonderen Tag zurück.

Es war ein eiskalter Tag dort in Saskatchewan in Kanada gewesen. Nach der traditionellen Hochzeitszeremonie hatten sie noch in einem hübschen Hotel aus dem 19. Jahrhundert gefeiert. Verwandte und Freunde hatten sich um die Frischvermählten geschart, und Denise war vor Aufregung ganz schwindelig gewesen. Sie hatte in den weiten Raum hinein geblickt und nach Johns Hand gegriffen. Ihre Finger hatten sich umeinander geschlungen. Das alte Hotel hatte einen besonderen Charme besessen mit den Kristallleuchtern, stattlichen Vorhängen und samtenen Wandbezügen. *Es ist perfekt*, hatte sie verträumt gedacht. *Genauso habe ich es mir immer gewünscht.*

Nun, fast 40 Jahre später, öffnete sie die Augen und starrte wieder auf das Foto. Eine kleine Träne rann ihr über die Wange. *Aber ich hätte nie gedacht, dass es mal so kommen würde, Herr, hilf mir, dass ich mich an der Hoffnung festhalten kann, die dein Wort bietet. Ich hoffe auf dich.*

Mit einem traurigen Lächeln auf den Lippen stand sie auf und zog den Reißverschluss des Koffers, der neben ihrem Bett auf dem Boden stand, zu. Ihre Gefühle sprangen in alle Richtungen. Sie konnte es kaum erwarten, ihre Tochter zu sehen, die Tausende Kilometer entfernt in Colorado lebte. Und gleichzeitig fiel es ihr schwer zu gehen. Von Schuldgefühlen übermannt, blieb sie lange unbeweglich im Türrahmen stehen. Sie versuchte, in Gedanken zu wiederholen, was sie in ihrer Stillen Zeit gelesen hatte. *Selbst wenn sich unser Leben und alle Umstände ändern – Jesus Christus ändert sich nicht.* Diese Wahrheit gab ihr Kraft und so löste sie ihren Blick von dem Hochzeitsbild und schaute auf die Uhr. So langsam sollte sie sich fertig machen, wenn sie ihr Flugzeug nicht verpassen wollte.

Sie duschte, zog sich an und trug den Koffer durch den Flur. Vor dem Wohnzimmer hielt sie an. Da saß John wie üblich in seinem Lehnstuhl. Er saß in sich zusammengesunken da und hatte die Augen geschlossen. Sie zuckte innerlich zusammen. Sie wusste, wie gerne er unterwegs gewesen war. Er würde diese Reise gerne mitgemacht haben. Sie ging zu ihm hinüber und legte ihm sanft eine Hand auf die Schulter. »Jiggs«, sagte sie leise und liebevoll. »Ich gehe jetzt los. Ich besuche Jill. Wie wär's mit einem Küsschen, bevor ich gehe?« Wie ein Neugeborenes, das den Kopf zu heben versucht, verrenkte sich John den Hals, um zu ihr hochzusehen. Sie beugte sich zu ihm hinab und küsste ihn auf die Lippen. Er hob seine lahmen Arme ein wenig in dem Versuch, seine Frau zu umarmen. Denise kämpfte mit den Tränen, als sie die

Arme um ihn legte. »Ich werde dich vermissen«, flüsterte sie ihm ins Ohr, und in ihrer Stimme lagen all die Gefühle, die sie an diesem Morgen schon empfunden hatte.

Helen, die Schwester von der häuslichen Krankenpflege, kam ins Zimmer, als Denise John noch in den Armen hielt. »Guten Morgen, Mrs. Heyhoe«, zwitscherte sie mit einem fröhlichen Lächeln.

Denise war so erleichtert, Helen zu sehen. So viele Jahre lang hatte sie ganz alleine für John gesorgt und war unter der riesigen Last fast zusammengebrochen. Aber inzwischen machten Helen und die anderen Schwestern und Pfleger ihr das Leben ein kleines bisschen einfacher.

»Ich habe Mr. Heyhoe schon geduscht und ihm sein Frühstück gegeben.« Helen sah Denise voller Mitgefühl an.

»Wie ging's denn?«

»Er hat gut gegessen, Mrs. Heyhoe. Einen Becher Joghurt und eine halbe Schale zerdrückte Bananen.«

Denise schaute wieder auf ihren Mann und schüttelte den Kopf. Sie begriff immer noch nicht, wie ein Mann so verschrumpelt und zerbrechlich aussehen konnte, der einmal über 1,80 groß gewesen war und fast 100 Kilo gewogen hatte. Parkinson hatte seine Muskeln verkümmern lassen, so dass sie jetzt nicht einmal mehr für die einfachsten Aufgaben zu gebrauchen waren und John auch nicht alleine essen konnte.

Sie schaute wieder zu Helen und gab ihr noch letzte Anweisungen. »Und wenn es irgendwelche Probleme gibt, rufen Sie bitte sofort an. Und ich werde mich auch jeden Tag melden.«

Sie fühlte sich furchtbar, als sie zum Flughafen fuhr. Es war einfach alles so schrecklich. Alles. Ihn so alleine zurückzulassen. Mit ihm zu leben. Ihn zu vermissen. Tränen stiegen wieder in ihr auf, als sie an den Mann zurückdachte, der er einmal gewesen war. Er war so voller Leben gewesen. So freundlich und liebevoll. So zuverlässig. So romantisch. *Ach John, wenn du doch nur mit mir zusammen Jill besuchen könntest.*

Nachdem sie ihr Gepäck abgegeben hatte, ließ sich Denise auf einen Stuhl nahe an ihrem Gate fallen. Sie kämpfte gegen den Impuls an, die ganze Reise abzubrechen und nach Hause zurückzufahren. Sie sah den Flugzeugen zu, die abhoben oder landeten, und sie dachte zurück an die Zeit, in der die Ärzte bei John die Krankheit festgestellt hatten, die sie beide um ihre Zukunft bringen würde. Ihr Leben war so ausgefüllt und normal gewesen. Sie hatten drei Söhne und eine Tochter, Jill. John war stolzer Besitzer und Betreiber einer Mühle, die schon seinem Vater gehört hatte. Er liebte seine Arbeit und seine Familie, besonders Denise. Er machte sich immer die Mühe, ihr kleine Schmuckstücke mitzubringen oder Blumen. Im Zentrum ihres Lebens stand ein Glaube an Gott, der tiefe Wurzeln hatte. Die meisten Tage beendete John damit, dass er vor dem Herrn auf den Knien lag und aus ganzem Herzen betete.

1987 hatte das Zittern in den Händen begonnen, aber Denise und John hatten es einfach ignoriert. Als es schlimmer wurde und sie nicht mehr darüber hinwegsehen konnten, suchten sie einen Arzt auf. Er sagte ihnen, dass John Parkinson hatte, aber keiner von ihnen konnte in dem Moment abschätzen, was das für sie bedeutete. Als die Krankheit noch nicht so weit fortgeschritten war, schränkten starke Medikamente John durch allerhand Nebenwirkungen ein; das Schlimmste war die Dyskinesie, bei der der Patient ganz plötzlich und unbeabsichtigt ruckartige Bewegungen macht.

Denise schnitt eine Grimasse bei dem Gedanken an diese furchtbaren Jahre, in denen John die Kontrolle über seinen Körper verloren hatte, der sich wand und drehte und in alle Richtungen ausschlug. Eine Gehirnoperation, die nicht ohne Risiko gewesen war, hatte die Dyskinesie etwas vermindert, aber das unheilbare Parkinson hatte weiter in Johns Körper gewütet und Nerven und Muskeln nach und nach lahmgelegt.

Mit den Jahren musste Denise immer mehr hilflos zusehen, wie John auch geistig immer mehr abbaute. Er schlief die meiste Zeit über, und wenn er wach war, schien er sich in einer ganz anderen Welt zu befinden, zu der Denise keinen Zugang hatte.

Als Denise ins Flugzeug stieg, zwang sie sich an etwas anderes zu denken als an die grausamen Auswirkungen, die Parkinson auf ihr Leben gehabt hatte. Sie setzte sich auf ihren Platz, schloss die Augen und dachte an ihre Enkel. Ein Lächeln schlich sich auf ihr Gesicht und sie döste im lauten, regelmäßigen Summen der Triebwerke ein.

Als sie aus dem Flugzeug stieg, wurde sie gleich von Jills Umarmung und liebevoller Begrüßung willkommen geheißen. Sie warteten auf Denises Gepäck und fuhren zu Jills Haus, und dabei unterhielten sie sich die ganze Zeit über dies und das. Erst als sie schon fast angekommen waren, holte Jill tief Luft und fragte: »Wie ging's Papa, als du heute morgen losgingst?«

In Denises blauen Augen glänzten Tränen. Sie wusste, dass ihre Tochter wusste, wie es ihr ging. »Ach, weißt du ...« Ihre Stimme brach, als sie versuchte zu antworten.

»Er würde es richtig finden, dass du herkommst«, sagte Jill und sah zu ihrer Mutter hinüber. »Er würde nicht wollen, dass du immer nur zu Hause bist und nichts unternimmst.«

»Ich weiß.« Ihre Tochter hatte Recht. Denise sah aus dem Fenster, als sie ein paar Minuten lang weiterfuhren, ohne ein Wort zu sagen. Dann platzte sie heraus: »Papa hat Autos so gemocht.«

»Oh ja, daran kann ich mich gut erinnern«, lächelte Jill ihre Mutter an.

»Eine der schlimmsten Sachen war, als sie ihm den Führerschein abgenommen haben«, fuhr Denise fort. »Er hatte gerade erst seine erste Nobelkarosse gekauft.« Sie musste ein bisschen lächeln, als sie daran zurückdachte. »Dieser goldene Lincoln, Baujahr 1990.«

Eine Stille breitete sich im Auto aus, die beiden nicht unangenehm war. Und dann sprach Denise wieder, und ihre Stimme klang ein bisschen heiser: »Manchmal habe ich ihn gesehen, wie er da am Küchenfenster stand und einfach nur nach draußen auf das Auto starrte.«

Jill und Denise weinten nun beide. Jill streckte den Arm aus und nahm die Hand ihrer Mutter. »Das war wahrscheinlich das Schwierigste, oder, Mama? Zusehen zu müssen, wie er all das verlor.«

Denise nickte, kramte nach einem Taschentuch und tupfte sich die Augen ab. Es tat so gut, zusammen mit ihrer Tochter zu weinen. Sie empfand so viel Erleichterung, dass dort jemand war, der sie verstand. Als sie bei Jills Haus ankam, redeten und lachten sie bereits zusammen über die Kinder, und sie schmiedeten große Pläne, was sie während Denises Besuch alles tun wollten.

Nach vielen Einkaufsbummeln, Elternabenden und Chauffeurdiensten für ihre Enkel fühlte Denise sich erfrischt und stieg ins Flugzeug, das sie nach Hause bringen sollte. Es war einfach schön gewesen in einem Haus, das so voller Leben war. Es war schon spät, als sie ihre Haustür aufschloss. Eine Welle von Einsamkeit umspülte sie, als sie in den dunklen Flur trat. Sie ging zu Johns Schlafzimmer hinüber und sah nach, wie es ihm ging. Als sie die Decke über ihm zurechtzupfte, sich über ihn beugte und ihm einen Kuss auf die Wange gab, rührte er sich nicht.

Als sie in das größere Schlafzimmer hinüberging, das sie früher mit John geteilt hatte, durchfuhr Denise noch ein anderer Stich der Einsamkeit: *Ich bin verheiratet, aber mein Mann und ich schlafen nicht einmal im selben Bett. Ich wache morgens alleine auf und gehe abends alleine ins Bett. Ich lebe wie eine Witwe – und dann auch wieder nicht.*

Als sie unter ihre Decke kroch, schien sich ein schweres Gewicht auf ihr Herz zu legen. Sie schloss die Augen und stellte sich vor, wie ihre zwei Enkel sich auf dem Boden vor ihrem Bett zusammenrollten. Sie vermisste sie schon jetzt. Sie drehte sich auf die andere Seite und sah zu der leeren Hälfte ihres Bettes hinüber. Sie sehnte sich so nach der Wärme von Johns Körper neben ihrem.

Sie hätte so gerne einen Gute-Nacht-Kuss gehabt. Sie wollte ihm so gerne von Jill und den Kindern erzählen. Verzweiflung begann sich in ihr breit zu machen, als sie daran zurückdachte, wie sie sich ihren Lebensabend immer ausgemalt hatten: Sie hatten viel reisen und von der Welt sehen wollen. Als ihr jetzt Tränen über die Wangen liefen und auf ihr Kissen fielen, war ihr wieder neu klar, dass sie das nie erleben würde. Das hier war ihr Leben – Jahr für Jahr mit einem Mann zusammenzuwohnen, der unten in einem dunklen, behindertenfreundlichen Zimmer lag und mehr tot als lebendig war.

Als sie am nächsten Morgen aufwachte, schien die Sonne hell durch ihr großes Panoramafenster. Sie kämpfte gegen das Gefühl der Einsamkeit an, das noch vom Abend vorher auf sie zu warten schien, und schlüpfte aus dem Bett, um sich einen Kaffee zu machen, bevor sie ihre Stille Zeit mit Gott hielt. Sobald der Kaffee durchgelaufen war, zog sie sich in ihr Zimmer zurück und griff nach der Bibel und dem Andachtsbuch, die sie schon ausgepackt und auf das Nachtschränkchen gelegt hatte. Sie schob sich die Kissen bequem zurecht, lehnte sich zurück und begann den Tag, wie sie es immer tat – mit Gott. *Herr, dieses Leben ist zu viel für mich. Ich fühle mich so leer und ausgebrannt. Bitte gib mir das Durchhaltevermögen, noch einen weiteren einsamen Tag lang für meinen Mann zu sorgen.* Die nächste halbe Stunde verbrachte sie mit ihrer Bibel. Je mehr sie darin las, desto mehr spürte sie, dass sie in einem ganz vertrauten Gespräch mit Gott war. Sie las immer einen Vers und betete dann darüber. Manchmal brachte ein Vers sie dazu, für eines ihrer Enkelkinder zu beten, manchmal fand sie etwas verwirrend und bat darum, dass Gott ihr mehr Klarheit schenkte, und manchmal las sie etwas, das direkt in ihr Leben hineinsprach. Als sie mit dem Lesen fertig war, legte sie die Bibel weg und schloss die Augen, um auf Gott zu hören. Nachdem sie einige Minuten lang in die Stille hineingehört hatte, betete sie: *Du füllst mich immer wieder neu, Herr. Wenn ich Zeit mit deinem Wort verbracht habe, fühle ich mich nicht mehr leer. Danke, dass du so gut für mich sorgst. Amen.*

Als Denise mit ihrer Stillen Zeit zu Ende war, wurde sie von einem Gefühl des Trostes durchdrungen, und als sie aufstand, um sich für den Tag fertig zu machen, spürte sie, dass ihr eine Last von den Schultern genommen war.

Später an diesem Morgen, nachdem sie John versorgt hatte, ging Denise nach draußen in ihren wunderschön blühenden Garten. Sie kniete sich hin, um Unkraut zu zupfen und Blumen zu beschneiden. Sie atmete die frische Luft draußen tief ein. Die Sonne schien ihr auf den Rücken, und auf ihrer Stirn bildeten sich winzige Schweißtropfen. Sie kniff die Augen zusammen, sah nach oben und flüsterte: »Danke.« In ihrem Garten fühlte sie sich wieder neu belebt, und sie wusste, dass Gott ihr neue Kraft gab. Die tägliche Gartenarbeit schenkte ihr immer, was sie an diesem Tag an Freude und Kraft benötigte. Es war nicht viel, aber es reichte ihr aus, und sie ließ sich von Gott beschenken.

»Das Gute ist ein Segen – und das Schwere ist auch ein Segen – nur ein verborgener.«
Denise

Mit den Jahren hat Denise herausgefunden, wie sie überleben kann – sie lebt einen Morgen, einen Tag nach dem anderen. »Es klappt irgendwie jeden Morgen. Ich muss einfach morgens Gott begegnen, um überhaupt durch den Tag zu kommen«, erzählt sie. Wenn sie sich erschöpft fühlt, bittet sie um Ausdauer; wenn sie einsam ist, schüttet sie all ihren Schmerz vor Gott aus und bittet ihn um seinen Trost; wenn sie Angst hat, was die Zukunft bringen wird, bittet sie um Zuversicht. Manchmal antwortet er ihr mit einem besonderen Bibelvers. Manchmal ruft eine gute Freundin an und spricht ihr Mut zu. Manchmal wird sie auch einfach nur gestärkt, wenn sie mit einem ihrer Kinder oder Enkelkinder herzlich lachen kann. Aber sie spürt, dass er täglich für sie sorgt.

»Ich nehme jeden Tag für sich, und bisher hat Gott mir die Gesundheit und die Kraft gegeben, immer weiter zu machen. Mein

Leben ist wirklich wie dieses Gedicht, in dem es darum geht, wie er uns seine Gnade und seine Kraft jeden Tag neu gibt.«

Gott versprach uns nicht,
dass der Himmel immer blau ist,
dass Blumen unser ganzes
Leben lang den Weg säumen.
Gott versprach nicht Sonne ohne Regen,
Freude ohne Schmerz, Frieden ohne Leid.

Gott versprach uns nicht, dass uns Mühen,
Versuchungen, Probleme und Leid unbekannt sind.
Er sagte nicht, dass wir keine Bürden
und Sorgen zu tragen hätten.

Gott versprach uns keine sanften, breiten Wege,
eine Reise, die keine Führung braucht,
die ohne steile und rauhe Berge
oder wilde und trübe Flüsse ist.

Aber Gott versprach uns Kraft für den Tag,
Ruhe von den Mühen, Licht für den Weg,
Gnade für die Prüfungen, Hilfe von oben,
unfehlbare Freundlichkeit und
immerwährende Liebe.
(nach Annie Johnson Flint, 1919)

Und Denise erlebt das jeden Morgen, wenn sie sich bei einer Tasse Kaffee mit ihm trifft: Er hält, was er verspricht.

Janice

Haben Sie schon einmal einen Riesenfehler gemacht? Janice ja. Um ganz ehrlich zu sein, waren es sogar ziemlich viele. Sie könnte sich nun den Rest ihres Lebens schämen. Aber anstatt ihre Vergangenheit unter den Teppich zu kehren, hat Janice beschlossen, verletzlich zu sein – vor anderen Menschen und vor Gott. Sie hat gelernt, dass Gott alles in ihrem Leben – selbst die Fehler – gebrauchen kann, damit sie wachsen und ihm ähnlicher werden kann.

Janice drehte sich auf die andere Seite, um sich an ihren frisch angetrauten Ehemann zu kuscheln. Die Morgensonne schien durch die Fenster ihres Schlafzimmers.

»Hmmmm«, murmelte sie und küsste Darius auf den Rücken. Er drehte sich auch um und erwiderte ihre Zärtlichkeit.

»Ich bin so froh, dass wir verheiratet sind. Jetzt können wir das immer machen, wenn uns danach ist«, kicherte Janice.

»Deswegen hab ich dich doch bloß geheiratet«, witzelte Darius. »Um dich ins Bett zu kriegen.«

»Wirst du mich immer, immer lieben?«, fragte sie und kraulte ihm den Nacken.

»Aber sicher.«

»Und immer für mich sorgen?«

»Klar.«

»Und mich beschützen?«

»Pst. Red nicht so viel.« Er war in Gedanken ganz woanders.

In seiner festen Umarmung schloss Janice die Augen. *Wir werden immer glücklich verheiratet sein. Wir haben doch alles, was wir brauchen. LIEBE.*

Nach einigen Jahren wurde ihre Tochter Allisa geboren. Alles schien in bester Ordnung zu sein – bis Darius eines Abends nach dem Abendessen seine Lederjacke überzog und verkündete: »Ich geh noch mal raus.«

»Schon wieder?« Janice legte die Spülbürste beiseite und sah ihn an.

»Alle anderen in meinem Alter feiern eine Party nach der anderen. Die haben alle so viel Spaß miteinander. Und sie haben alle jemanden, mit dem sie ausgehen.«

»Na und?«, gab Janice zurück. »Du hast eine Familie. Das ist doch viel besser als das alles.«

Darius sah das anders. »Ich muss mir noch ein bisschen die Hörner abstoßen, Schatz. Wir haben einfach so früh geheiratet, dass ich dazu nie die Gelegenheit hatte.«

»Was soll das heißen? Du willst ein bisschen mit anderen Frauen herummachen? Hast du vergessen, dass du schon eine Frau und ein Kind hast?« Ihr blieb vor lauter Entgeisterung der Mund offen stehen. Sie starrte ihn ungläubig an.

»Ich kann einfach nicht anders«, rief er ihr unbekümmert über die Schulter zu, als er nach den Autoschlüsseln griff und in Richtung Haustür marschierte.

Sie griff blank vor Wut nach dem Telefon und hieb wütend auf die Tasten ein. Sie rief Alice an, ihre beste Freundin. »Was glaubt der eigentlich, wer er ist, Alice?«, schrie sie. »Er tut einfach so, als hätte er ein Recht darauf, sich unmöglich zu benehmen, bloß weil wir so jung geheiratet haben. Wenn er denkt, dass ich mir das einfach tatenlos anschaue, bis er wieder klar denken kann, hat er sich geschnitten.«

»Wie lange geht das denn schon so?« Alice klang besorgt.

»Wenn ich jetzt so drüber nachdenke, schon eine ganze Weile. Ich habe mir bis heute Abend nie soviel dabei gedacht, dass er so oft noch wegging. Er hat mir glatt ins Gesicht gesagt, was er vorhat. Der hat ja Nerven!«

Einige Monate später stand die Scheidung an. Todtraurig stellte sie die Umzugskartons im Wohnzimmer zusammen. Die kleine

Allisa saß neben ihr und malte und Janice merkte, wie wütend und verletzt sie war. *Das arme Kind wird weit von seinem Vater entfernt aufwachsen – bloß weil er sich unbedingt so herumtreiben musste. Ich finde diese Scheidung furchtbar.* Sie war wirklich wütend. *Wie kann er diese Familie nur so auseinander reißen!*

Nach dem Umzug lebte Janice so vor sich hin, ohne zu wissen, was sie aus ihrem Leben machen wollte. In einer heißen, stickigen Sommernacht drehte und wendete sie sich im Bett herum und fand keinen Schlaf. »Ist einfach zu heiß hier drin«, sagte sie und stand auf, um ein Fenster zu öffnen. Sie steckte den Kopf nach draußen in die frische Luft und atmete tief durch. Es war eine wunderbar klare Nacht, und die Sterne am Himmel schienen zu tanzen. Als sie dort nach oben sah, dachte sie: *Ich will mein Leben nicht mehr allein leben. Da draußen gibt es diesen großen Gott, und ich möchte, dass er bei mir ist.* Sie wandte sich in aller Demut an Jesus, dem sie ihr Leben als Jugendliche schon anvertraut hatte: »Ich möchte, dass zwischen uns alles in Ordnung ist. Ich möchte mein Leben nicht mehr selbst in die Hand nehmen. Ich möchte, dass du mein Leben in die Hand nimmst. Ich brauche dich.«

> *»Wir sind alle noch Baustellen.«*
> *Janice, 56*

Ihr geistliches Leben begann wieder zu blühen, und sie begann, sich in ihrer Gemeinde zu engagieren. Weil sie immer gut beschäftigt war, hatte sie wenig Zeit, sich über Männer Gedanken zu machen. Aber dann, 11 Jahre nachdem sie Darius verlassen hatte, wanderte bei einer Wohltätigkeitsveranstaltung Märchenprinz Nummer zwei in ihr Leben.

»Ich bin Daniel«, stellte er sich vor und streckte ihr die Hand entgegen. Sein unwiderstehliches Lächeln nahm sie sofort gefangen.

»Nett, dich kennen zu lernen«, sagte Janice und hoffte sehr, dass er nicht bemerkte, wie sich ihr Herz überschlug.

»Was du hier leistest, ist unglaublich«, sagte Daniel. »Man merkt wirklich, dass dir diese Sache am Herzen liegt.«

»Das merkt man?«

»Das merkt man an deinem Lächeln, an dem was du sagst, an allem einfach.«

Diesen Mann wollte Janice auf keinen Fall einfach weiterschlendern lassen. »Hast du Lust, heute Abend mit zum Gemeindetreffen zu kommen?«

Er nahm ohne Zögern an und ihre Liebesbeziehung begann.

Wenn sie mit Daniel zusammen war, hatte Janice immer etwas zu lachen. »Hör auf!«, rief sie einmal, als sie zum Abendessen in ein Restaurant gegangen waren. »Ich mein das ernst! Wenn du nicht aufhörst, mach ich mir in die Hosen. Hör sofort auf!« Sie konnte sich vor Lachen nicht mehr halten. Er hatte einfach herrlich witzige Geschichten zu erzählen.

Am nächsten Morgen pfiff sie fröhlich, als sie zur Arbeit kam.

»Was gibts denn zu pfeifen?«, wunderte sich eine Kollegin.

»Och, nichts«, sagte Janice, aber sie konnte sich das Lächeln doch nicht verkneifen.

Nachdem sie ein Jahr lang mit Daniel befreundet und sehr glücklich war, war Janice zuversichtlich, dass es richtig war, Daniel zu heiraten. Als er um ihre Hand anhielt, drückte sie ihn fest an sich. Aber sie wollte ganz sicher gehen. »Daniel, ich möchte, dass diese Ehe ewig hält.«

»Anders würde ich das auch gar nicht wollen«, sagte er lächelnd, nahm sie in den Arm und küsste sie.

Als sie ungefähr ein Jahr verheiratet waren, griff Janice wieder zum Telefon und rief voller Verzweiflung Alice an. »Oh Alice«, seufzte sie, »worauf habe ich mich da nur wieder eingelassen. Wie hätte ich das bloß ahnen können? Wie kann er das so lange vor mir verborgen gehalten haben?«

»Wird er Hilfe in Anspruch nehmen, um vom Trinken wegzukommen?«, fragte Alice.

Janice schüttelte den Kopf. »Er sagt das immer, aber dann tut er es doch nie.«

»Gib nicht auf, Herzchen, und bete immer weiter für ihn.«

Als Daniel die Scheidung einreichte, hörte Janice auf, für ihn zu beten. »Tut mir Leid, Janice«, sagte Daniel und konnte ihr nicht einmal in die Augen schauen. »Ich möchte einfach nicht mit dem Trinken aufhören. Es ist mir wichtig. Wichtiger als unsere Ehe.«

Janice glaubte ihren Ohren nicht zu trauen. *Herr!,* schrie sie innerlich, *wie können denn zwei meiner Ehen so furchtbar scheitern?*

An dem Morgen, an dem sie die Scheidungsunterlagen unterzeichnete, fühlte sie sich am Boden zerstört. Sie fuhr nach Hause, schloss die Vorhänge, rollte sich auf dem Sofa zusammen und ging nicht ans Telefon, als es klingelte. Sie starrte es einfach nur an. Das Klingeln ging weiter, aber in Janices Kopf klangen immer nur die Worte: »Du hast versagt! Du hast versagt!«

»Ich bin auch wirklich eine Versagerin, Herr! Ich mach anscheinend nichts richtig. Was soll ich denn im Dienst in meiner Kirche? Ich krieg ja nicht mal mein eigenes Leben geordnet.« Das Gewicht einer weiteren gescheiterten Ehe drückte sie nieder, und Janice beschloss, nie wieder einen Mann an sich herankommen zu lassen. »Ich werde einfach für dich leben, Herr. Den ganzen Rest vergessen wir besser.«

Von da an ging sie erst recht vollkommen in ihrem Dienst auf. Sie bekam ihren Abschluss vom theologischen Seminar und begann als beigeordnete Pastorin in einer großen Gemeinde. Zwanzig Jahre gingen ins Land, und Janice führte ein ausgefülltes, glückliches Leben.

Und dann trat Märchenprinz Nummer drei auf den Plan. Er setzte sich im Bibelkreis neben sie. »Hi, ich bin Gerry«, stellte er sich vor.

»Ich bin Janice. Nett, dich kennen zu lernen.«

»Ich bin von diesem Arbeitsheft wirklich begeistert. Ich finde es toll, wie sehr sich der Autor auf die Bibel stützt, und man merkt, dass er nicht einfach nur aus sich heraus spricht.«

»Ja, ich auch«, sagte Janice erstaunt. »Ich habe heute morgen genau denselben Gedanken gehabt, als ich mich auf den Abend vorbereitete.«

»Hast du Lust, irgendwann mal zusammen einen Kaffee trinken zu gehen?«

»Ich bin mir nicht so ganz sicher, ob das eine gute Idee ist«, zögerte Janice. *Ich fang damit nicht noch mal von vorne an,* dachte sie. *Mir ist es egal, wie charmant, gutaussehend und fromm er ist. Ich lass mich nie wieder auf so was ein!*

Aber Gerry ließ nicht locker und sprach sie jede Woche wieder an. »Na komm schon. Eine Tasse Kaffee wirst du doch überleben«, sagte er, als er in der nächsten Bibelstunde wieder neben ihr saß.

»Na gut. Aber nur eine Tasse.«

Drei Stunden vergingen wie im Flug, als sie Kuchen aßen, Kaffee schlürften und aus ihrem Leben erzählten. Als er Janice nach Hause fuhr, zog Gerry sie auf: »Na, das hast du doch gut überstanden, oder?«

Janice musste lachen: »Das stimmt. Beißen tust du nicht.«

»Dann machen wir das nächste Woche gleich noch einmal.«

Als sie an diesem Abend im Bett lag, lächelte Janice in sich hinein, als sie an Gerry dachte. Dann ertappte sie sich selbst dabei, wie ihre Gedanken um ihn kreisten, und sie rief sich zur Ordnung: »Oh nein, Herr. Nicht noch so ein Blender. Bitte, Vater, leite du mich bei alldem.«

Nachdem sie ein Jahr lang befreundet waren, nahm Gerry Janice in die Arme, sah ihr fest in die Augen und sagte: »Ich liebe dich, Janice. Willst du meine Frau werden?«

Ihr Herz begann wie wild zu schlagen. »Bevor wir da irgendetwas entscheiden, möchte ich, dass wir zur Ehevorbereitung zu einem Seelsorger gehen.«

»Gern. Wir könnten Pastor Jim fragen. Er kennt uns beide.«

Janice und Gerry begannen also, sich regelmäßig mit ihrem Pastor zu treffen, und er half ihnen, die Grundlagen für eine gesunde christliche Ehe zu legen. »Und über eure Vergangenheit müssen wir auch reden«, sagte er ihnen bei einem ihrer Treffen. »Wenn man heiratet und schon etwas älter ist, bringt man eine Menge Ballast mit in die Ehe, und ihr solltet euch beide bewusst machen, was ihr da mit euch herumschleppt.«

Schließlich, nach vielen Stunden Seelsorge, verkündete Pastor Jim: »Ich glaube, ihr beiden seid soweit.« Erleichterung überkam Janice. Sie lächelte Gerry an und ergriff seine Hand, als er ihrem Pastor seinen aufrichtigen Dank aussprach. »Sie haben uns unglaublich weiter gebracht.«

»Also gut, Herr«, betete Janice an diesem Abend. »Unser Pastor findet, dass wir soweit sind. Ich verstehe das als deine Führung. Es tut auch so gut, von einem Mann, der so fest im Glauben steht, geliebt zu werden. Danke, Herr!«

In der ersten Nacht ihrer Flitterwochen lag Janice noch wach, während Gerry neben ihr zufrieden schnarchte. »Herr«, flüsterte sie, »irgendetwas stimmt hier nicht. Als wir miteinander geschlafen haben, kam mir das fast wie eine Vergewaltigung vor. Es war so erniedrigend. Bin ich bloß aus der Übung? Das letzte Mal ist schließlich schon über 20 Jahre her. Oder ist hier wirklich irgendetwas nicht in Ordnung?«

Janice fiel schließlich in einen unruhigen Schlaf, aber am nächsten Tag trug Gerry sie wieder auf Händen, und sie schalt sich. *Nun reiß dich aber zusammen, Janice. Dieser Mann hat es nicht verdient, dass du ihn mit den anderen in einen Topf wirfst. Du hast doch inzwischen was dazugelernt!*

In der Woche nach ihrer Hochzeitsreise rief Janice bei Gerry an, um ihn wissen zu lassen, dass sie später heimkommen würde. Als er nicht ans Telefon ging, hatte sie eine düstere Vorahnung. »Das wird ihm gar nicht schmecken.« Aber sobald sie den Hörer auf die Gabel gelegt hatte, vergaß sie dieses Gefühl über ihrer vielen Arbeit gleich.

Als Janice an diesem Abend später als gewöhnlich heimkam, schnauzte Gerry sie an: »Wo bist du gewesen?«

»Ich hab länger gearbeitet. Ich hab versucht, dich anzurufen.«

»Lüg nicht!« Gerry griff Janice wütend an der Schulter. »Ich bin dahin gefahren. Dein Auto war nicht einmal da!«

»Ich hab hinter dem Haus geparkt. Lass mich sofort los!« Janice versuchte sich aus seiner Umklammerung zu befreien.

An diesem Abend zerbrach Janices dritte Ehe in tausend Scherben. Das dumpfe Gefühl, das sie in ihrer Hochzeitsnacht empfunden hatte, hatte sie nicht getrogen. Irgendetwas an Gerry war absolut nicht in Ordnung.

In den nächsten Wochen wurde Janice immer mehr klar, wie viel tatsächlich nicht in Ordnung war. Zum dritten Mal war sie an einen dunkelhaarigen, großen, attraktiven Blender geraten. Aber diesmal war es sogar noch schlimmer als zuvor, denn dieser Mann war gefährlich. Janice stellte fest, dass Gerry über eine ganze Reihe sexueller und Rauschgiftsüchte verfügte. Überdies war er der gerissenste Betrüger, dem Janice je begegnet war. Er hatte sie alle getäuscht – ihren Pastor, ihre gemeinsamen Freunde, und, schlimmer als alle anderen, Janice.

»Wenn wir etwas falsch machen, wollen wir das am liebsten unter den Teppich kehren und so tun, als wäre es nie geschehen. Wenn wir das tun, kann Gott unsere Fehler nicht gebrauchen, um uns ihm ähnlicher werden zu lassen.«
Janice

In der Hoffnung, ihm zu helfen, informierte sich Janice über alle möglichen Therapiemöglichkeiten. Aber Gerry lehnte es rundherum ab, sich helfen zu lassen. Nachdem sie ihren Pastor um Rat gebeten hatte, stand für Janice fest, dass es nur einen Ausweg gab. Die Scheidung. Die dritte in ihrem Leben.

»Wie habe ich mich nur so täuschen lassen können?«, weinte sie im Gespräch mit Pastor Jim. »Er schien so aufrichtig gläubig zu sein. Wir haben zusammen gebetet. Er war so liebevoll. Und dabei war das alles ein riesiger Schwindel!«

Pastor Jim schüttelte den Kopf. »Ich weiß, Janice. Manche Leute sind Wölfe im Schafspelz. Er hat dich getäuscht und jetzt möchte Satan das am liebsten für seine Zwecke nutzen. Lass das nicht zu, Janice. Lass zu, dass Gott daraus etwas Gutes macht.«

»Wie denn? Wie könnte aus diesem heillosen Durcheinander je irgendetwas Gutes kommen?«

In ihrer tiefsten Enttäuschung zerbrach Janice fast unter ihrer Trauer über eine weitere gescheiterte Ehe. »Ich dachte, dass du mit dieser Entscheidung einverstanden bist, Herr!«

Aber Gott begegnete ihr gerade in dieser abgrundtiefen Verzweiflung. Sie hörte, wie er sie sanft ansprach. *Janice, ich kann all das nehmen und zu meiner Ehre gebrauchen – wenn du mich lässt. Ich kann all deine Fehler, deinen Zerbruch, dein ganzes Leben nehmen und zu etwas Neuem formen. Ich möchte gerne das Werk abschließen, das ich begonnen habe. Aber du musst mich das auch tun lassen.*

»Herr, das ist so unglaublich schwer! Satan ist es am liebsten, wenn ich mich schäme und vor den Menschen verstecke. Wer bin ich denn, dass ich dir dienen könnte? Was habe ich schon zu bieten? Schau mich doch mal an!«

Du hast Recht. Genau das will der Teufel. Er kann dich nur an dein Versagen fesseln und zerstören. Aber in mir ist der Sieg. Verstecke nicht, wo du gewesen bist, Janice. Mach dich anderen gegenüber verletzlich. Und lass zu, dass ich an deinem Leben deutlich mache, dass ich wiederherstellen kann, was zerbrochen war.

Janice gehorchte seinem Ruf. Heute ist sie für das geistliche Wohl der Frauen einer großen Gemeinde verantwortlich. Jede Woche hat sie viele Gelegenheiten, anderen Frauen Mut zu machen, die in ihrem Leben Fehler gemacht haben. Gerade letzte Woche hat sie vor einer großen Gruppe darüber gesprochen, wie man eine Frau wird, die Gott gebrauchen kann.

»Verehrte Damen, ich bin der lebende Beweis dafür, dass Gott der große Wiederhersteller ist. Wir schleppen alle irgendeine Vergangenheit mit uns herum. Manche haben ein paar Dummheiten mehr begangen als andere. Aber irgendwo haben wir alle versagt. Kehren Sie Ihre Vergangenheit nicht unter den Teppich, auch wenn das so herrlich einfach scheint. Ihre Vergangenheit ist ein Teil von Ihnen. Lassen Sie zu, dass Gott diese Vergangenheit benutzt. Ich weiß nur zu gut, wie das ist, wenn man irgendetwas angestellt hat und am liebsten wegrennen und sich verstecken möchte. Wissen Sie, ich habe drei Mal den gleichen Mann geheiratet. Er sah nur immer ein bisschen anders aus. Wir müssen uns immer wieder bewusst sein, dass Satan einen ganzen Sack voller Tricks hat, wie er uns zu Fall bringen kann. Und meistens schafft er es bei uns mit dem gleichen Trick immer und immer wieder. Ich bin immer über diese aalglatten Märchenprinzen gestolpert.

> *»Satan möchte nicht, dass wir uns selbst vergeben. Aber Gott schon!«*
> *Janice*

Ich wünschte, es gäbe irgendeine fette rote Taste in meinem Leben, mit der ich diese Sachen auslöschen kann. Aber diese Taste gibt es nicht. Es gibt aber etwas Besseres. Unser Gott lässt uns nicht dreimal versagen und schmeißt uns dann raus. Und er ist auch nicht nur für Überflieger und Superchristen da. Er ist ein Gott der Verkorksten, der Leute, die immer und immer wieder auf die Nase fallen. Er ist für Leute da wie Sie und ich.«

Und dann erzählt Janice den Frauen, dass Gott das große Versagen unseres Lebens erst recht benutzen kann, um uns ihm ähnlicher zu machen. Sie spricht von Mose, David und Paulus und erklärt an diesen Beispielen, wie Gott gerade Leute mit einer verkorksten Vergangenheit gebrauchen kann – Leute, die alles total vermasselt haben.

»Und Sie kann er auch gebrauchen«, strahlt sie. »Wenn Sie ihn lassen. Geben Sie ihm Ihre Vergangenheit. Er hat schon ein gutes Werk in Ihnen angefangen. Lassen Sie es ihn vollenden.«

Wenn alles zerbricht – Zusammenfassung

Alle Geschichten dieses Buches beschreiben bedeutungsvolle Momente im Leben verschiedener Menschen, die Gott besonders begegnet sind. Jede dieser Geschichten bietet einen kleinen Einblick, wie Gott in unserem ganz gewöhnlichen, alltäglichen Leben wirkt und wie er uns immer wieder vor die Wahl stellt, ob wir uns für dieses Wirken öffnen wollen.

Die drei Frauen, die wir für dieses Kapitel ausgewählt haben, stehen für all die Menschen, die Gottes überwältigende Kraft, Gnade und Wiederherstellung kennen gelernt haben. Denise hat gelernt, sich darauf zu verlassen, dass Gott ihr genau die nötige Kraft und Barmherzigkeit gibt, die sie für einen Tag braucht. Ihla trank auf ihrem schweren Weg zur Witwenschaft förmlich Gottes Gnade. Und Janice schließlich musste, wie wir alle, von Gott wiederhergestellt werden; und das wurde sie auch, als sie zuließ, dass er sie trotz aller Fehler und Dummheiten gebrauchte.

Diese drei Geschichten zeigen auch, wie sehr sich Gott nach einer tiefen, vertrauten Beziehung mit uns allen sehnt. Er möchte uns so gerne stützen, begleiten und unendlich lieben. Aber wir haben die Wahl: Erlauben wir es ihm?

Warum, denken Sie, sind manche Frauen am Ende ihres Lebens bitter und andere fröhlich? Wie können Sie vermeiden, selbst eine bittere alte Frau zu werden?

Was tun Sie im Moment für Ihre Gottesbeziehung? Wie sieht Ihre Stille Zeit aus? Wann fühlen Sie sich Gott am nächsten?

Gibt es in Ihrem Leben irgendwelche Sünden oder Fehler, an die Sie Gott und andere Menschen nicht heranlassen wollen? Was hätte Janice nach einer Reihe von Fehlschlägen auch tun können? Was für eine Frau, denken Sie, wäre sie nun, wenn sie den Schamgefühlen Raum gegeben hätte?

Was bedeutet der Vers »Lass dir an meiner Gnade genügen« (2. Korinther 12,9) Ihrer Meinung nach? Haben Sie Gottes Gnade am eigenen Leib erlebt? Wie?

Vorschläge:

1. Probieren Sie verschiedene Möglichkeiten aus, eine Stille Zeit zu halten. Gehen Sie mit Ihrer Bibel wandern; suchen Sie sich ein gemütliches Plätzchen und ziehen Sie den Telefonstecker aus der Dose; hören Sie sich Lobpreislieder an. Vielleicht können Sie einen Teil Ihrer Gebetszeit auf den Knien verbringen. Probieren Sie verschiedene Orte und Uhrzeiten aus. Und wenn Sie ein bisschen herumexperimentiert haben, fragen Sie sich, an welchem Ort und zu welcher Uhrzeit Sie sich Gott jeweils besonders nahe gefühlt haben.
2. Wenn Sie sich einmal für ein paar Stunden zurückziehen können, machen Sie einen kleinen Ausflug an einen schönen Ort im Freien; nehmen Sie Ihre Bibel und Ihr Tagebuch mit. Verbringen Sie die Zeit abwechselnd mit Lesen, Schreiben und ruhig Sitzen.
3. Führen Sie ein Gebetstagebuch und notieren Sie auch, wann und wie Gott Ihre Gebete erhört.
4. Suchen Sie sich eine Gebetspartnerin, mit der Sie sich regelmäßig treffen (einmal die Woche, vierzehntägig oder auch nur einmal im Monat). Versuchen Sie, diese Beziehung über mehrere Jahre aufrecht zu erhalten, so dass Sie beide zurückblicken und sehen können, was Gott alles in Ihrer beider Leben bewirkt hat.

... wenn ich Geldsorgen hatte

Sandee

Sie hatte nicht viel Geld. Eigentlich sah es bei ihr finanziell sogar ziemlich übel aus. Aber gerade dann, als sie wirklich verzweifelt war, begriff sie eine Wahrheit über Gott, die ihr Leben und das ihrer Töchter radikal veränderte.

Sandee starrte aus dem Fenster des schmuddeligen Überlandbusses, der über den leeren Highway brauste. In dieser mondlosen Nacht schien der Bus regelrecht von der Dunkelheit verschluckt zu werden. Sie gähnte und schaute auf die Uhr. Drei Uhr morgens, und sie konnte immer noch nicht schlafen. Sie schob ihre zwei Töchter ein bisschen zurecht, so dass sie ihre Beine ausstrecken konnte. Shauna, ihre Jüngste, wachte dabei auf. »Mama?«

»Ja, Schätzchen, ich bin hier«, sagte Sandee und strich der Zehnjährigen über die Haare. »Alles ist in Ordnung. Schlaf ruhig weiter.« Ein paar Sekunden später ging Shaunas Atem wieder tief und regelmäßig.

Aber es war nicht alles in Ordnung. Sandee starrte das Fenster an. Sie sah ihr Spiegelbild in der Scheibe, und es zeigte sie genau als das, was sie war: eine zitternde junge Schwarze, aus deren von Trauer rotgeränderten Augen Tränen quollen und die zwei vertrauensvolle Kinder im Arm hielt.

So viel Unbekanntes lag vor ihr. In wenigen Stunden würde sie in einer fremden Stadt nach einer Arbeit suchen. Sie fühlte sich wie ein verängstigtes Kind. *Ach Herr,* betete sie mit leiser, belegter

Stimme. *Herr, ich habe noch nie im Leben gearbeitet. Ich hab vom College weg geheiratet und dann kamen die Kinder... Bitte hilf mir, einen Job zu finden. Bitte, Herr... bitte, Vater, hilf mir.*

Charlynne, ihre Zwölfjährige, sah im Schlaf so sehr aus wie ihr Vater. Wieder überkam Sandee eine Woge von Schmerz. Sie zuckte innerlich zusammen. *Chuck.* Sie schloss die Augen, als könnte sie die Tränen damit aufhalten. Sie wäre so gerne verheiratet geblieben. Sie hatte ihm die Affäre vergeben, die er gehabt hatte, aber er glaubte ihr das nie. »Nein«, hatte er hartnäckig gesagt, »jedes Mal, wenn ich dich ansehe, weiß ich, dass du mich verurteilst.« Er reichte die Scheidung ein.

Du kennst mich doch, Herr. Ich kann eine ganze Menge wegstecken, betete Sandee, obwohl sie schrecklich erschöpft war. *Ich versuche ja, diese Scheidung anzunehmen. Aber mit Chucks Respektlosigkeit werde ich einfach nicht fertig. Es geht einfach nicht.*

Und dann meldete sich in ihr plötzlich eine leise, sanfte Stimme – wie ein geflüsterter Kuss. *Sandee. Warte ab. Hab Geduld. Eines Tages wird er mehr Respekt für dich empfinden als für alle anderen Frauen.*

Diese zärtlichen Worte gaben ihr Ruhe, und der Bus schaukelte sie doch noch in den Schlaf.

Als sie drei Tage später in Denver ankamen, drehten die Mädchen völlig durch. »Wir sind da! Wir sind da!«, riefen sie gleichzeitig und sprangen aufgeregt auf und ab.

»Guckt mal, Mädels.« Sandee deutete aus dem Fenster. »Da ist Onkel Mark!«

Die Mädchen sprangen aus dem Bus in die ausgebreiteten Arme ihres Onkels. Sandee nahm ihn auch fest in den Arm, dann trat sie einen Schritt zurück. »Danke, Mark!«

»Ist doch logisch. Gehen wir mal eure Sachen holen.«

Sandee deutete auf einige Kisten und drei dünne, zusammengerollte Matratzen, die mit Schnüren festgebunden waren.

Mark sah auf ihre Habseligkeiten. »Mehr habt ihr nicht?«

»Nö«, seufzte Sandee.

»Junge, Junge. Richtig viel ist das ja nicht, wenn man bedenkt, wie weit ihr gereist seid. Naja. Ab ins Auto mit euch allen!«, rief er und deutete auf sein kleines Auto.

Alle vier quetschten sich hinein. Sie hatten einen Riesenspaß dabei, all die Arme und Beine unterzubringen.

Mark versuchte sich umzudrehen, und Sandee kicherte, als sie ihr Bein aus der Gefahrenzone hob.

»Erzähl mal, Sandee – was hast du jetzt vor?«, fragte Mark.

»Chuck wird mir jeden Monat Geld schicken, deswegen möchte ich halbtags arbeiten und nebenbei noch studieren. Wenn ich mich ein bisschen eingewöhnt und einen Job gefunden habe, suche ich mir mit den Mädels eine eigene Wohnung.« Sie hielt inne und sah ihren Bruder über Shaunas Kopf hinweg an. »Würde das gehen?«

»Es gab schon Zeiten, in denen ich mit Gott im Clinch gelegen habe. Aber auf dem Weg, den er mich hat gehen lassen, habe ich gelernt, ihm in allen Dingen zu vertrauen. In allen!«
Sandee, 60

Mark beugte sich nach hinten und drückte seiner Schwester die Hand. »Klingt super. Du bleibst mit den Mädchen bei mir, so lange es nötig ist.«

Aber nichts lief so, wie Sandee es sich vorgestellt hatte. Der Unterhalt, zu dem Chuck eigentlich verpflichtet war, kam nie an. Sandee verschob das Studium und suchte nach einer vollen Stelle. Das Beste, was sie fand, war eine schlecht bezahlte Tätigkeit in einem Call-Center.

Eines Morgens saß Sandee am Küchentisch in der Wohnung ihres Bruders und schlürfte ihren Kaffee, bevor sie zur Arbeit aufbrach. Sie griff zu Papier und Stift und begann, ihre Ausgaben zu überschlagen. *Das wird alles noch viel enger als befürchtet.* Sie klopfte frustriert mit dem Bleistift auf den Tisch und überlegte, wo sie sich vielleicht doch noch weiter einschränken konnten.

Plötzlich hörte sie vom oberen Stockwerk her ein Geräusch. *Komisch*, dachte sie. Mark war schon außer Haus, und die Mädchen sahen im Wohnzimmer nebenan fern.

Plumps.

»Charlynne«, rief sie zu ihrer Ältesten hinüber, »bleib mit deiner Schwester hier unten, bis ich dir Bescheid gebe, dass du hochkommen kannst.«

Sandee schlich auf Zehenspitzen nach oben und spähte um die Ecke. Eine splitterfasernackte Frau taperte aus Marks Schlafzimmer in Richtung Bad.

Sandee zog sich schnell zurück. Sie lehnte sich gegen die Wand und überlegte, was sie als nächstes tun sollte. Um der Mädchen willen gab es eigentlich nur eine Lösung.

»Trauen Sie Gott das Unmögliche zu.«
Sandee

Sie stieg die Treppe wieder hinunter, griff nach dem Telefon und wählte die Nummer des Büros, in dem ihr Bruder arbeitete. »Gib mir einen Monat Zeit, Mark, ja?«

»Wovon redest du eigentlich, Sandee?«, fragte Mark verwirrt.

»Ich sag dir nicht, wie du dein Leben leben sollst,« sagte sie freundlich, aber bestimmt. »Aber ich hätte gerne einen Monat, in dem du keine Frauen nach Hause bringst. In dieser Zeit werde ich für die Mädchen und mich eine Unterkunft suchen.« Sie seufzte tief und sagte: »Ich möchte einfach nicht, dass die Mädchen mitbekommen, wie du lebst.«

Eine Wohnung zu finden, erwies sich als weit größere Herausforderung, als Sandee es erwartet hatte. Sie suchte einfach überall nach einer passenden Wohnung. Aber wo auch immer sie suchten, stießen sie auf Hindernisse.

Eines Nachmittags, als Sandee eine weitere Bewerbung für eine Wohnung ausfüllte, war ihr Kugelschreiber plötzlich leer. Sie versuchte ein paar Mal, ihn wieder zum Schreiben zu bringen, und dann warf sie ihn wütend auf den Boden. »Das ist sowieso völlig lächerlich«, sagte sie zu sich selbst. »Wer würde mich schon als Mieterin wollen? Ich arbeite gerade mal seit zwei Wochen und verdiene großartige 4 Dollar 85 die Stunde. Die wären ja schön blöd, wenn sie mir eine Wohnung gäben.« Sie kniff die Augen zusammen. *Herr, wenn ich jetzt darüber nachgrübele, wie unfähig ich bin, drehe ich durch. Bitte hilf mir, stattdessen an dich zu denken. Hilf mir, eine Wohnung für die Mädels und mich zu finden, in der wir sicher sein können. Bitte … Ich schaffe das alleine niemals.*

Als Sandee von einem Makler einen Anruf erhielt, glaubte sie ihren Ohren nicht zu trauen. »Mädels!«, schrie sie aufgeregt. »Könnt ihr euch noch an dieses große Haus mit den vielen Wohnungen erinnern? Das uns so gut gefallen hatte? Die nehmen uns!« Sie zog beide Mädchen glücklich an sich. »Danke, Herr!«

Innerhalb einer Woche zogen sie in ihrer Einraumwohnung ein. Sie hatten nicht viel. Keinen Fernseher, kein Radio, keine Möbel und nicht einmal Geschirr oder Besteck. Aber das war ihnen egal. Sie saßen auf dem Küchenboden und aßen mit Plastikgabeln Spaghetti von Papptellern. Die Mädchen kicherten, weil ihnen orangefarbene Sauce vom Kinn tropfte.

Sandee betrachtete ihre Mädchen, die zufrieden und glücklich waren, und dachte mit Sorge an den nächsten Tag. Um nun zu ihrer Arbeit zu kommen, musste sie mit drei verschiedenen Bussen fahren, und eine Strecke allein dauerte zwei Stunden. Sie würde die Mädchen den ganzen Tag allein lassen müssen, während sie arbeitete. Sie wollte sie nicht alleine lassen. Aber was blieb ihr anderes übrig?

Am nächsten Morgen war der Himmel noch ganz schwarz, als sie die schlafenden Mädchen in der Wohnung einschloss und losrannte, um ihren Bus zu erwischen. Sie setzte sich in eine Ecke. Ihr schauderte – weniger von der Kälte als von der Sorge. Als der Bus losfuhr, musste Sandee schlucken. Sie zitterte am ganzen Körper. *Mir macht das alles solche Angst, Herr. Sie sind doch erst zwölf und zehn. Ihnen kann alles Mögliche passieren!*

Sandees Schultern bebten. Sie sah auf ihren Schoß hinunter, wo ihre Bibel lag. Sie war wütend auf Gott. *Warum lässt du das alles zu, Herr?* Sie hatte keine Lust, in der Bibel zu lesen oder zu beten. Aber was blieb ihr sonst noch? Sie war schrecklich verzweifelt und wusste, dass ihr Leben völlig aus den Fugen geraten war. Tränen tropften auf das Buch in ihren Händen. Sie wischte die kleinen nassen Flecken mit ihren Fingerspitzen weg und atmete tief durch, als sie ihre Bibel schließlich doch öffnete. Herr, betete sie, außer dir habe ich niemanden. Bitte hilf mir.

Sie starrte auf die Worte und zwang sich, sie zu lesen. Und ganz langsam begannen sie zu ihr zu reden. Sie atmete hörbar aus und spürte, wie die Spannung in ihren Schultern nachließ, als die Worte, die sie las, in ihr zu wirken begannen. Die Menschen um sich herum vergessend, begann sie mit ihrer Bibel zu reden. »Ich kann dich hören, Herr. Du willst, dass ich dir vertraue. Sie sind deine Kinder und du bist ihr Vater.«

Die ganzen zwei Stunden, die sie in den Bussen verbrachte, war sie regelrecht gefangen von dem, was sie las. Ein Friede, der nicht von dieser Welt war, breitete sich da aus, wo vorher Angst und Wut gewesen waren. Gottes sanfte Stimme drang ihr ins Herz. *Ich weiß doch, dass du das alleine nicht schaffst, Sandee. Also denk erst gar nicht an das, was du nicht tun kannst. Denk an mich. Ich kann alles tun – hast du das vergessen? Gib mir deine Familie und lass mich an dir ein Wunder vollbringen, das zu allen Menschen von mir spricht und all deine Träume übersteigt. Lässt du mich das tun?*

Als Sandee schließlich aus dem Bus stieg, floss ihr Herz vor Frieden und Freude fast über. Sie sang Lieder, die Gott priesen, als sie die Straße entlang eilte, und schwebte dann fast in das graue Bürogebäude, in dem sie arbeitete. »Danke, Herr«, flüsterte sie, als sie hinter ihrem Schreibtisch Platz nahm.

Von diesem Morgen an machte Sandee es sich zur Gewohnheit, ihre Zeit in den Bussen mit Gebet und Bibellesen zu verbringen. An vielen Tagen war sie wütend auf Gott und schimpfte wild darüber, dass es ihr finanziell so schlecht ging. Aber egal, wie wütend sie anfangs war – sie fand immer wieder Frieden, wenn sie sein Wort las.

> *»Es geht nicht um meinen Plan für mein Leben, sondern um seinen Plan für mein Leben.«*
> *Sandee*

Nachdem sie einige Wochen in ihrer neuen Wohnung waren, organisierte Sandee für die Mädchen ein Aufnahmegespräch an einer christlichen Privatschule. An dem Abend vor diesem Gespräch rief sie Chuck an, um ihn zu fragen, was aus seinen Unterhaltszahlungen geworden war. Er fertigte sie mit billigen Ausreden ab. Als sie ihm erzählte, dass sie die Mädchen gerne auf einer Privatschule anmelden wollte, lachte er sie aus. »Und wo willst du das Geld dafür hernehmen, Sandee? Von mir kriegst du's bestimmt nicht.«

Sandee legte auf. Sie fühlte sich am Boden zerstört.

Gott, ich hab' doch überhaupt nicht die Mittel, das hier alleine durchzuziehen. Das Geld hat Chuck. Nicht ich. Schau dir doch mal an, wie wir hier leben, betete sie und sah sich in der leeren Wohnung um. *Ich bin total am Ende, Herr. Ich habe niemanden als dich. Bitte hilf mir zu begreifen, dass ich wirklich niemanden sonst brauche.*

Am nächsten Morgen, bevor sie loszogen, nahm Sandee die Mädchen fest bei der Hand und neigte den Kopf zum Gebet. »Herr, das hier sind deine Mädchen. Du hast uns auf diese Schule aufmerksam gemacht. Wenn du willst, dass sie dort hingehen, musst du dich um das Finanzielle kümmern.«

Nachdem die Mädchen ihre Vorstellungsgespräche geführt und einige Aufnahmetests gemacht hatten, bat der Schulleiter sie alle drei in sein Büro. »Ms. Bodie«, sagte er bedächtig und drehte seinen Bürostuhl so, dass er sie ansehen konnte, »einmal angenommen, Ihre Mädchen bekommen auf dieser Schule einen Platz. Wie würden Sie für die Schulgebühren aufkommen?«

Sandee richtete sich in ihrem Stuhl auf, die Hände auf dem Schoß gefaltet, und sah ihm direkt in die Augen. »Sir«, sagte sie,

»ich verdiene nur sehr wenig und mein Ex-Mann hat bisher nicht viel an Unterhalt bezahlt. Aber meine Mädchen sind sehr begabt. Wenn Sie uns helfen, für die beiden ein Stipendium zu bekommen, werden Sie es nicht bereuen. Sie werden stolz auf sie sein.«

Der Schulleiter drehte sich auf seinem Bürostuhl nach links und rechts und wieder nach links, und dabei sah er Sandee die ganze Zeit unverwandt an. Nach einer langen Stille sagte er: »Ich glaube, genau das sagt der Herr auch zu uns, Ms. Bodie.«

Um Gottes Treue zu feiern, lud Sandee die Mädchen auf eine heiße Schokolade und ein Rosinenbrötchen ein. »Macht euch das mal klar, was Gott heute getan hat, Mädels«, sagte sie und schaufelte Sahne in ihren Kaffee. »Er hat uns heute bewiesen, dass er absolut alles kann.« Sie legte ihren Löffel neben die Tasse, griff beiden Mädchen unters Kinn und sagte: »Guckt mich mal an.« Und als sie sich der Aufmerksamkeit der beiden sicher sein konnte, fuhr sie fort: »Das eine dürft ihr nie vergessen – die Welt hier kann euch keine Grenzen setzen. Heute nicht. Und überhaupt nie. Kein Mensch kann euch sagen, was ihr tun könnt und was nicht. Darüber bestimmt nur einer. Und das ist euer Vater im Himmel.«

Die Mädchen blinzelten ihre Mutter etwas verwirrt an. »Okay, Mama. Vergessen wir schon nicht«, antwortete Charlynne schließlich für beide und biss wieder herzhaft in ihr Rosinenbrötchen.

Was Sandee dem Schulleiter versprochen hatte, erwies sich nicht als Übertreibung. Sandees arme, farbige Töchter eroberten die Schule im Sturm. Charlynne schloss mit der Höchstnote ab, gewann zahllose Preise für ihre rhetorischen und journalistischen Leistungen und missionierte die halbe Schule. Das beliebteste Mädchen ihres Jahrgangs kam schließlich durch ihr Zeugnis zum Glauben. Shauna war drei Jahre hintereinander Jahrgangssprecherin, gewann im Sport viele Preise und war bei ihren Klassenkameraden als wahre Kämpferin des Gebets bekannt.

Zehn Jahre später klingelte bei Sandee das Telefon. Als sie den Hörer aufnahm, hörte sie am anderen Ende der Leitung Charlynnes von Schniefen unterbrochenes Schluchzen. »Ma-maaa«, heulte sie, »meine Englischdozentin hat gesagt, dass ich nicht das Zeug zur Journalistin habe. Sie meint, das ist einfach nichts für mich. Und sie will, dass ich das Seminar bei ihr fallen lasse.«

»Hör mir mal gut zu, Char«, sagte Sandee bestimmt. »Was habe ich dir immer beigebracht?«

»Ich weiß, Mama. Sie hat nicht das Recht, das zu sagen.«

»Genau. Das hat sie nicht. Gott hat dich zu diesem Studium gebracht, stimmts?«

»Stimmt.«

»Und er ist auch der Einzige, auf den du zu hören hast. Verstanden?«

Charlynne hatte verstanden. Sie blieb bei ihrem Studienfach. Und später schloss sie ihr Studium der Journalistik Magna cum Laude ab und ging nach Washington, um als Journalistin für den Pressesprecher des Weißen Hauses zu arbeiten.

Alle Menschen um sie herum waren immer wieder überrascht, wie weit es die Mädchen brachten, aber Sandee verwunderte das nicht weiter. »Ich war einmal so eine verschreckte kleine Mama«, erklärt sie im Rückblick. »Aber gerade in meiner Verzweiflung habe ich meinen Gott kennen gelernt. Und der hat keine Grenzen. Schließlich ist er selbst auf dem Wasser gelaufen. Wir sollten nicht weiter verwundert sein, wenn er in unserem Leben Großes tut.«

Nachtrag

An dem Abend vor Charlynnes Abschlussfeier von der Schule flog Chuck hin, um an ihrem großen Tag bei seiner Tochter zu sein. Als er mit einer großen Kamera um den Hals in die Halle kam, in der die Feier stattfinden sollte, hielt er plötzlich an und sagte: »Wenn ich daran denke, wie ich mich gegen dich gestellt habe, als du die Mädchen auf eine Privatschule schicken wolltest … Aber jetzt sehe ich das hier alles und bin doch froh, dass sie hier sein konnten.«

»Ja, ich auch«, sagte Sandee und lächelte zu ihm hoch.

Er nahm sie am Arm und sah ihr voller Aufrichtigkeit in die Augen. »Ich möchte nie wieder, dass du meinetwegen Schmerz oder Leid erlebst. Mir ist bewusst geworden, dass du eine ganz erstaunliche Frau bist. Ich bewundere und schätze dich mehr, als du dir vorstellen kannst. Und ich möchte, dass du das weißt.«

Nun hielt auch Sandee an. Sie versuchte erst gar nicht, die Tränen zurückzuhalten. Aber sie sah Chuck trotzdem an und in ihrem »Danke« lag viel Zärtlichkeit.

Als sie sich setzten und darauf warteten, dass die Feier begann, musste Sandee grinsen, als sie an ihre Bitten damals im Überlandbus zurückdachte. *Das ist mein Gott,* dachte sie. *Und er ist einfach grenzenlos.*

Barb

Während ihr Mann arbeitslos war, beschloss Barb, ihn zu ermutigen. Sie vermittelte ihm immer wieder, wie sehr sie seine Weisheit, seine Talente und seine Kreativität zu schätzen wusste. Und sie lernte außerdem, Gott ihre Zukunft anzuvertrauen und ihre Sicherheit von ihm zu erwarten.

»Hallo Ken«, rief Barb fröhlich, als ihr Mann um die Mittagszeit in der Küche auftauchte. »Ich hab mir grad ein Brötchen gemacht. Wenn ich gewusst hätte, dass du zum Essen heimkommst, hätte ich dir auch eins belegt. Willst du eins?«, fragte sie und wischte sich einen Klecks Senf von den Fingern.

Sie ging zu ihm hinüber, um ihm einen Kuss auf die Wange zu geben. Aber als sie ihn ansah und seine rotgeränderten Augen bemerkte, hielt sie inne.

»Was ist los, Ken? Du siehst total fix und fertig aus«, wunderte sie sich.

»Ich habe schlechte Neuigkeiten, Barb«, antwortete er.

Ken griff nach ihrer Hand und führte sie zu einem Küchenstuhl. Dann setzte er sich selbst hin, nahm sich die Brille von der Nase, legte sie auf den Tisch und rieb sich die Augen.

> *»Wie wir in einer Krise zurechtkommen, hängt von vielen Dingen ab – unserer Einstellung, einem Kreis von Leuten, die uns unterstützen und uns Mut machen, und nicht zuletzt unserer Aufrichtigkeit. Gestatten Sie sich Ihre Gefühle und lernen Sie, Worte für Ihre Gefühle und inneren Kämpfe zu finden.«*
> *Barb, 60*

»Von diesem Moment an bin ich ein fünfzigjähriger Arbeitsloser. Die Firma ist heute aufgelöst worden. Ich weiß immer noch nicht so ganz, was passiert ist. Aber es gibt im Moment nichts, was wir tun könnten. Ich hatte schon gemerkt, dass irgendetwas nicht stimmte, aber ich wusste nicht, wie schlimm es wirklich war.« Als er sprach, breitete sich der Kummer auf seinem Gesicht aus wie eine schwere dunkle Wolke. Er sah ganz klein und erschöpft aus, und sein Gesicht war verzerrt, als hätte ihm jemand in den Magen getreten. Sie empfand seine Traurigkeit mit, als ihr bewusst wurde, dass all seine Träume und viele Jahre harter Arbeit sich plötzlich in Nichts aufgelöst hatten. Die ganzen letzten fünf Jahre über hatte er hart gearbeitet und all seine Energie in diese Firma gesteckt – von seinem gesamten Ersparten einmal abgesehen. Kein Wunder, dass er so erledigt aussah.

»Als ich heute morgen zur Arbeit kam, wurde uns schon gesagt, dass irgendwas im Busch war. Um halb zwölf sind wir alle zu einer Bekanntmachung ins Konferenzzimmer gebeten worden. Und da war dann ein Mann von der Konkursverwaltung und sagte einfach an, dass sie die Firma übernehmen würden. Er hat uns aufgefordert, das Gelände unverzüglich zu verlassen. Wir konnten überhaupt nichts mitnehmen! Ich durfte nicht einmal in mein Büro zurückgehen und die Familienbilder vom Schreibtisch holen. Und sobald wir weg waren, haben sie die Schlösser ausgewechselt.«

Eine verwirrende Mischung aus Hilflosigkeit, Wut und Kummer machte sich in Barb breit. »Oh, Ken, das tut mir so Leid! Ich weiß doch, wie viel du in diese Firma investiert hast«, sagte sie, und Tränen rannen ihr über die Wangen. Ken wischte ihre Tränen sanft weg und rieb sich selbst die Augen.

»Ich muss mir einfach einen neuen Job suchen. Barb, unsere ganzen Rücklagen sind weg. Wir werden von unserem Geld wahrscheinlich keinen Cent wiedersehen. Es tut mir alles so Leid. Wir müssen sofort anfangen, sparsamer zu leben. Im Moment können wir uns keine großen Sprünge leisten. Jedenfalls erstmal nicht«, seufzte Ken.

»Wir haben zugegebenermaßen unsere Rente und Kens Arbeit verloren, aber ich bin so dankbar, dass er immer darauf gedrängt hatte, dass wir Schulden möglichst schnell abarbeiteten. Einer unserer größten Kämpfe war immer gewesen, dass wir uns in solchen Zeiten immer einschränken mussten – um uns dann irgendwann nicht mehr einschränken zu müssen. Ich bin heute so dankbar, dass Ken diesen Weitblick gehabt hat.«
Barb

»Es ist ja nicht das erste Mal, dass wir unser Geld sorgfältig einteilen. Ich bin darin nicht besonders gut, aber es wird schon gehen.« Sie atmete tief durch. »Ich ruf im Restaurant an und sage den Tisch ab, den wir für unseren Hochzeitstag morgen reserviert hatten. Wir können uns irgendwo etwas Günstigeres suchen.«

Am nächsten Abend saßen sie an einem klebrigen Tisch in einem Schnellrestaurant und versuchten den gemeinsamen Abend zu genießen, indem sie sich an vergangene Hochzeitstage zurückerinnerten. Barb versuchte, die Kaugummis zu ignorieren, die an der Unterseite des Tisches klebten. *Hier habe ich unseren Hochzeitstag jedenfalls nicht verbringen wollen*, dachte sie traurig.

Aber Ken bedeutete ihr mehr als alles andere auf der Welt. Um seinetwillen wollte sie sich auf das Positive konzentrieren und versuchen, ihn ein bisschen aufzumuntern.

»Weißt du noch, wie du mich an unserer Silberhochzeit vor ein paar Jahren noch mal geheiratet hast, Ken? Das war einer der schönsten Hochzeitstage, die wir je hatten. Ich werde nie vergessen, wie wir unser Eheversprechen vor den Kindern und unseren Freunden wiederholt haben«, erinnerte sich Barb.

»Machen Sie Ihrem Mann Mut. Es gibt außerhalb Ihres Hauses immer noch genug Orte und Leute, die ihm den Mut nehmen.«
Barb

»Ja, das war wirklich toll«, murmelte Ken und starrte aus dem Fenster. Ein winziges Lächeln breitete sich eine Sekunde lang auf seinem Gesicht aus und verschwand dann wieder.

»Und dann war da dieses Jahr, in dem wir gerade all unser Geld verloren hatten«, witzelte sie.

»Wann war das denn?«, wunderte sich Ken.

»Gestern«, meinte sie trocken und diesmal musste Ken wirklich lachen.

»Stimmt, wie hab ich das nur vergessen können? Daran werden wir uns bestimmt noch lange erinnern.« Er streckte die Hand aus und drückte liebevoll Barbs Hand.

»Das alles ist uns doch nicht neu, Ken. Gott ist immer gut zu uns gewesen und das wird er auch weiterhin sein. Du hast so viele Gaben und Fähigkeiten. Du wirst bestimmt bald wieder etwas Neues finden. Da habe ich gar keine Sorge. Und außerdem habe ich ja auch noch meine Teilzeitstelle in der Gemeinde. Da haben wir wenigstens die Krankenversicherung und ein bisschen Kleingeld.«

»Ich weiß. Ich finde es nur so furchtbar, dass das ganze Geld, das wir für unseren Lebensabend aufgespart hatten, jetzt weg ist.«

»Ach, du weißt doch, wie ich zum Lebensabend stehe. Ich hab mir nie wirklich vorstellen können, dass wir weite Reisen unternehmen und Golf spielen. Wir haben doch beide gerne mit Menschen zu tun und helfen, wo wir können. Geld ist mir egal. Du bist mir wichtig. Ich liebe dich«, sagte Barb, und sie hielt seine Hand ganz fest und sah ihm tief in die Augen.

»Danke, Schatz«, sagte Ken mit brüchiger Stimme. »Ich liebe dich auch. Gott wird das schon irgendwie zum Guten benutzen. Das glaube ich ganz fest.«

Am Tag nach ihrem 29. Hochzeitstag begann Ken nach einer neuen Arbeit zu suchen. Das verlangte ihm unglaublich viel ab. Er arbeitete bis spät in die Nacht hinein an Bewerbungen und versuchte, wenigstens zu Vorstellungsgesprächen eingeladen zu werden. In der Zwischenzeit ging Barb ihrer Aufgabe als Leiterin der Fürsorgedienste ihrer Gemeinde nach. Den größten Teil des Tages brachte sie damit zu, Akten von Familien in Not zu studieren und mit Leuten zu sprechen, die Hilfe brauchten. Dann entschied sie zusammen mit ihren Mitarbeitern, wer welche Hilfe bekommen sollte. *Ist ja doch ein bisschen paradox, dachte sie. Mir geht es jetzt genauso wie diesen Leuten. Aber ich danke dir, Herr, für diesen Job. Danke, dass wir noch unsere Versicherung haben. Und danke, dass ich eine Arbeit habe, die mir Freude macht. Bitte hilf auch Ken bei der Arbeitssuche.*

»Ermutigen Sie Ihren Mann, auf sich zu achten. Er braucht regelmäßiges Essen, Schlaf und Sport.«
Barb

Zusammen arbeiteten sie einen genauen Ausgabenplan aus, an den sie sich strikt hielten. Barb hatte so etwas nie besonders gut gekonnt. Aber diesmal hatten sie keine andere Wahl. Sie kauften sich einfach keine Kleider mehr, und auch neue Dekorationen für das Haus wurden gestrichen. Anstatt für Verwandte Geschenke zu kaufen, bastelten sie welche. Wenn sie zusammen ausgingen, bummelten sie einfach durchs Einkaufszentrum und sahen sich die Auslagen an, ohne etwas zu kaufen, und dann teilten sie sich manchmal als besonderen Festschmaus ein riesiges Zimthörnchen. Sie begannen einander die Haare zu schneiden, und einmal zauberte Ken Barb sogar Strähnchen ins Haar – was er übrigens sehr gut hinbekam.

Je länger sich Kens Arbeitslosigkeit hinzog, desto mehr beobachtete Barb, wie sein Selbstbewusstsein litt. Sie wusste, dass sie ihm Mut machen musste. Also lobte sie ihn, wo immer sie es konnte, und gab ihm zu verstehen, wie sehr sie seine Weisheit, seine Fähigkeiten und seinen Einfallsreichtum zu schätzen wusste. Wenn er sich selbst fertigmachte wegen unweiser Entscheidungen, die er getroffen hatte, erinnerte sie ihn an die vielen Erfolge, die er schon erlebt hatte.

»Machen Sie Ihrem Mann Mut, außer Ihnen auch noch mit jemand anderem zu reden. Und suchen Sie sich auch Menschen, die Sie immer wieder aufbauen können.«
Barb

»Weißt du was, Barb«, bekannte Ken seiner Frau eines Morgens, als sie zusammen einen Gebetsspaziergang machten. »Ich bin so entmutigt, dass ich nicht einmal mehr beten kann. Ich hätte nie gedacht, dass es so schwer sein und so lange dauern würde, einen halbwegs passablen Job zu finden.«

»Ist schon in Ordnung, Ken. Dann bete heute morgen eben nur ich. Ich weiß, dass du alles getan hast, was in deiner Macht stand, um eine neue Arbeit zu finden«, sagte Barb.

»Naja, es gäbe da auch eine Möglichkeit. Ich könnte an dem neuen Flughafen die Baustelle überwachen«, berichtete Ken. »Das würde eigentlich nichts anderes bedeuten, als dass ich in der Kälte herumstehe und den Arbeitern über die Schulter schaue, die mich da nicht haben wollen. Aber ich glaube, ich nehme die Stelle an; da verdiene ich ja wenigstens etwas.«

»Möchtest du das gerne machen?«, fragte Barb.

»Nein, nicht auf lange Sicht. Aber dafür, dass es eine befristete Stelle ist, wird es ganz gut bezahlt. Und wir können das Geld schließlich brauchen, Barb. Ich würde alles Mögliche tun, um mich wieder nützlich zu fühlen und meinen Teil zu unseren Einkünften beizutragen. Ich weiß ja, dass es von dir ziemlich viel verlangt war, das all die Zeit alleine zu machen.«

»Dann ist das wahrscheinlich fürs Erste eine gute Idee. Klingt so, als bräuchtest du ein paar richtig warme Winterstiefel; die kaufen wir besser, bevor du anfängst.«

Die folgenden vier Monate stand Ken also den ganzen Tag über mit seinen warmen Winterstiefeln in der beißenden Kälte und behielt die Bauarbeiter im Auge. Barb packte ihm jeden Tag ein leckeres Mittagessen ein und dankte ihm immer wieder für seine Bereitschaft, auch einen unangenehmen Job anzunehmen, um Geld zu verdienen. Mit seinen Gefühlen ging es auf und ab, und auch geistlich erlebte er gute und schwere Tage. Barb wurde in dieser Zeit zu seiner personifizierten Ermutigung. Sie war stolz auf ihn, weil er eine Arbeit annahm, die ihm keine Freude machte, und machte ihm immer wieder Mut, weiter von einem erfüllenderen Job zu träumen.

In den nächsten vier Jahren nahm Ken eine ganze Reihe Arbeitsangebote an, die alle nicht seiner Ausbildung entsprachen und nur befristet waren. Dann beschloss er, sich in der Computerbranche selbständig zu machen, die seinem eigenen Hintergrund mehr entsprach. Bis heute zieht er daraus ein einigermaßen sicheres Einkommen. Er kann von zu Hause aus arbeiten und ist sein eigener Herr. Die flexiblen Arbeitszeiten ermöglichen es ihm nebenbei, das zu tun, was er am liebsten macht: anderen Menschen durch den Dienst der Gemeinde zu helfen.

Kens Aufträge kommen und gehen, aber Barb macht sich um ihre finanzielle Zukunft keine Gedanken. In der Zeit, in der ihr Mann arbeitslos war, hat sie gelernt, dass Sicherheit nicht von einer soliden finanziellen Grundlage herrührt. Ihre Sicherheit und ihre Zukunft liegen in Gottes Hand.

Barb und Ken haben sich damit abgefunden, dass sie keinen ruhigen Lebensabend haben werden. Aber sie haben Sicherheit in Gott und in der Beziehung zueinander gefunden. Sie arbeiten beide gerne und so möchten sie Gott und anderen Menschen so lange wie möglich dienen.

»Gott hat uns vor so vielen Jahren zusammengeführt – zwei Einzelpersonen mit ganz verschiedenen Fähigkeiten. Er hat uns dazu bestimmt, dass wir einander aufbauen. Und in all den Jahren haben wir so viele Möglichkeiten gehabt, einander aufzubauen oder niederzumachen. Meistens haben wir uns gegenseitig aufgebaut. Ich habe in all den Jahren unserer Ehe an Ken geglaubt, auch in der Zeit der Arbeitslosigkeit. Und ich glaube immer noch, dass er begabt, weise und voller guter Ideen ist. Das größte Abenteuer liegt bestimmt noch vor uns.«

Hazel

Ganz unerwartet erlebten Hazel und ihr Mann, wie sie zuerst beinahe ihren Hof verloren und dann plötzlich mehr Geld besaßen, als sie sich je erträumt hatten. Hazel weiß, wie wichtig es ist, einen Teil dessen zu spenden, was man besitzt – egal, wie viel man gerade hat.

Hazel stand im staubigen Scheunenhof und wischte sich Schweiß und Dreck von der Stirn. Sie hatte gerade die Kühe gemolken und wollte noch im Hühnerstall nachschauen, ob die Hennen Eier gelegt hatten. Als sie um sich sah, schlichen sich Sorgen in ihr Herz. *Herr, ich weiß ja, dass wir es immer wieder einmal schwer hatten, aber im Moment scheint es wirklich ernst zu sein. Ich liebe diesen Bauernhof und möchte ihn nicht verlieren. Bitte hilf uns, dass wir unsere Schulden abzahlen können,* betete Hazel, als sie ein paar frische, noch warme hellbraune Eier aufnahm und vorsichtig in ihren Korb legte. *Du weißt, Herr, dass wir dir diesen Hof gegeben haben; er gehört dir, aber du weißt, wie sehr wir daran hängen. Ich kann den Gedanken, von hier weggehen zu müssen, einfach nicht ertragen.* Sie wischte sich eine Träne ab, die sich ihren Weg über ihre Wange bahnte.

Der Hof gehörte schon seit 1891 zu Hazels Familie. Sie selbst war 1926 sogar im Bauernhaus geboren worden. Seit 58 Jahren hatten ihr Mann Dean und sie das Land bebaut. Sie hatten gute und schwierige Zeiten erlebt. Aber nun schien es nur noch schwierige Zeiten zu geben.

> *»Wir haben immer unseren Zehnten gegeben, egal, was war. In 3. Mose 27,30 steht: ‚Alle Zehnten im Lande, vom Ertrag des Landes und von den Früchten der Bäume, gehören dem Herrn und sollen dem Herrn heilig sein.' Also haben wir dem Herrn immer seinen Anteil gegeben, und er hat uns immer gegeben, was wir brauchten.«*
> *Hazel*

Dean liebte seine Tätigkeit als Bauer. Davon verstand er etwas, und es machte ihm Freude. Und Hazel liebte das Land. Sie bauten Kartoffeln an, Mais, Zuckerrüben, Bohnen und anderes Gemüse. Sie hielten auch Schafe und Rinder und verkauften sie auf dem Markt. Aber es war ein hartes Leben. Die vielen Jahre, in denen sie schwere Eimer mit Wasser oder Mais getragen hatte, und die Arbeit auf dem Feld hatten Hazel chronische Rückenschmerzen eingebracht. Finanziell ging es ihnen auch nicht gut. Manchmal war die Ernte verhagelt, die Preise für Vieh schwankten von Jahr zu Jahr, und andere Faktoren, auf die sie keinen Einfluss hatten, machten ihr Einkommen absolut unvorhersehbar. Ganz oft hatten sie sich von ihrem eigenen Land ernähren müssen. Dann aßen sie das Gemüse, das sie angebaut hatten, schlachteten ihre eigenen Hühner und tranken die Milch ihrer Kühe. Es war ein hartes Leben.

Das unberechenbare Einkommen erlaubte ihnen kaum, über die Runden zu kommen. Als Hazels Kinder noch klein waren, hatte sie studiert und einen Lehrerabschluss gemacht. 23 Jahre lang hatte sie unterrichtet, um das Studium ihrer Kinder finanzieren zu können.

Als sie ganz jung verheiratet waren, hatten Hazel und Dean sich verpflichtet, den Zehnten von allem, was sie hatten, für die Arbeit des Herrn zu geben. Obwohl es finanzielle Engpässe gab, spendeten sie weiter regelmäßig. Wann immer ein Scheck bei ihnen eintraf, gaben sie einen Teil des Geldes an ihre Gemeinde, an Missionare oder an Bedürftige, deren Not ihnen gerade am Herzen lag.

Aber im letzten Jahr hatten sich so viele Schulden aufgetürmt, dass sie darunter begraben zu werden schienen. Es war das Jahr 1983: Die Viehpreise waren extrem niedrig, und ihre Kartoffeln waren im Unterstand verfault. Hazel liebte ihr Land und ihr Zuhause, und zu den Rückenschmerzen gesellten sich bei dem Gedanken, das alles zu verlieren, nun auch noch Magenschmerzen. Sie konnte nichts anderes tun als beten. *Ich weiß ja, dass du über allem stehst, Herr. Du hast uns bisher immer wieder geholfen; bitte hilf uns jetzt auch.*

Als sie an diesem Nachmittag in der Küche stand und Gemüse fürs Abendessen abwusch, hörte sie die Hintertür quietschen. Daraufhin waren Deans vertraute Schritte zu vernehmen, er kam auf der Suche nach ihr in die Küche.

»Na, Mama«, sagte er, stellte sich hinter sie und gab ihr einen Kuss auf den Hinterkopf. »Ich hatte heute ein interessantes Gespräch. Auf meinem Weg vom Viehmarkt nach Hause habe ich mich für einen Kaffee ins Café gesetzt, und da kam dieser Mann auf mich zu und fragte, ob ich wüsste, wer hier in der Gegend Land besitzt. Er wollte nämlich nach Öl bohren. Ich habe ihm erzählt, dass wir ein bisschen Land haben. Er hatte wirklich Interesse, je mehr ich ihm erzählt habe. Sieht so aus, als würde bald bei uns nach Öl gebohrt.«

Hazel glaubte ihren Ohren nicht zu trauen. »Was? Öl auf unserem Land? Wer ist dieser Mensch denn? Und wann kommt er? Glaubst du wirklich, die finden hier was?«

»Ich hab schon gewusst, dass dich das neugierig machen würde«, neckte Dean seine Frau. »Deswegen habe ich ihn eingeladen, Näheres mit uns beiden zu besprechen. Dann können wir darüber beten und uns überlegen, was wir machen.«

Nachdem sie erfahren hatten, wie alles ablaufen würde, und sich mit der Ölgesellschaft auf ihren Anteil geeinigt hatten, unterschrieben sie einen Vertrag. Sie sahen zu, wie auf ihrem Land ein Ölturm errichtet wurde. Und dann bahnte sich eines Tages ein junger Mann, der die Arbeiten beaufsichtigte, einen Weg durch die Hühner im Hof und klopfte an Hazels Tür.

»Hi, Hazel«, sagte er und grinste von einem Ohr zum anderen. »Wir sind auf Öl gestoßen!«

Hazel war wieder einmal sprachlos. *Ich kann nicht glauben, dass wir die ganze Zeit auf diesem Vermögen gesessen haben,* dachte sie. Als Dean an diesem Nachmittag heimkam, beteten sie und dankten Gott zusammen für den Segen, den er ihnen beschert hatte. Das Öl brachte ihnen genug ein, dass sie alle ihre Schulden abzahlen konnten. Sie mussten nicht mehr befürchten, ihr Heim zu verlieren. Man sagte ihnen, dass das Ölvorkommen an dieser Stelle in fünfzehn Jahren vermutlich erschöpft sein würde, aber heute, zwanzig Jahre später, ist davon noch keine Rede. Wie immer spendeten Hazel und Dean den zehnten Teil jedes einzelnen Dollars, der bei ihnen einging, und so hielten sie es auch mit den Schecks, die sie nun regelmäßig jeden Monat erhielten.

Dann, ungefähr siebzehn Jahre später, fiel ihnen ein weiteres unerwartetes Vermögen in den Schoß. In der Gegend, in der sie lebten, waren große Bauvorhaben begonnen worden, und überall entstanden neue Häuser. Was jeder Grundbesitzer braucht, ist allerdings ein Zugang zu Wasser. Hazels Vater hatte in weiser Voraussicht Anteile an einem nahe gelegenen Wasserreservoir gekauft. Nach seinem Tod hatte Hazel das ganze Grundstück geerbt – gut hundert Hektar Land und jede Menge Wasseranteile.

Eines Tages kam Glen, ein guter Freund, vorbei. Er wusste, dass sie ein ziemlich entbehrungsreiches Leben führten. Diesmal machte er ihnen ein Angebot, dem sie kaum widerstehen konnten. Nachdem sie sich eine Weile lang unverbindlich unterhalten hatte, fragte er: »Habt ihr eigentlich je darüber nachgedacht, ein paar von euren Anteilen am Wasser zu verkaufen? Ich glaube, ich kenne jemanden, der euch die abkaufen würde.«

»Wir haben das schon mal überlegt«, gab Hazel zu. »Aber das letzte Mal, als wir uns nach den Preisen erkundigt haben, standen sie bei 400 Dollar pro Einheit; es hätte sich kaum gelohnt. Wir brauchten damals einfach viel mehr, um unsere Schulden zu begleichen. Wie stehen sie denn inzwischen?«

»Die Zeiten haben sich geändert! Im Moment werden sie zu 10.000 Dollar pro Einheit gehandelt«, berichtete Glen. Hazel und Dean klappte die Kinnlade herunter.

»Das haben wir gar nicht mitbekommen«, stammelte Hazel.

Sie beschlossen, 100 Anteile zu verkaufen und stattdessen billigeres Wasser von einem nahegelegenen Brunnen zu beziehen. Auf diese Weise konnten sie ihr Land weiter bewässern und es verkam nicht zur Wüste. Die Entscheidung, ihre Anteile zu verkaufen, bescherte ihnen eine Million Dollar auf einen Schlag.

> *»Achten Sie darauf, dass der Herr seinen Anteil bekommt. Egal, was Sie sonst mit Ihrem Geld machen – geben Sie zuerst dem Herrn, was ihm gehört. Geben Sie ihm nicht das, was übrig bleibt, wenn Sie all Ihre Rechnungen bezahlt und alles gekauft haben, was Sie brauchen. Stellen Sie den ersten Scheck, wenn Ihr Gehaltsscheck ins Haus flattert, auf etwas aus, das jemand anderem hilft. Und schauen Sie dann erst, was übrig ist, um ihre Rechnungen zu bezahlen.«*
> *Hazel*

»Einen ganzen Tag lang waren wir Millionäre«, witzelt Hazel heute. »Aber nachdem wir alle Steuern und Kapitalertragsabzüge bezahlt hatten, blieben uns sowieso nur noch 890.000. Mir ging das einfach nicht in den Kopf. Das ist viel mehr Geld, als ich je brauche. Ich war so lange mit so wenig ausgekommen, und irgendwie war mir Geld nicht so wichtig. Aber es hat mein Leben doch sehr viel bequemer gemacht. Wir müssen uns keine Sorgen machen, wie wir unsere immer höheren Arztkosten bezahlen sollen. Aber das Beste ist, um ganz ehrlich zu sein, dass wir viel Geld weggeben können. Es macht uns einfach Freude.«

Auch von diesem unerwarteten Geldsegen gaben Dean und Hazel den üblichen Anteil weg. Sie beteten, dass Gott ihnen zeigen würde, wer Geld brauchen konnte. Sie gaben ihren Kindern und anderen Verwandten einen Teil ab und legten für die Enkel Geld an, das ihnen das Studium finanzieren sollte. Sie spendeten für Missionare, Alleinerziehende, Entwicklungshilfedienste und Waisen in Afrika. Sie gaben einer Familie mit einem kranken Kind Geld. »Es war richtig aufregend. Es hat mich jedes Mal glücklich gemacht, wenn ich einen Scheck ausstellen und wissen konnte, dass mein Geld wirklich jemandem half.«

Als ein schwerer Sturm die Station eines christlichen Radios in einem Entwicklungsland beschädigte, gaben sie Geld, damit der Schaden repariert werden konnte. Sie spendeten auch Geld, damit in anderen armen Ländern Brunnen gegraben und Saatgut eingekauft werden konnte. »Manchmal bekommen wir Briefe, in denen wir lesen, wie viele Leute in ärmeren Ländern von diesen Brunnen profitieren und wie viele jetzt lernen, ihr eigenes Land zu bebauen, und das ist einfach großartig. Ein kleiner Teil von so etwas Großem zu sein, ist unglaublich! Wenn man selbst von seinem Land gelebt hat, wie Dean und ich, ist es umso bewegender, wenn auch andere Leute lernen, ihre eigenen Lebensmittel anzubauen.«

Viele Leute dachten, dass Dean und Hazel verrückt waren, weil sie gar nicht viel für sich kauften. »Alle haben mich gefragt, ob wir uns jetzt ein großes Haus in der Stadt bauen, und ich habe dann immer gesagt: ›Warum sollte ich? Ich bin hier so glücklich.‹« Hazel fährt fort: »Immerhin haben wir neue Fenster eingesetzt, richtige sturmfeste. Die alten stammten noch von 1949. Wir haben einen hübschen großen Tisch gekauft und eine dazu passende Vitrine. Die hat kleine Glasfenster, so dass ich all die hübschen Dinge hineinstellen konnte, die wir zur Hochzeit bekommen haben.«

Hazel und Dean halten weiter nach guten Gelegenheiten Ausschau, fröhlich wegzugeben, was Gott ihnen gegeben hat, und im Gegenzug Freude und Frieden zu ernten. »Wir haben immer unseren Zehnten gegeben, aber heutzutage können wir so viel mehr als das geben«, erklärt Hazel. »In Psalm 50,10-12 heißt es: ›Denn alles Wild im Walde ist mein und die Tiere auf den Bergen zu Tausenden. Ich kenne alle Vögel auf den Bergen; und was sich regt auf dem Felde, ist mein. ... denn der Erdkreis ist mein und alles, was darauf ist.‹ Letzten Endes gehört das alles sowieso Gott.«

Geldfragen – Zusammenfassung

Die Mehrzahl der Amerikaner nennt Geldangelegenheiten als ersten Punkt, der ihnen Stress bereitet.

Warum nur? Vielleicht liegt es daran, dass die meisten Leute ihre Sicherheit auf das Gefühl gründen, ihre Familie und sich selbst heute und auch in der Zukunft versorgen zu können. Natürlich ist es nicht falsch, an die Zukunft zu denken, aber manchmal passiert irgendetwas, das all unsere Sicherheiten über Nacht zusammenfallen lässt.

Viele der Frauen, mit denen wir uns unterhalten haben, haben unglaublich schwere Zeiten der finanziellen Engpässe und Unsicherheiten erlebt. Die Frauen in diesem Kapitel stehen für viele andere: Sandee, die nur knapp über dem Existenzminimum lebte, Barb, deren Mann seine Arbeit und all ihre Rücklagen verlor, und Hazel, die sozusagen von der Tellerwäscherin zur Millionärin aufstieg. Aber all diese Frauen haben gelernt, ihr Vertrauen auf etwas zu setzen, das größer und sicherer war als Geld – sie haben gelernt, Gott zu vertrauen. Letzten Endes liegt die Zukunft in seiner Hand, und – was genauso wichtig ist – er liebt die, die ihn lieben, und sorgt für sie.

Wie hat Gott für Sie gesorgt in Zeiten, in denen es Ihnen finanziell nicht so gut ging? Schreiben Sie diese Dinge in ein Tagebuch, damit Sie sich später an seine Fürsorge zurückerinnern können. Nehmen Sie sich diese Auflistung des Segens immer wieder einmal vor.

Wie würden Sie sich fühlen, wenn Sie Ihr ganzes Geld, Ihr Heim und Ihr bisheriges Leben auf einen Schlag verlören?

Welchen Umgang mit Geld leben Sie Ihren Kindern vor?

Geben Sie mehr aus, als Sie sich eigentlich leisten können? Falls ja, warum? Nennen Sie drei konkrete Schritte, wie Sie ab sofort Ihre Ausgaben reduzieren können.

Geben Sie gerne? Spenden Sie regelmäßig an wohltätige Einrichtungen?

Wie stellen Sie sich Ihren Lebensabend vor?

Vorschläge:

1. Stellen Sie einen Haushaltsplan auf und halten Sie sich genau daran. Suchen Sie sich eine ältere Frau, die Ihnen immer wieder über die Schulter schauen und auf die Finger klopfen darf, ob Sie zuviel ausgeben. Lassen Sie sich von ihr Tipps geben, wie Sie Geld einsparen können, anstatt es sinnlos zu verschwenden.
2. Kündigen Sie eine Ihrer Kreditkarten.
3. Bitten Sie Gott, Ihnen einen gesunden Blick auf Geld zu geben. Bitten Sie ihn, dass Sie es schaffen, ihm Ihre täglichen Bedürfnisse und Ihre Zukunft anzuvertrauen.
4. Wenn Sie Leute kennen, die finanziell zu kämpfen haben, helfen Sie ihnen. Bringen Sie ihnen eine Tüte mit allen Zutaten für Schokoladenkekse vorbei oder packen Sie eine Kiste mit Lebensmitteln und stellen Sie dort unbemerkt an der Tür ab.

5. Laden Sie die Kinder einer Familie mit wenig Geld zu einem Einkaufsbummel ein, bei dem sie sich neue Schuhe oder Klamotten kaufen können. Gerade am Anfang eines neuen Schuljahres kommen ärmere Familien oft in zusätzliche Engpässe.
6. Schließen Sie sich mit einem älteren Ehepaar oder Alleinstehenden zusammen und »adoptieren« Sie eine Familie, die über längere Zeit hinweg Unterstützung brauchen wird. Laden Sie die ganze Familie auf eine Pizzaparty ein oder führen Sie sie aus. Etwas so Einfaches wie eine Pizza vom Lieferservice und ein Video kann ein regelrechtes Fest werden.

7. Aber nie war ich allein

... in Zeiten der Depression

Amy

Dass Amy als Kind missbraucht wurde, hatte ihr einen lebenslangen Kampf gegen die Depression eingetragen. Obwohl sie eine tiefe persönliche Beziehung zu Gott hatte, schien sie über ihren Schmerz einfach nicht hinwegkommen zu können. Und wenn sie mit anderen Christen zusammen war, fühlte sie sich umso schlimmer. Aber schließlich, nachdem sie medizinische Hilfe in Anspruch genommen hatte, konnte sie durch den dichten Nebel hindurch sehen. Ihr wurde bewusst, dass eine Beziehung mit Gott nicht ausreichte. Sie brauchte professionelle Hilfe. Und Gott half ihr, diese Hilfe zu finden.

Die sechsjährige Amy saß auf der frisch gemähten Wiese vor dem Haus. Ihre Zöpfe hüpften auf und ab, als sie ihre kleinen Plastiktiere in einer ordentlichen Reihe aufstellte und nacheinander durch ihr selbst konstruiertes Mini-Schwimmbad wandern ließ.

»Komm jetzt, Amy«, rief ihre Mutter von drinnen.

»Ich will aber nicht. Ich will noch hier draußen bleiben und spielen!« Amy zog eine Schnute.

»Das geht jetzt nicht. Ich muss noch ein paar Sachen zum Abendessen einkaufen. Komm jetzt, wir müssen los.«

»Ach, lassen Sie nur, Mrs. Edwards«, meldete sich in diesem Moment Kenneth zu Wort, der sechzehnjährige Freund von Amys großer Schwester. »Ich habe hier sowieso noch eine Stunde an meinem Auto zu tun. Amy kann hier bei mir bleiben.«

»Wirklich, Kenneth? Okay. Amy, sei schön brav!«

Amy wandte sich wieder ihren Tieren zu und schickte eine Nilpferdfamilie baden.

Ein paar Minuten, nachdem Amys Mutter gegangen war, schlenderte Kenneth zu Amy hinüber und winkte ihr, mitzukommen. »Hey, Mäuschen. Komm mal mit. Ich zeig dir was.«

Amy ließ sofort ihre Tiere fallen und folgte ihm nach drinnen. Sie kam sich immer so besonders vor, wenn Kenneth mit ihr sprach. »Komm, Süße«, sagte er und ging ihr ins Gästezimmer voran, »leg dich hier mit mir auf das Bett.«

Amy legte sich hin und lächelte zu Kenneth hoch. Aber als er ihre Shorts und ihr Höschen herunterzog, gefror ihr das Lächeln auf den Lippen. Irgendetwas stimmte hier nicht. Die Gedanken in ihrem kleinen Hirn begannen zu rasen. *Was macht er denn da? Das darf man doch nicht!* Als Kenneth sich mit der Zunge da zu schaffen machte, wo sie sonst niemand berührte, war sie wie gelähmt. Sie war zu entsetzt, um sich zu bewegen. Zu entsetzt, um zu reden. In ihr war nichts als Entsetzen.

Nach ein paar Minuten stand Kenneth auf, murmelte: »Tut mir Leid«, und verschwand aus dem Zimmer. Aber Amy saß auf dem gelben Bettüberwurf und fühlte sich ganz taub. Ihre Gedanken waren ein einziges Durcheinander. *Mami, hilf mir! Was hat er da gerade gemacht? Ich will zu meiner Mami!* Sie presste die Augen ganz fest zusammen und hoffte, dass das alles weggehen würde. Aber es blieb.

Als Amys Mutter nach Hause kam, begann sie, Zwiebeln und Fleisch fürs Abendessen anzubraten, während Amy auf Zehenspitzen nach oben schlich und die Tür fest hinter sich zuzog. *Wenn ich ihr das erzähle, wird sie denken, dass ich etwas falsch gemacht habe.* Amy hätte sich am liebsten übergeben. *Hab ich das denn?*

Beim Abendessen betrachtete Amys Mutter ihre Tochter besorgt: »Was ist denn los mit dir, Amy?«

»Gar nichts.«

Amy sah während des Abendessens nicht ein einziges Mal auf. Nachdem sie ein bisschen in ihrem Essen herumgestochert hatte, bat sie darum, wieder in ihr Zimmer gehen zu dürfen.

»Ich dachte, dass in mir irgendetwas sein musste, das all das bewirkte, was er mir antat. Es musste an mir liegen. Das wusste ich einfach.«
Amy, 57

An diesem Abend konnte sie nicht einschlafen. *Meine Eltern haben Kenneth lieb. Meine Schwester hat Kenneth lieb. Er kann doch nichts falsch gemacht haben. Also muss es irgendwie an mir liegen.*

An diesem Tag begann Amy, in ihrem eigenen Gefängnis zu leben. Kenneth verging sich weiter an ihr. Als er zwei Jahre später ihre Schwester heiratete, stand Amy nach außen hin gleichmütig als Mini-Brautjungfer am Altar, während sie von wirren Gedanken gequält wurde. *Jetzt sind sie verheiratet. Ich muss dafür sorgen, dass das nie wieder passiert.*

Ein paar Wochen nach der Hochzeit schaute Kenneth bei seinen Schwiegereltern vorbei. Amy flüchtete aus der Hintertür und rief ihrer Mutter zu, dass sie zu ihrer Freundin Becky hinübergehen würde. *Ich muss mich einfach von ihm fern halten,* dachte sie auf dem Weg zu Becky. Amy begann sich also fern zu halten – nicht nur von Kenneth, sondern auch von allen anderen. Sie lernte immer besser, in zwei Welten zu leben. In der Schule war sie das fröhliche, gesellige, zu allen Späßen aufgelegte Mädchen, aber wenn sie alleine war, wurde sie von dem tiefen Schmerz in ihrem Inneren fast überwältigt.

Eines Tages, als sie in die siebte Klasse ging, kam sie nach einem langen Schultag, an dem sie sich munter und sorglos gegeben hatte, erschöpft nach Hause. Sie tat, was sie immer tat: ging schnurstracks in ihr Zimmer, schloss die Tür und ließ sich auf ihr Bett fallen. *Das ist das Beste an meinem Tag,* dachte sie. *Da muss ich mit niemandem reden und mich mit gar nichts auseinandersetzen.* Sie drehte sich hinüber zum Radio, schaltete es an und zog sich an diesen einsamen, trostlosen Ort zurück, den sie in ihrem Inneren eingerichtet hatte.

Die Verzweiflung verfolgte Amy durch ihre ganze Zeit auf der Highschool und auf dem College. In ihrem vorletzten Studienjahr suchte sie einen Arzt auf, der ihr mit halbem Ohr zuhörte, als sie ihm von ihrem Gefühlsdurcheinander erzählte, und ihr dann eine Großpackung Beruhigungsmittel mitgab. Als sie aus seiner Praxis trat, schien die ganze Last ihres Lebens so schwer über ihr zusammenzubrechen, dass sie kaum atmen konnte. Ihre Schritte verlangsamten sich, und in ihrem Hirn breitete sich ein dichter Nebel aus. Eigentlich hatte sie sich für den Abend zum Tanzen verabredet. *Ich weiß nicht, wie lange ich das noch machen kann,* dachte Amy. Schon der bloße Gedanke an Tanzen, eigentlich eine ihrer Lieblingsbeschäftigungen, war ihr zuviel.

Sie ließ sich aufs Bett fallen, sobald sie nach Hause kam, und flüchtete sich vor der Welt in den Schlaf. Als sie aufwachte, nahm sie alle Kraft zusammen, die sie noch aufbringen konnte, und ging zu ihrer Verabredung. Das Tanzen und die Gesellschaft betäubten den Schmerz einen Abend lang, aber danach brach der unerträgliche Schmerz wieder über sie herein. Im dunklen Flur ihrer Wohnung sank sie auf den Boden, während die vertraute, allgegenwärtige Verzweiflung sich wie eine schwere Decke auf ihre Seele legte. *Soll das etwa alles gewesen sein?*, weinte sie.

Ohne ein Restchen Hoffnung zwang sie sich aufzustehen. Sie stolperte zur Küche hinüber, nahm sich ein großes Glas und füllte es bis zum Rand mit Wasser. Sie ging zu ihrem Zimmer hinüber und griff nach dem Fläschchen mit den Beruhigungsmitteln. *Ich kann so nicht mehr leben. Und ich will so auch nicht mehr leben. Ich will nur noch, dass der Schmerz weggeht.*

Sie setzte sich aufs Bett und begann den Deckel des Fläschchens aufzudrehen. Ich schluck einfach die ganze Ladung und bring's hinter mich. Sie begann die Tabletten in ihre Handfläche zu schütteln, aber plötzlich spürte sie, wie eine große, sanfte Hand sich um ihren Arm legte. Sie sah sich um – außer ihr war niemand im Zimmer. Sie schloss die Augen und versuchte sich zu konzentrieren. *Ich spür das wirklich. Da liegt tatsächlich eine Hand auf meinem Arm.* Sie sah auf das Fläschchen in ihrer Hand nieder und schüttelte den Kopf.

»Ich kann das einfach nicht«, keuchte sie und warf die Tabletten auf den Boden.

Amy wusste einfach nicht, was sie als nächstes machen sollte. Als ihr Blick auf die Bibel fiel, die vergessen in einer Ecke ihres Schreibtischs klemmte, musste sie plötzlich an diesen ganz besonderen Moment mit ihrer Mutter zurückdenken. Sie war sieben Jahre alt gewesen, als sie Jesus in ihr Herz gebeten hatte.

Sie hatte sich im großen Lehnstuhl an ihre Mutter gekuschelt und gefragt: »Woher weißt du eigentlich, dass du zu Jesus gehörst?«

»Das ist eine Entscheidung, die man trifft, Herzchen. Jeder muss irgendwann mal entscheiden, ob er glauben will, dass Jesus der ist, der er sagt. Und wenn du beschließt, ihm zu glauben, lebt er immer in deinem Herzen.«

»Gibt es auch Leute, die ihm nicht glauben?«, wunderte sich Amy.

»Klar. Eine ganze Menge sogar.«

»Aber ich nicht!« Amy schüttelte mit aller Bestimmtheit den Kopf.

»Möchtest du Jesus in dein Herz bitten und als deinen Retter anerkennen, Amy?«, fragte ihre Mutter.

»Ja.«

»Okay. Dann bete mit mir.«

Als Amy nun an dieses Gebet zurückdachte, wurde ihr bewusst, dass sie nie ausgelebt hatte, was sie an diesem Tag gebetet hatte. *Mama und Papa aber auch nicht,* dachte sie. *Sie haben sich immer als Christen gesehen, und sie hatten Jesus ja auch in ihr Herz aufgenommen, aber ihrem Leben hat man von einer persönlichen Beziehung mit Gott nichts abgespürt.*

»Also gut, Gott«, sagte Amy müde. »Ich versuch's noch einmal. Aber wenn das alles ist, was das Leben zu bieten hat, will ich es nicht. Es tut einfach zu sehr weh. Du bist meine letzte Rettung. Ich geb dir mein ganzes Leben – aber wenn du keine Antworten hast, mach ich Schluss.«

Nachdem sie aus ihrer tiefsten Verzweiflung heraus diese Erklärung abgegeben hatte, griff Amy nach ihrer Bibel und schlug sie auf. Schon aus den ersten Worten, die sie las, schien Gott direkt zu ihr zu reden:

»Fürchte dich nicht, ich bin mit dir; weiche nicht, denn ich bin dein Gott. Ich stärke dich, ich helfe dir auch, ich halte dich durch die rechte Hand meiner Gerechtigkeit« (Jesaja 41,10).

Amy ließ diese Worte in ihr Herz fallen und spürte, dass sich ein kleines Fünkchen Hoffnung in ihr ausbreitete. Als sie am nächsten Morgen aufwachte, fühlte sie sich viel freier; und sie nahm sich vor, nach einer Gemeinde zu suchen. Sie wuchs im Glauben, und ihre Depressionen wurden etwas schwächer. Sie sah mit mehr Hoffnung in die Zukunft, und sie hatte auch beim Aufstehen keine Angst mehr vor dem Tag, der vor ihr lag. Sie lernte einige nette junge Männer kennen, und als sie 23 war, traf sie auf Tom, der gerade neu in ihre Gemeinde gekommen war. Sie verliebten sich ineinander und heirateten.

»In Hosea 4,6 heißt es: ›Mein Volk ist dahin, weil es ohne Erkenntnis ist.‹ Und so lange hat mir auch die Erkenntnis gefehlt.«
Amy

Einige Jahre später, nach der Geburt ihres ersten Kindes, schlugen die Depressionen wieder mit voller Wucht zu. Als sie eines Morgens im Schaukelstuhl saß und die kleine Gracie fütterte, strömten ihr Tränen über die Wangen, während sie einfach nur aus dem Fenster sah. Tom kam ins Kinderzimmer, um ihr einen Abschiedskuss zu geben, und es war ihr peinlich, dass er sie schon wieder beim Weinen ertappte. »Es tut mir so Leid, Tom. Ich weiß auch nicht, was mit mir nicht stimmt. Ich müsste so glücklich sein mit diesem süßen Mädchen.« Sie war von ihren Gefühlen so überwältigt, dass ihr das Sprechen schwer fiel, und die Tränen konnte sie auch nicht zurückhalten.

»Alles wird gut, Schatz«, beruhigte Tom seine Frau. Aber Amy wusste, dass er sich hilflos fühlte und einfach nicht wusste, wie er ihr helfen sollte. Ein paar Wochen später, als Tom von der Arbeit nach Hause kam, fand er ein schreiendes Baby im Kinderzimmer, einen Stapel schmutziges Geschirr in der Spüle und eine Ehefrau vor, die es den ganzen Tag nicht fertig gebracht hatte, sich anzuziehen. Er nahm Amy fest in die Arme, und sie schluchzte haltlos. »Ich bin wahrscheinlich nicht einmal eine Christin. Irgendetwas stimmt möglicherweise mit meinem Glauben nicht, sonst ginge es mir bestimmt besser.«

An diesem Abend, als sie im Bett lagen, sah Tom zu seiner unglücklichen Frau hinüber. »Ich glaube, es wäre gut, wenn du mal mit jemandem redest. Es gibt doch bestimmt noch andere Frauen, die nach der Geburt Depressionen hatten und dich verstehen können.«

Amy nickte. Ihr war eigentlich alles egal. Am nächsten Tag griff sie in ihrer Verzweiflung nach dem Telefonhörer und rief Cynthia an, die Frau ihres Pastors. Als Cynthia ein paar Tage später bei ihr vorbeischaute, empfing Amy sie erleichtert. »Ich bin so froh, dass du kommen konntest«, stieß sie hervor.

Amy setzte für sie beide einen Tee auf, und sie gingen hinüber ins Wohnzimmer. »Das letzte halbe Jahr ist eine einzige Katastrophe gewesen, und ich würde so gerne mal mit jemandem reden, der auch Kinder hat«, begann Amy. »Ich bin einfach total fertig. Erst hatte die Kleine Dreimonatskoliken, und auch danach hab' ich kaum geschlafen. Irgendwie hatte ich immer gedacht, dass man sich richtig toll fühlt, wenn man ein Kind hat.« Amy hielt einen Moment inne; sie fühlte sich so furchtbar verletzlich. Aber dann atmete sie tief durch und zwang sich weiterzureden. »Aber ich krieg das alles nicht auf die Reihe. Ich bin hoffnungslos überfordert und furchtbar niedergeschlagen. Manchmal wache ich morgens auf und denke: ›Ich schaff das einfach nicht.‹«

Cynthia schlürfte ihren Tee und schürzte die Lippen. »Tut mir Leid«, sagte sie. »Ich versteh dich leider überhaupt nicht. Mir ging es nie so, als ich meine Kinder bekommen habe. Ich hab mich wirklich toll gefühlt.« Sie setzte ihre Tasse ab und schlug die Beine übereinander. »Irgendwie fand ich die Zeiten sogar am schönsten, als sie noch ganz klein und total auf mich angewiesen waren. Ich wusste, dass meine Kinder eine Gabe Gottes waren, und deswegen habe ich jede Minute, die ich mit ihnen verbringen konnte, als Segen gesehen. Vielleicht solltest du das auch mal versuchen. Beschwer dich nicht ständig, wenn dein Baby herumquengelt. Und vergiss nicht, dass Gott es dir gegeben hat. Du solltest dich freuen, dass du Mutter sein darfst.«

Nachdem Cynthia gegangen war, rollte sich Amy auf dem Bett zusammen. *Ich bin ein hoffnungsloser Fall,* dachte sie. *Irgendetwas stimmt mit mir nicht.*

Am nächsten Morgen zwang sie sich aufzustehen. *Versuch es einfach, durch diesen Tag zu schaffen, Amy*, schärfte sie sich ein. Aber selbst die kleinsten Alltagstätigkeiten verlangten ihr unglaublich viel Energie ab. Als sie an diesem Abend ins Bett kroch, zog sie sich die Decke über die Ohren. Sie hatte Angst vor dem nächsten Tag.

Die Depression blieb und füllte jeden Bereich ihres Lebens und Denkens aus. Schließlich, zwei Jahre nach der Geburt ihrer zweiten Tochter, ging Amy wieder zu einem Arzt, um ihm zu erzählen, wie es ihr ging, und sich gründlich untersuchen zu lassen. Dieser Arzt stellte ihr sehr viele Fragen und verschrieb ihr schließlich ein Medikament, das ihren Seratoninspiegel heben sollte. Diese Tabletten pusteten wie ein frischer Wind durch Amys Denken und begannen die Nebel zu vertreiben.

Weil sie wieder klarer denken konnte, begann Amy darüber nachzudenken und zu beten, wo sie professionelle Hilfe bekommen und ihre Depressionen besser in den Griff bekommen konnte. So viele Jahre lang hatte sie geglaubt, dass sie, bloß weil sie gläubig war und den großen ICH BIN, den wunderbaren Ratgeber und großen Tröster kannte, eigentlich keine weitere Hilfe brauchen sollte.

> *»Wir sind alle aufgefordert zu überwinden – und manchmal braucht man einfach Hilfe, um ein Trauma überwinden zu können.«*
> *Amy*

Aber nun überdachte sie das erneut und beschloss, es zumindest einmal auszuprobieren. Vielleicht konnte eine Therapeutin ihr ja helfen, ihre Depressionen zu verstehen. Nachdem sie eine angesehene christliche Therapeutin ausfindig gemacht hatte, begann für Amy eine schmerzhafte, aber letztlich befreiende Arbeit an sich selbst, die sechs Jahre dauerte.

»Sie sind nicht nur ein Opfer von sexuellem Missbrauch, sie leiden auch an einer posttraumatischen Belastungsstörung«, erklärte ihr die Therapeutin. Allmählich verstand Amy sich immer besser, und sie begriff auch, warum sie sich manchmal so merkwürdig verhielt.

Während einer Sitzung vertraute Amy ihrer Therapeutin an, dass sie manchmal um ihrer Töchter willen regelrecht Panikattacken erlebte. »Das ist so verrückt«, sagte sie und schüttelte über sich selbst den Kopf. »Gerade diese Woche erst war ich mitten am Staubsaugen, als ich ganz plötzlich in Panik geraten bin. Ich musste einfach zur Schule hinüberfahren und nachsehen, ob mit den beiden alles in Ordnung war.«

»Dafür gibt es sogar eine Bezeichnung«, erklärte die Therapeutin sanft. »Das nennt sich Hypervigilanz. Das erleben oft Leute, denen selbst etwas Schlimmes angetan wurde – vor allem, wenn sie Kinder haben, die im gleichen Alter sind wie sie selbst damals.«

Zu Amys Heilung gehörte auch, dass sie mit ihrer Schwester und ihrem Schwager darüber sprach, was vor so langer Zeit geschehen war. Amy nahm ihren ganzen Mut zusammen und traf sich mit ihnen einzeln. Sie hatte sich kleine Notizzettel geschrieben, und jetzt zählte sie all die furchtbaren Erlebnisse ihrer Kindheit auf. Kenneth hörte sich alles an, ohne ein Wort zu sagen. Als sie fertig war, gab er alles zu und bat sie um Vergebung. Als alles vorbei war, hatte Amy das Gefühl, als wäre eine riesige Last von ihren Schultern genommen worden. Sie würde nie zurückbekommen können, was sie damals verloren hatte, aber sie konnte Heilung finden. Sie konnte all das Schlimme überwinden und das Leben mit neuer Freude angehen.

Durch die Therapie erlebte Amy, wie sich der Dunst der Depression immer mehr von ihrer Seele löste, der sie zu erstikken gedroht hatte. In dieser Zeit wurden ihr auch andere Menschen immer wichtiger, die dem gleichen Irrtum aufgesessen waren wie sie. »Es macht mich fertig zu sehen, dass uns allen eingebläut worden ist, dass wir keine Hilfe brauchen. Wir denken immer, der ganze Schmerz löst sich in Luft auf, bloß weil wir eine enge Beziehung mit Gott pflegen. Wir sehen es fast als Schande an, wenn jemand seelsorgerliche oder therapeutische Hilfe in Anspruch nimmt – als würde wohl irgendwas mit dem Glauben dieser Leute nicht stimmen, wenn sie das nötig haben.«

> *»Jemandem zu vergeben, heißt noch nicht unbedingt, dass man mit ihm wieder Zeit zu verbringen beginnt. Ich habe Kenneth vergeben, aber ich wusste, dass ich nie wieder in seiner Nähe sein konnte.«*
> *Amy*

Inzwischen ist Amy selbst zur Therapeutin ausgebildet worden. Sie kann ihren Klienten vermitteln, dass Therapie oft ein ganz wichtiger Bestandteil des Heilungsprozesses ist. Beratungsgespräche können Menschen helfen, ihre Gedanken und Gefühle zu ordnen und zu benennen, so dass sie sich selbst und ihr Verhalten besser verstehen.

»Professionelle Seelsorger und Therapeuten können Menschen helfen, ihre Traumata zu überwinden. Das Schlimme, das passiert ist, kann so ins Leben eingebaut werden, dass es einen nicht mehr lähmt und das ganze Fühlen bestimmt, sondern nur noch eine Erinnerung ist«, erklärt Amy ihren Klienten. »Gott möchte nicht, dass wir in Unwissenheit leben, sondern in Erkenntnis. Und in manchen Fällen ist es eben ein Therapeut, der diese Erkenntnis vermitteln kann.

Ich weiß das aus eigener Erfahrung«, fährt Amy fort. »Nicht zu erkennen, was ich fühlte und erlebte, hat mich fast umgebracht. Buchstäblich.«

Lorraine

PMS (Prämenstruales Syndrom) hieß für Lorraines Mann »Pack meine Sachen«. Alle vier Wochen spielten sich in ihrem Haus die gleichen hässlichen Szenen ab, bis Lorraine geistliche und praktische Tipps bekam, »ihre Tage« besser in den Griff zu bekommen.

Als Lorraine auf die Seite rollte, um den Wecker auf die Schlummertaste zu stellen, schnitt sie eine Grimasse. Ihre Brüste waren an die Matratze gestoßen. *Die explodieren sicher gleich,* dachte Lorraine. Sie hielt die Augen geschlossen, versuchte den leichten Schmerz zwischen ihren Augen zu ignorieren und schlief wieder fest ein. Als der Wecker zum zweiten Mal klingelte, fuhr sie hoch und ließ ihre Hand auf die Taste niedersausen. *Das waren doch ganz bestimmt noch keine fünf Minuten!* Sie zwang sich, ihre Füße auf den Teppich vor dem Bett zu setzen, blieb ein Weilchen am Bettrand sitzen und rieb sich die Schläfen. »Ich hab Kopfschmerzen.« Sie stupste ihren Mann an. »Ich brauch einen Kaffee, Jack.«

Seine Antwort war nur ein Grunzen.

Sie schlurfte in die Küche und füllte Wasser in die Kaffeemaschine. Als sie hochsah, bemerkte sie einen Stapel Geschirr im Spülbecken. »Igitt!«, rief sie angeekelt. »Was glauben die Kinder eigentlich, wer ich bin?« Sie konnte ihren Ärger kaum unter Kontrolle halten und begann, lautstark in der Küche herumzuhantieren. »Das ist doch lachhaft«, schimpfte sie, »wie oft hab ich ihnen schon gesagt, sie sollen ihr Geschirr abwaschen?«

»Kaffee schon fertig?«, meldete sich Jack von der Küchentür her.

»Schau dir das mal an!«, beschwerte sich Lorraine.

»Was denn?«

»Das hier!« Sie deutete ins Spülbecken. »Die Kinder sehen mich einfach als selbstverständlich an.«

»Na, jetzt hör aber auf, Schatz. Das sind doch nur ein paar Teller.«

Seine Worte brachten das Fass zum Überlaufen. »Ganz genau! Ein paar Teller hier, eine dreckige Socke da, und bevor ich mich recht versehe, bin ich hier das Dienstmädchen für den gesamten Haushalt!« Ihre Stimme war laut und schrill.

Jack war klug genug, sich nicht auf einen Streit einzulassen, und zog sich stumm mit seiner Tasse Kaffee ins Schlafzimmer zurück.

Lorraine fuhr sich mit den Fingern durchs Haar und wunderte sich, dass sie so überreagiert hatte. *Was ist bloß mit mir los?* Verwirrt starrte sie ins Spülbecken. Sie rieb sich wieder die Schläfen und ging hinüber zum Kühlschrank, an dem ein Kalender hing. Als sie das Datum nachschaute, stöhnte sie auf. »Na großartig. Es geht wieder los. Es ist mein PMS.«

»Während des PMS finde ich viele Entschuldigungen mir selbst gegenüber.«
Lorraine, 50

Sie schleppte sich ins Bad und zog sich aus, um zu duschen. Ihr noch verschwommener Blick fiel auf einen Haufen von Jacks Kleidern in einer Ecke. Sie biss die Zähne zusammen, als wüste Gedanken in ihr aufstiegen. *Er tut nie, worum ich ihn bitte. Nie! Ist das von einem erwachsenen Mann eigentlich zu viel verlangt, seine Kleider ordentlich hinzulegen? Hat ihm seine Mutter nicht beigebracht, sein Zeug wegzuräumen?* Sie stieg in die Dusche, und das Wasser schoss in einem harten Strahl auf ihre schmerzenden

Brüste. »Autsch!«, heulte sie auf. Sie stellte sich auf die Zehenspitzen und versuchte, den Duschkopf anzupassen, aber sie kam nicht zurecht. »Das klappt nicht!«, schrie sie.

»Hier, Schatz, ich mach das schon«, sagte Jack und stieg schnell in die Dusche, um ihr zu helfen. »Gehts dir gut?«

»Nein, mir geht's überhaupt nicht gut.« Das Shampoo glitt ihr aus den Händen und fiel ihr auf den Fuß, und sie schrie wieder auf.

»Kann ich dir irgendwie helfen?«

Sie sah Jack an und überlegte, ob sie ihn anschreien oder in Tränen ausbrechen sollte. *Er ist so nett zu mir. Ich kann ihn unmöglich anschreien.* Also begann sie zu weinen. Shampoo lief ihr in die Augen, und sie musste noch mehr weinen. »Ich hab' einfach nichts im Griff – und das jeden Monat wieder«, schluchzte sie.

»Schatz, ich bin jetzt schon zwanzig Jahre mit dir verheiratet. Ich weiß, dass du nicht du selbst bist.«

»Na und? Ich hasse mich trotzdem.«

»Du kümmerst dich heute mal nur um dich. Und mach dir wegen des Abendessens keine Gedanken. Ich geh einfach mit den Kindern aus.«

Jetzt war er schon wieder so furchtbar nett. Tränen rannen ihr über die Wangen. »Ich hab dich nicht verdient«, krächzte sie.

»Komm schon. Spül dir das Shampoo aus den Haaren, und ich hol dir ein Handtuch.«

Wie ein braves Kind wusch Lorraine sich das Shampoo aus den Haaren und trat aus der Dusche. Sie zog sich ihren schlabberigsten Jogginganzug an und ging in die Küche, um den Kindern ihre Pausenbrote fertigzumachen.

»Mama, hast du diesen Zettel für unseren Ausflug unterschrieben?«, fragte Amanda und schlabberte in ihrer Müslischale herum.

»Welchen Zettel? Du hast mir keinen Zettel gegeben!«, blaffte sie.

»Hab ich doch, Mama. Gestern Abend.«

»Amanda, wenn du mir einen Zettel gegeben hättest, würde ich mich daran ja wohl erinnern!«

»Aber ich …«

»Widersprich mir gefälligst nicht!« Lorraine merkte, wie sie die Kontrolle verlor. Sie wusste, dass sie sich völlig idiotisch benahm, aber sie konnte einfach nicht anders. »Mir reichts langsam mit deinem ständigen Widersprechen! Vergiss diesen blöden Zettel. Du bist sowieso zu spät dran. Ab mit dir!«

Als Amanda aus dem Raum ging, bemerkte Lorraine ihren verletzten Blick. Schuldgefühle überkamen sie. *Ich bin wirklich die schlimmste Mutter der Welt.* Sie setzte sich hin und stützte den Kopf in die Hände.

Nachdem sie die drei Kinder in der Schule abgesetzt hatte, griff Lorraine nach dem Telefon und begann, Termine abzusagen. »Suz? Hallo, ich bins. Tut mir Leid, aber das mit dem Mittagessen wird heute nichts. Ich bleib besser hier.«

»PMS?«

»Genau. Hab heute schon zweimal geheult, Hassgedanken über alle anderen gehabt und mich auf einen Zweikampf mit dem Duschkopf eingelassen.«

»Und das alles schon vor neun Uhr morgens!«, kicherte Suzie am anderen Ende der Leitung.

»Ja, das geht schon gut los, was?«

»Hör mal, wir sind schon lange genug befreundet und ich kenne dich gut genug, dass ich das mit dem Mittagessen verstehe. Aber merk dir eins. Wenn Satan dir heute einzureden versucht, dass die Welt ohne dich besser aussähe, weist du ihn in seine Schranken. Verstanden? Er ist der Vater der Lüge.«

»Ja, ich versuchs.« Es machte ihr Mut, dass ihre Freundin sie so gut verstand.

»Gut. Ich bete heute besonders für dich.«

»Danke.«

Als nächstes rief sie eine Bekannte an, die mit ihr an einem Projekt arbeitete. »Nancy, können wir diese Telefonkonferenz verschieben? Ich kann heut nicht besonders gut denken.«

»PMS?«

»Natürlich. Was sonst?«

»Hab ich mir schon gedacht, als ich deine Stimme hörte. Du klingst dann immer ein bisschen anders. Ist es diesen Monat besonders schlimm?«

»Kann ich noch nicht sagen. Ich glaube nicht.« Lorraine versuchte, nicht alles in den schwärzesten Farben zu sehen.

Nachdem sie ihre Anrufe getätigt hatte, ging sie in ihr Arbeitszimmer hinüber und nahm ihr Gebetstagebuch auf. Sie saß lange dort am Tisch und versuchte sich zu konzentrieren, aber sie konnte einfach keinen klaren Gedanken fassen. Sie runzelte die Stirn. Aus dem Eintrag von gestern sprachen Dankbarkeit und Freude. *Wie habe ich mich vor nur 24 Stunden so anders fühlen können? Ich muss über Nacht ein komplett anderer Mensch geworden sein.* Sie griff nach ihrem Stift und begann zu schreiben.

Seien Sie barmherzig mit sich, wenn Sie unter PMS leiden.
Lorraine

Gott, ich hasse mein Fleisch. Ich weiß, dass darin nichts Gutes wohnt. Ich hasse die negativen Gedanken, die totale Ichbezogenheit und dieses absolute Unvermögen, ein bisschen Abstand zu mir selbst zu haben. Ich möchte, dass das alles abstirbt. Heute Abend kommen ein paar Freunde zum Hauskreis vorbei, und wir werden das Buch »The Practice of the Presence of God« (Leben in Gottes Gegenwart) lesen. Im Moment fühle ich mich alles andere als heilig. Mein Fleisch hat total die Kontrolle über mich an sich gerissen. Ich möchte am liebsten einfach nur hier sitzen und weinen und schimpfen und mich mies fühlen.

Sie schleuderte das Buch wieder auf den Tisch zurück und knallte den Stift daneben. Sie fühlte sich kein bisschen besser.

Ich sollte eine Runde laufen, dachte sie, *und ordentlich schwitzen.* Sie zog sich ihre Laufklamotten an und begann, auf dem Weg zu joggen, der nicht weit von ihrem Haus entfernt begann. Während der ersten Kilometer wollte sie am liebsten aufgeben. Aber als ihr Körper die ersten Glückshormone ausschüttete und ihr der Schweiß in Strömen über das Gesicht lief, wollte sie nicht mehr aufhören. Sie stampfte auf dem Pfad entlang und merkte, wie sie innerlich doch etwas zur Ruhe kam. Sie rannte immer schneller und immer weiter, und schließlich, als sich ihre Beine wie Spaghetti anfühlten, machte sie kehrt und ging nach Hause. Auf der Veranda vor dem Haus ließ sie sich schweißüberströmt auf den großen weißen Schaukelstuhl fallen, sah zum Himmel auf und sagte: »Also gut. Jetzt geht's mir ein bisschen besser.«

Überzeugt, dass sie vielleicht an diesem Tag tatsächlich noch etwas erreichen konnte, ging sie nach drinnen und überlegte, was von den Dingen auf ihrem Schreibtisch am dringendsten bearbeitet werden musste. Als sie sich ein großes Glas Wasser eingoss, bekam sie plötzlich Heißhunger auf Süßes. »Machen Sie einen großen Bogen um Schokolade«, hatte ihre PMS-Beraterin sie gewarnt. »Da ist Koffein drin.« *Ist mir doch egal, was die einem da in diesen PMS-Seminaren beibringen! Ich brauch Schokolade. Und zwar sofort!* Sie wühlte in der Süßigkeitenschublade nach dem Beutel mit den Schokobonbons und geriet in Wut. »Haben die anderen die etwa alle aufgegessen?« Panik stieg in ihr auf, und sie begann, systematisch alle Küchenschubladen zu durchwühlen. Als sie nichts fand, sank sie auf den Boden und schluchzte hemmungslos.

Nachdem sie sich ausgeheult hatte, tupfte sie sich die Augen mit einem schmutzigen Geschirrtuch ab und stand langsam auf. Am liebsten hätte sie sich in die dunkelste Ecke ihres Hauses verkrochen und unter einer Decke versteckt. *Nein, Lorraine,* schalt sie sich. *Das hast du alles schon mal gemacht, und Satan spielt dann immer seine Spielchen mit dir, bis du dich absolut hasst. Mach lieber was Schönes. Ein heißes Bad mit ganz viel Schaum und ein gutes, sentimentales Buch, das dich so richtig zum Heulen bringt. Das hilft – vielleicht.*

Als Jack an diesem Nachmittag nach Hause kam und Lorraine mit rotgeränderten Augen im Bett fand, musste er nicht weiter fragen, ob es ihr gut ging. »War wohl kein so guter Tag, was?« Er setzte sich hin und massierte ihr die Füße.

»Ich weiß überhaupt nicht, wieso ausgerechnet ich Gott dienen sollte! Ich tauge doch zu gar nichts«, heulte sie, und ihr kamen wieder die Tränen. »Ich bin eine totale Versagerin.«

»Schätzchen, du weißt, dass das nur noch ein paar Tage so geht, und dann ziehst du wieder los, um die Welt zu erobern.«

»Naja, hoffentlich«, sagte sie mit hängendem Kopf.

Sie blieb den Rest des Abends im Bett, und bevor sie einschlief, sagte sie noch mit Vollmacht: »Geh hinter mich, Satan. Ich weigere mich, dir den Sieg zu überlassen. Ich glaube deine Lügen nicht. Herr, hilf mir, morgen dem Satan kein Schlupfloch zu geben. Bitte lass mich einen besseren Tag erleben als den heute.«

Als Jack und die Kinder an diesem Abend nach Hause kamen, öffnete er vorsichtig die Schlafzimmertür und sah Lorraine, die sich auf der Seite zusammengerollt hatte. Lorraine blieb ganz still und hoffte, dass er glaubte, dass sie schlief.

»Es ist doch erst halb neun, Papa. Warum ist Mama denn schon im Bett?«, fragte Jonathan.

»Es geht ihr nicht so gut. Kommt, wir gucken mal nach euren Hausaufgaben.«

Wie Jack vorausgesagt hatte, hob sich die dunkle PMS-Wolke einige Tage später wieder, und Lorraine war wieder die alte. An diesem Morgen war sie sofort wach, als der Wecker klingelte, und bereit, sich voller Energie in den Tag zu stürzen. Bevor sie aus dem Bett kletterte, schlang sie die Arme um ihren schlafenden Mann. Ich liebe ihn so sehr, dachte sie und küsste ihn auf die Wange. Während der Kaffee durchlief, setzte sie sich an den Küchentisch und öffnete ihr Gebetstagebuch. Ihr Herz platzte fast vor Dank, und so schrieb sie: *Gott, du bist so gewaltig. Du bist einfach wunderbar. Danke für alles, was du mir heute Morgen in deinem Wort gezeigt hast. Danke, dass du mich umgestaltest. Danke!*

Als Jack in die Küche kam, genügte ein Blick auf seine Frau. »Dir geht's wohl gut?«, fragte er lächelnd.

Sie lachte. »Genau. Gott sei Dank. Ich bin wieder ich.«

Inzwischen, nachdem sie zwanzig Jahre lang Monat für Monat unter ihrem Prämenstruellen Syndrom gelitten hat, weiß Lorraine ziemlich gut Bescheid über diese Störung, die so vielen Frauen nur allzu vertraut ist. »Es gibt mehr als 300 verschiedene Symptome, und ich glaube, ich habe so ziemlich jedes einzelne davon«, erklärt sie. »Und mir ging es wie vielen anderen Frauen: Es wurde immer schlimmer, je älter ich wurde. Mir war klar, dass ich mein PMS erst nach den Wechseljahren los sein würde, und es musste einfach eine bessere Möglichkeit geben, damit zu leben, als jeden Monat komplett zusammenzuklappen.«

Hier sind ein paar Tricks, die Lorraine helfen:

- Schlafen Sie mehr als sonst.
- Schwitzen Sie, soviel sie können, um Gifte auszuschwemmen.
- Reden Sie mit Ihrem Mann nicht über Geld oder andere wichtige Dinge, wenn Sie PMS haben.
- Erzählen Sie Ihren engeren Freunden, was los ist, damit sie wissen, warum Sie einmal im Monat so komisch sind.
- Wenn Sie vom Ärger übermannt werden, machen Sie den Mund zu, atmen Sie tief durch und gehen Sie in ein anderes Zimmer.
- Lernen Sie Ihre Grenzen kennen. Nehmen Sie sich an PMS-Tagen höchstens die Hälfte Ihres üblichen Arbeitspensums vor.
- Gönnen Sie sich etwas Gutes! Nehmen Sie ein heißes Bad und machen Sie es sich so gemütlich wie möglich.
- Weinen ist auch gut, um Gifte auszuschwemmen. Schauen Sie sich einen traurigen Film an oder lesen Sie ein sentimentales Buch.
- Wenn Ihnen nach Schokolade ist – essen Sie sie!

»Frauen mit PMS müssen sich einfach bewusst machen, dass sie an diesen Tagen körperlich, geistig und gefühlsmäßig eingeschränkt sind. Aber was gläubige Frauen besonders beachten sollten, ist, dass Satan das PMS oft benutzt, um ihr Selbstwertgefühl zu unterminieren und ihnen einzureden, dass sie zu gar nichts taugen.«

Lorraine weiß, wovon sie spricht, weil sie während ihrer PMS-Zeiten selbst auch glaubte, dass sie wertlos und hoffnungslos unbegabt war. Manchmal war es so extrem, dass sie kurz davor stand, sich das Leben zu nehmen.

Nachdem sie einmal begriffen hatte, wie anfällig sie in diesen Tagen für Satans Lügen war, konnte sie ihm Gebet und Bibelworte entgegensetzen. »Je mehr ich verstand, was während meiner PMS-Zeiten in mir ablief, desto mehr wurde mir bewusst, dass ich mein Leben während dieser Tage komplett umstellen musste.« Inzwischen plant sie ihren Monat um ihr PMS herum; sie weiß, was sie sich an welchen Tagen zumuten kann und was nicht.

»Und für gewöhnlich halte ich mir die Tage komplett stressfrei – damit mein Mann nicht wirklich seine Sachen packen muss«, grinst Lorraine.

Depressionen – Zusammenfassung

Schlafen Sie schlecht oder leiden Sie an Appetitlosigkeit? Weinen Sie mehr als üblich? Fällt es Ihnen schwer, morgens aus dem Bett zu kommen? Fühlen Sie sich matt und ausgebrannt? Glauben Sie, Sie könnten depressiv sein, aber Sie können sich nicht vorstellen, dass irgendjemand Sie versteht? Sie stehen nicht alleine da! Alleine in den USA leiden rund sieben Millionen Frauen an klinischen Depressionen, aber es gibt Hoffnung.

Die Frauen in diesem Kapitel haben gegen die Niedergeschlagenheit angekämpft – und den Sieg davongetragen. Ob Depressionen nun von einem Ereignis hervorgerufen wurden – wie dem Missbrauch in Amys Fall – oder von einem Hormon-Ungleichgewicht – wie bei Lorraine: Diese zerstörerische Krankheit muss nicht das letzte Wort haben. Diese beiden Frauen sind der lebendige Beweis dafür, dass sich Depressionen überwinden lassen. Also verzweifeln Sie nicht, sondern nehmen Sie Hilfe in Anspruch!

Machen Sie ein Kreuzchen bei allen Faktoren, die auf Ihr Leben zutreffen:

- ☐ Chronischer Stress, z. B. finanzielle Schwierigkeiten oder Eheprobleme,
- ☐ ein stressreiches Ereignis wie Umzug, Arbeitsplatzwechsel oder Scheidung,
- ☐ ein Verlust, der sich nur schwer greifen lässt, wie der Verlust eines Traums, einer Hoffnung, eines Ziels oder eines Bildes, das Sie von sich selber haben.
- ☐ Sie haben sich mehr vorgenommen, als Sie bewältigen können.
- ☐ Sie leiden an einer chronischen Krankheit oder Behinderung.
- ☐ Sie tragen unbewältigte Gefühle mit sich herum – Bitterkeit, Ärger, Trauer, Neid, Scham etc.
- ☐ Ein greifbarer Verlust, beispielsweise der Verlust einer Freundin, eines Verwandten, des Zuhauses oder Einkommens,
- ☐ unrealistische Erwartungen an sich selbst und an andere,
- ☐ prämenstruelle Stimmungsumschwünge

Alle diese Faktoren – vor allem, wenn mehrere von ihnen zusammentreffen – können zu Depressionen beitragen. Was können Sie tun, um diese Faktoren zu reduzieren oder den entstehenden Stress besser zu bewältigen?

Gibt es jemanden, mit dem Sie über Ihre Gefühle reden können?

Kennen Sie jemanden, von dem Sie vermuten, er oder sie könnte unter Depressionen leiden? Wie, denken Sie, könnten Sie diesem Menschen helfen?

Vorschläge:

1. Nehmen Sie noch heute Hilfe in Anspruch! Wenn Sie befürchten, an Depressionen zu leiden, rufen Sie Ihren Arzt *und* Ihren Pfarrer an. Suchen Sie sich eine ältere Frau, mit der Sie über das reden können, was in Ihnen vorgeht.
2. Bitten Sie Gott, dass er Sie auf eine besondere, persönliche Weise tröstet. Stellen Sie sich bildlich vor, wie Jesus sich Ihnen liebevoll zuwendet und Ihnen Trost zuspricht.
3. Lesen Sie jeden Tag in den Psalmen.
4. Wenn Sie eine Freundin haben, die an Depressionen leidet, lassen Sie sie wissen, dass Sie für sie da sind. Fragen Sie sie, wie es ihr geht, und laden Sie sie zu so etwas Einfachem wie einem Spaziergang ein. Und wenn eine Ihrer Freundinnen an PMS leidet, schenken Sie ihr eine Kleinigkeit, um sie in ihrem Tief ein wenig aufzumuntern.

... bei Missbrauch und Schmerz

Pauline

Pauline war ihr ganzes Leben hindurch körperlich und seelisch misshandelt worden, aber sie wendete den Schmerz, den sie erfahren hatte, zu einem tiefen Mitgefühl für andere verletzte Menschen um.

Die elfjährige Pauline zog die Knie bis zum Kinn hoch und versuchte ihren dürren Körper noch kleiner erscheinen zu lassen. *Gott, bitte mach, dass mich die Mäuse und Spinnen nicht anknabbern*, betete sie, rückte in der absoluten Dunkelheit auf der Treppe noch eine Stufe höher und schlang die Arme noch fester um die Knie. Ihr Magen knurrte, aber nach drei Tagen, in denen sie nichts gegessen hatte, nahm sie den Hunger kaum noch wahr. Am Fuß der Treppe hörte sie leises Scharren, und ihr ganzer Körper schüttelte sich vor Angst und Ekel. Die gruseligen Kreaturen, die da unter ihr auf dem Zementboden herumkrochen, waren noch viel schlimmer als die Prügel oder die Tatsache, dass man sie im Keller eingeschlossen hatte.

Gott, es tut mir Leid, dass ich so ungezogen bin, betete Pauline und versuchte, die Geräusche unter sich zu ignorieren. Sie konnte nicht klar denken, aber trotzdem versuchte sie, sich zu erinnern, was sie diesmal angestellt hatte, um Mama und Papa so wütend zu machen. *War es dieser Teller, der mir runtergefallen ist? Es tut mir Leid. Ich pass das nächste Mal besser auf. Ich versprech's. Aber bitte schenk doch, dass sie mich bald hier rauslassen.* Sie versuchte, noch ein bisschen weiterzubeten, fiel aber in einen unruhigen Schlaf. Als die Kellertür aufging, stach ihr das helle Licht schon in die Augen, bevor sie sie überhaupt geöffnet hatte.

»Steh auf«, befahl ihre Mutter. »Du hast noch was zu tun.«

Pauline stützte sich an der Wand ab, um das Gleichgewicht halten zu können, und stand dann auf. Sie war ganz wackelig auf den Beinen und fühlte sich schwindelig. Die nächsten zwei Stunden brachte sie damit zu, Feuerholz nach drinnen zu holen, die Tiere zu füttern und ihre Käfige zu säubern, den Boden zu wischen und einige Wäsche zu waschen. Als ihre Mutter aus dem Haus ging, um einige Besorgungen zu erledigen, ging Pauline hinüber an den Küchentisch, wo ihre Schwester ein Malbuch ausmalte, und setzte sich. Sie hatte ganz plötzlich den dringenden Wunsch, ein Bild zu malen. Sie vergaß die Arbeit, die sie noch zu tun hatte, nahm sich einen Buntstift und begann zu malen.

»Egal, was mit mir passierte – ich habe immer an Gott geglaubt und gebetet.«
Pauline, 64

»Was malst du denn?«, fragte ihre Schwester.

Pauline zuckte die Achseln. »Weiß ich noch nicht.« Sie ließ den Stift in großen Schwüngen über das Papier gleiten. Sie hatte schon immer gerne gemalt, aber im Moment *wollte* sie nicht einfach nur malen – sie *musste* es tun.

»Das ist ja ein Mann«, bemerkte ihre Schwester, als das Bild Gestalt annahm.

Als Pauline fertig war, setzte sie den Stift ab und starrte auf ihr Werk hinunter. Das ist Jesus, dachte sie, selbst ganz verblüfft über das Bild, das sie gezeichnet hatte.

Sie hatte Jesus erst vor kurzem gesehen, als ihr Vater begonnen hatte, sie mit in die Kirche zu nehmen. Am ersten Sonntag, als sie den Gottesdienstraum betreten hatten, sah sie ein Kruzifix, an dem dieser Mann hing. Sie hatte es ungläubig angeschaut. *Der sieht ein bisschen so aus wie der Mann, der mit mir auf der Treppe sitzt, wenn ich im Keller eingeschlossen bin*, dachte sie und konnte sich gar nicht satt sehen an ihm. *Du bist der Gott, nicht wahr?*, flüsterte sie. Von diesem Moment an wusste Pauline, zu wem sie beten konnte. Wenn sie Angst hatte, würde sie sich nun mit dem Bild, das sie gemalt hatte, in ihrem Bett zusammenrollen und beten. *Lieber Gott, hilf mir, ein braves Mädchen zu sein. Und mach, dass meine Eltern mir nicht immer weh tun.*

Als sie jetzt auf ihr Bild heruntersah, empfand sie den gleichen Frieden, wie Jesus ihr ihn im Keller schenkte.

Bevor sie ihre Hausarbeit wieder aufnahm, verstaute Pauline ihr Bild an einem sicheren Ort in ihrem Zimmer. An diesem Abend erlaubte ihre Mutter ihr nicht, mit den anderen zu essen. »Du bist hässlich und dumm. Geh nach oben. Ich sag dir, wenn du wieder runterkommen kannst.«

Die Worte ihrer Mutter hallten Pauline noch in den Ohren nach, als sie alleine in ihrem Zimmer im Bett lag. Der Essensgeruch, der zu ihr hoch stieg, drehte ihr den Magen um. Schließlich wurde der Hunger so unerträglich, dass sie nicht einfach ruhig liegen bleiben konnte. Also stand sie auf, schlich auf Zehenspitzen zum Bad hinüber und schaute in den Spiegel. Ich bin hässlich, dachte sie, und Tränen stiegen in ihr hoch. Sie sah so anders aus als ihre Schwester und ihr zweitältester Bruder. Sie hatten beide helle Haare und blaue Augen. Sie starrte ihre dunkelbraunen Augen und ihre langen dunklen Zöpfe an. Warum kann ich nicht so aussehen wie sie? Tränen rannen ihr über die Wangen, und sie dachte an ihren ältesten Bruder. Ich sehe aus wie er. Aber warum hasst Mama ihn nicht so wie mich? Sie starrte sich weiter an, löste ihre dicken Zöpfe und begann sie neu zu flechten. Plötzlich kam ihr ein Gedanke und sie musste noch heftiger weinen. Weil ich dumm bin. Sie hassen mich, weil ich nie was richtig mache. Plötzlich durchbrach die schrille Stimme ihrer Mutter die Stille. »Pauline! Komm gefälligst runter!«

Ihr Herz klopfte wie wild, als sie sich hastig die Tränen abwischte. Sie stieß die Badezimmertür auf und rannte die Treppe hinunter.

»Ja?« Paulines Stimme war kaum mehr als ein Flüstern.

Ihre Mutter deutete auf das Spülbecken. »Mach den Abwasch.«

Gehorsam ging Pauline zur Spüle hinüber und begann heißes Seifenwasser einlaufen zu lassen. Sie räumte den Tisch ab und schlang gierig die Essensreste der anderen hinunter, bevor sie die Teller abwusch. Bevor sie an diesem Abend schlafen ging, zog sie das Bild hervor, das sie am Nachmittag gemalt hatte. Sie drückte es fest an sich und schlief ein.

Einige Jahre später, als Pauline siebzehn war, lernte sie Thomas kennen, einen jungen Mann, der bei jeder Gelegenheit ihre Aufmerksamkeit zu erregen versuchte.

Pauline war er egal. »Ich will nicht mit ihm ausgehen, Mama«, sagte sie, als sie erfuhr, dass Thomas ihre Eltern gebeten hatte, mit Pauline ausgehen zu dürfen.

»Warum denn nicht? Denkst du, dich fragt sonst noch mal einer?« zischte ihre Mutter höhnisch. »So hässlich wie du bist!«

Und trotzdem gab die Mutter ihr Einverständnis erst, nachdem Thomas ihr einige Dinge im Haus erledigt hatte.

Zögernd ließ sich Pauline auf eine Verabredung mit Thomas ein. Er lief ihr weiter nach, und nach einigen Monaten willigte sie ein, ihn zu heiraten. Sie sagte sich, dass das immer noch besser sein würde, als weiter bei ihren Eltern zu leben. Aber Thomas behandelte sie genau so, wie sie es von ihren Eltern her gewohnt war. Er schlug sie, betrog sie und sagte ihr ständig, dass sie zu nichts taugte. Pauline nahm all das hin, weil sie ihm tief in ihrem Innern glaubte. Ich bin dumm. Ich tauge zu gar nichts.

Nachdem sie ein Jahr verheiratet waren, wurde Pauline schwanger, was Thomas in Rage brachte. »Das hätte nicht passieren dürfen! Du bist so unglaublich blöd!« schrie er und schlug mit der Faust gegen die Tür. Pauline hielt sich schützend die Hand vor den Bauch. Sie wäre am liebsten aus dem Zimmer gerannt, aber sie wusste, dass ihn das nur noch wütender machen würde. Also sank sie in eine Ecke und beobachtete, wie er in seiner Wut schrie und tobte und alles Mögliche im Zimmer umherwarf. Sie betete im Stillen, dass er sie oder das Baby, das nun in ihr lebte, nicht treffen würde.

Während der ersten sechs Jahre ihrer Ehe bekam Pauline drei Kinder. Jedes Mal, wenn Thomas von einer neuen Schwangerschaft erfuhr, war er fuchsteufelswild. Aber Pauline war von Herzen gerne Mutter. Sie liebte ihre Kinder, sorgte gerne für sie und schlug sie nicht ein einziges Mal, wie ihre Mutter sie so oft geschlagen hatte.

Obwohl ihre Kinder viel Freude in ihr Leben brachten, war das Leben mit Thomas weiter eine Qual. Als sie zwölf Jahre verheiratet waren, machte Pauline sich große Sorgen, weil sie sich mit einem Kollegen treffen sollte, um einige Dinge durchzusprechen. Ihre Kollegin Debbie merkte, dass Pauline etwas belastete, und sprach sie darauf an. Schließlich vertraute Pauline sich Debbie an. »Mein Mann erlaubt nie, dass ich mit einem anderen Mann rede. Wie soll ich da meine Arbeit machen?« Pauline konnte die Tränen nicht zurückhalten, die ihr über die Wangen rannen, als sie Debbie von ihrer Situation zu Hause erzählte.

»Du darfst das nicht zulassen. Das ist falsch!« sagte Debbie, und ihre Augen blitzten vor Wut.

»Aber …« Pauline konnte nicht antworten, weil sie von Schluchzen geschüttelt wurde. Sie hatte solche Angst und wusste einfach nicht, was sie tun sollte.

»So soll eine Ehe nicht sein!« Debbie legte Pauline beide Hände auf die Schultern. »Pauline, du darfst nicht zulassen, dass du misshandelt wirst. Du musst etwas unternehmen.« Pauline putzte sich die Nase und sah Debbie an. In ihren Augen lag so viel Mitgefühl. *Sie hat Recht,* dachte Pauline. *Ich glaube, sie hat wirklich Recht.*

Debbie half Pauline, eine Beratungseinrichtung ganz nahe an ihrem Arbeitsplatz zu finden, so dass sie während ihrer Mittagspausen dahingehen konnte. Die nächsten sieben Jahre über ging

Pauline zur Beratung, und ihr Selbstvertrauen wuchs. »Sie sind ganz schön clever, Pauline«, sagte ihre Therapeutin.

»Ich hab grad eine Gehaltserhöhung bekommen«, sagte Pauline und sah aus dem Fenster.

Bei jedem Treffen machte die Therapeutin ihr weiter Mut. Immer mehr durchschaute Pauline die Lügen, mit denen sie bisher gelebt und denen sie jahrelang Glauben geschenkt hatte. Ihr wurde immer deutlicher bewusst, dass es nicht richtig war, wie Thomas sie behandelte, und irgendwann kam sie an den Punkt, an dem sie merkte, dass sie selbst Dinge in die Hand nehmen musste.

»Bitte komm doch mit mir zu meiner Beraterin, und lass uns zusammen mit ihr reden«, bat sie ihren Mann eines Abends. »Wir brauchen dringend Hilfe für unsere Ehe.«

»Warum denn? Mir schreibt niemand vor, was ich zu tun habe. Wenn du ein Problem hast, rede du halt mit ihr.«

»Aber …«

Thomas drehte die Lautstärke des Fernsehers noch höher, so dass er Paulines Stimme nicht mehr hören konnte.

Sie versuchte immer wieder, Thomas dazu zu bewegen, dass er ihr zuhörte und sein Verhalten änderte, aber er tat alles, was sie sagte, mit einer wegwerfenden Handbewegung ab. Er ging weiter fremd und misshandelte Pauline, wenn er zuviel getrunken hatte. Sie brauchte zwar drei Versuche, aber letztendlich schaffte sie es, ihn zu verlassen.

Obwohl ihr ganzes Leben von furchtbarem Missbrauch geprägt war, empfand Pauline Liebe und Mitgefühl für andere, und sie wollte gerne den Menschen helfen, die in Not waren. Sie begann in einem Krankenhaus zu arbeiten, das sich besonders um misshandelte Babys kümmerte. Jeden Nachmittag nach der Arbeit fuhr sie dahin und kümmerte sich mit um die Kleinen.

»Gut, dass du da bist«, seufzte eine der Krankenschwestern eines Tages, als Pauline sich in die Liste der Freiwilligen einschrieb. »Das war heute ein Tag! Mit den Kindern ist nichts anzufangen.«

»Wenn du die Babys hältst, scheinen sie alle mit dem Weinen aufzuhören«, bemerkte eine Schwester, die gerade neu dort angefangen hatte, an diesem Abend erstaunt.

Pauline lächelte auf das dunkelhaarige Baby hinunter, das sie gerade in den Armen hielt. Sie strich ihm über das wuschelige schwarze Haar, und ihr wurde ganz eng ums Herz, als sie den Kleinen ansah. *Wie kann ihm denn nur jemand weh tun,* dachte sie. *Er ist so vollkommen. Und so unschuldig.* Sie drückte ihn fest an sich und kniff die Augen zusammen. *Bitte beschütze dieses Baby, Gott.*

Nachdem sie vier Jahre lang in diesem Krankenhaus ausgeholfen hatte, hatte Pauline den Eindruck, dass nun etwas anderes anstand. Einige der Babys waren ihr sehr ans Herz gewachsen, und es fiel ihr schwer, sich von so vielen Kindern zu verabschieden, die sie lieb hatte. Sie begann in einer Beratungsstelle für verhaltensauffällige Jugendliche zu arbeiten. An einem Abend leitete sie eine Gruppenstunde. Sie erzählte, wie ihr eigener Sohn Drogen genommen, aber durch ein Therapieprogramm davon losgekommen war. Er hatte sich entschieden, mehr aus seinem Leben zu machen. Arturo, ein Vierzehnjähriger in ihrer Gruppe, saß zusammengesunken auf seinem Stuhl und starrte sie die ganze Zeit über feindselig an.

Nach der Stunde ging Pauline zu ihrem Auto hinüber. Es schneite, und so huschte sie schnell über den Parkplatz. Aus den Augenwinkeln bemerkte sie, dass Arturo ihr folgte. *Oh nein. Was hat der denn bloß vor?* Sie wühlte hastig in ihrer Tasche und steckte mit zitternden Fingern den Schlüssel ins Schloss.

»Hey, Sie!« Arturos Stimme überschlug sich fast vor Verachtung.

»Ja bitte?« Pauline drehte sich zu ihm um und versuchte ruhig zu bleiben.

»Was Sie da alles erzählt haben – das ist doch alles Schwachsinn! Die Geschichte da mit Ihrem Sohn stimmt überhaupt nicht. Sie sind einfach nur so ne reiche wichtigtuerische Möchtegern-Weiße, die hierher kommt und uns niedliche kleine Geschichten erzählt. Dass ich nicht lache! Sie haben doch keine Ahnung, wie wir hier leben!«

Pauline schüttelte den Kopf. »Von dem, was ich da drin geredet hab, stimmt jedes Wort. Und reich bin ich auch nicht. Ich komm gerade so zurecht. Ich arbeite den ganzen Tag und komme abends her, um hier zu helfen.«

Er starrte sie nur finster an.

»Arturo«, sagte sie sanft. »Ich wette, ich weiß sehr viel mehr über dein Leben, als du dir vorstellen kannst. Ich möchte dir einfach nur helfen.«

»Inzwischen kann ich glauben, dass ich nicht blöd bin. Ich weiß, dass ich ziemlich clever bin. Ich weiß, dass es Lügen waren, die man mir als Kind eingetrichtert hat und die ich damals geglaubt habe – und nicht nur damals, sondern weit in meine Erwachsenenjahre hinein.«
Pauline

»Aber klar doch! Na, dann hätte ich einen Vorschlag. Sie möchten mir helfen? Fahren Sie mich nach Hause?«

»Klar«, sagte Pauline, bevor sie sich das recht überlegt hatte. Als er auf den Beifahrersitz kletterte, drehte sie den Zündschlüssel mit zitternden Fingern um und umklammerte dann in dem Versuch, sich zu beruhigen, das Lenkrad. »Wo geht's denn hin?« fragte sie und hoffte, dass man ihrer Stimme die Panik nicht anmerkte, die in ihr aufstieg.

»Ich sag Ihnen, wo Sie abbiegen müssen«, grunzte er nur.

Als Pauline weiter und weiter fuhr, wurde ihr bewusst, dass Arturo in einem der gefährlichsten Viertel der Stadt wohnte. Als Arturo auf eine Straße deutete, die im Dunkeln lag, zögerte sie einen Moment lang, und dann zwang sie sich, das Auto dorthin zu wenden. Als sie die Straße hinunter fuhr, sah sei eine große Bande Jugendlicher, die hinter Bäumen und Mülleimern hervorkamen. *Oh Gott. Die werden mich vergewaltigen und umbringen,* dachte sie voller Angst. Arturo wies auf ein heruntergekommenes Haus. Weil sie nicht wusste, was sie sonst machen sollte, hielt Pauline ihr Auto vor dem Haus an.

»Sie wissen also über mein Leben Bescheid? Was wissen Sie denn?« Arturos dunkle Augen blitzten, als forderte er Pauline zum Kampf auf.

»Hat deine Mutter dich schon mal mit einem Stock verprügelt?« fragte Pauline.

»Na klar. Na und?« Arturo rollte gelangweilt mit den Augen.

»Ich kenn das. Ich war zwei Wochen im Krankenhaus und musste die ganze Zeit auf dem Bauch liegen, weil meine Mutter mich so wüst auf den Rücken und die Beine geschlagen hatte.«

»Ja und? Das ist doch gar nichts!«

»Hast du deine Hände schon mal in kochendes Wasser gesteckt?«

»Nö.« Er schien unbeeindruckt.

»Naja. Meine Mutter hat mir die Hände in einen Topf mit kochendem Wasser gehalten und die Ärzte haben mir Haut vom Hintern abnehmen und auf die Hände nähen müssen.« Sie streckte ihm ihre Hände entgegen, aber es war zu dunkel, als dass er die Narben hätte sehen können.

Er zuckte die Achseln.

»Und einmal hat mein Mann mir eine Gabel durch die Hand gejagt.«

»Echt? Das hat mein Vater mit meiner Mutter auch mal gemacht.« Sein Interesse war geweckt.

Sie redeten noch lange weiter. Als Pauline mitten in einer anderen Geschichte steckte, begann Arturo plötzlich zu weinen. Pauline beugte sich zu ihm hinüber und nahm ihn in den Arm, so dass er sich an ihrer Schulter ausweinen konnte. »Sie sind wirklich eine von uns«, schluchzte er.

Pauline brach das Herz bei dem Gedanken, was er alles erlebte, und sie begann selbst zu weinen, als sie ihn fest im Arm hielt. Arturo sah zu ihr auf und flüsterte: »Mich hat noch nie ein Erwachsener umarmt.«

Eine ganze Weile später wischte er sich die Tränen ab, öffnete ohne jede Vorankündigung die Wagentür und streckte seine Hand aus, um irgendein Zeichen zu geben. Pauline beobachtete erstaunt, wie sich die Bande Jugendlicher verzog.

»Was hast du denn da grad gemacht?« fragte sie verwundert.

»Ich hab denen Bescheid gegeben, dass Sie in Ordnung sind. Und die kennen jetzt Ihr Auto. Wenn Sie irgendwann mal Probleme haben, kommen Sie einfach her. Die Jungs kümmern sich dann schon um Sie.« Zum ersten Mal lächelte er sie an.

Sie redeten noch ein bisschen und verabschiedeten sich dann voneinander. »Bis morgen dann im Jugendzentrum«, sagte Pauline, als er ausstieg.

Auf dem Heimweg hatte Pauline das Gefühl, etwas Großartiges geleistet zu haben. *Vielleicht habe ich ihn ja wirklich erreicht. Ein kleines bisschen wenigstens. Hilf du ihm, Gott.*

Am nächsten Abend zog Pauline Arturo auf, dass er dringend Sport treiben sollte. »Schau dich doch mal an, wie blass du bist.«

»Ach ja. Wann machen Sie denn Sport?« Er gab sich immer noch Mühe, möglichst feindselig zu klingen.

»Ich mach ein paar Mal die Woche während der Mittagspause ziemlich stramme Spaziergänge. Du kannst gerne mitkommen.«

Er rümpfte nur spöttisch die Nase und wandte sich ab.

An diesem Abend, nach der Gruppenstunde, passte Arturo einen Moment ab, in dem er mit Pauline alleine sprechen konnte. »Wann, äh, hatten Sie, äh, noch mal gesagt, dass Sie spazieren gehn?«

Pauline lächelte ihn an, und sie verabredeten, sich am Ende der Woche zu einem Spaziergang in dem Stadtpark nahe ihrer Arbeit zu treffen. »Aber komm mir nicht in den Klamotten«, sagte sie. »In diesen weiten Hosen kannst du ja nicht laufen, und deine Bandenklamotten und Ohrringe will ich auch nicht sehen.«

Ein paar Tage später, als Pauline an dem vereinbarten Treffpunkt ankam, konnte sie Arturo nirgends sehen.

»Hey, Sie«, hörte sie Arturos Stimme hinter sich. Sie wandte sich um und brach in ein breites Lächeln aus. Da stand er in ordentlich sitzenden Jeans, einem T-Shirt und Turnschuhen vor ihr.

»Hey! Gut siehst du aus.«

Er wurde rot und sah zu Boden.

Pauline freundete sich weiter mit Arturo an und begann ihm das Lesen beizubringen. Sie trafen sich den Sommer über jeden Tag, und innerhalb von drei Monaten konnte Arturo Bücher für Sechstklässler lesen. Er strahlte jedes Mal über das ganze Gesicht, wenn er ein Buch fertig gelesen hatte, und er wuchs Pauline immer mehr ans Herz. Arturo begann, sie liebevoll »Mama« zu nennen. Sie machte ihm immer weiter Mut und versuchte ihm beizubringen, dass ihm die Zukunft offen stand und dass er seine Bande gar nicht nötig hatte.

Eines Nachmittags wartete Pauline in der Bibliothek auf Arturo, aber er tauchte nicht auf. Sie sah ständig auf die Uhr und nach einer Dreiviertelstunde gab sie auf. Als sie in ihre Wohnung zurückkam, sah sie das rote Licht an ihrem Anrufbeantworter blinken. Sie drückte die Abspieltaste, und ihr Herz setzte einen Moment lang aus, als sie Arturos gehetzte Stimme erkannte.

»Hallo, Mama. Irgendwas ist hier schief gelaufen und ich mach mich besser aus dem Staub. Ich ruf dich an, wenn ich kann.«

Klick.

Pauline ließ sich auf den Fußboden sinken. *Gott, beschütze ihn. Lass nicht zu, dass ihm etwas passiert.* Sie betete monatelang jeden Tag für ihn, und dann klingelte eines Abends das Telefon. Als sie am anderen Ende Arturos Stimme hörte, machte ihr Herz einen Sprung.

»Hallo, Mama. Mir geht's gut.«

»Wo bist du denn? Was ist denn passiert?« Sie sank in einen Küchenstuhl, weil sie sich vor lauter Erleichterung kaum auf den Beinen halten konnte.

»Ich hab einen dummen Fehler gemacht. Ich hab einem von den anderen Jungs erzählt, dass ich lesen lern. Er hat so getan, als würde ihn das brennend interessieren, aber er hat mich in die Pfanne gehauen. Er wollte es unserem Boss erzählen und da konnte ja nichts Gutes bei rauskommen. Also bin ich abgehauen.«

Sie redeten zwanzig Minuten miteinander, und Arturo erzählte Pauline, dass er bei seiner Schwester in Kalifornien war. Er sagte, dass er die Schule abschließen und einen Beruf lernen wollte.

Nachdem sie aufgelegt hatte, saß Pauline noch lange in der Küche und lächelte vor sich hin. *Danke, Gott.*

Einige Monate später erhielt sie einen Brief von Arturo. Als sie ihn las, kamen ihr die Tränen. Er hatte keinen einzigen Rechtschreibfehler gemacht, und er hatte eine richtig schöne Handschrift. Er hatte auch ein Foto von sich mitgeschickt. Sie traute ihren Augen kaum, als sie in dem gepflegten jungen Mann mit dem inzwischen kurz geschnittenen Haar Arturo erkannte. »Guck mal, Mama«, hatte er hinten auf das Bild geschrieben, »steht mir gut, was?«

Bis heute hat Pauline ein Herz für Kinder, die zu Hause misshandelt werden. Weil sie die Erinnerungen, die sie an ihre eigene schreckliche Kindheit hat, nicht verdrängte, konnten sie ihr ein tiefes Mitgefühl und Verständnis für andere geben. Obwohl sie ihrer Mutter inzwischen vergeben hat, was sie ihr damals antat, bleiben die Narben des körperlichen und seelischen Missbrauchs bis heute. Pauline findet es zum Beispiel immer noch schwierig zu glauben, dass sie schön ist. Die bösen, niederschmetternden Worte ihrer Mutter klingen ihr immer noch in den Ohren. Dabei ist sie wirklich eine schöne Frau, mit ausgeprägten Wangenknochen und einer weichen, hellbraunen Haut, die sie zehn Jahre jünger erscheinen lassen, als sie ist. Ihre dunklen Augen strahlen Wärme aus, und ihr herzliches Lächeln unterstreicht ihre Schönheit noch.

Aber noch bedeutender ist ihre innere Schönheit. Schon während all der Misshandlungen und bevor ihr jemals jemand wirklich von Gott erzählt hatte, beschloss sie, sich an Gott festzuhalten. Und viele Jahre, nachdem sie ein Bild von Christus gemalt hatte, erfuhr sie, wer Jesus wirklich war, und übergab ihm ihr Leben.

Paulines Geschichte ist die Geschichte eines großen Siegs. Anstatt sich von den Misshandlungen und Misshandlern zerbrechen zu lassen, hat sie gerade diese Erfahrungen genutzt, um anderen Menschen zu dienen.

Karen

Karens Sohn wurde von einem Mann sexuell missbraucht, der das Vertrauen vieler Familien in der Nachbarschaft genoss. Die schwierige und schmerzhafte Reise, die damit für Karen begann, ließ sie eine Grundwahrheit entdecken: Egal wie tief unser Schmerz auch sein mag, wir müssen uns von den Umständen nicht vernichten lassen.

Karen stand an der Spüle und hackte Zwiebeln fürs Abendessen, als jemand laut an die Haustür hämmerte. »Mark, kannst du mal aufmachen?«, rief sie zu ihrem dreizehnjährigen Sohn hinüber.

Sie hörte das Scharren der Haustür und eine tiefe Stimme. Nachdem sie ihre Finger abgewaschen hatte, eilte Karen aus der Küche, um den unerwarteten Besuch zu begrüßen. Im Türrahmen stand Raymond Fitzpatrick, ein befreundeter Polizist, den sie von der Kirche her kannten. Er war um einiges größer als Mark und sah in seiner Uniform noch respekteinflößender aus. »Ach, hallo!« Karen lächelte ihn an. »Was ist denn?«

»Hallo Karen!« Raymonds Stimme klang belegt, und Karen sah ihn verwundert an. »Wir klappern hier gerade alle Häuser ab, in denen Kinder wohnen, die mit Mr. Thomas im *Teens-Treff* zu tun hatten.«

»Ach so. Ja, sicher«, nickte Karen und sah zu ihrem Sohn hin. Mark wich ihrem Blick aus.

»Wenn's dir nichts ausmacht, würde ich gerne ein paar Minuten alleine mit Mark reden«, sagte Raymond und räusperte sich.

»Ja, sicher«, sagte Karen wieder und fühlte ein unangenehmes Gefühl von der Magengrube her aufsteigen. »Wollt ihr euch nicht einfach auf die Veranda setzen?«, fragte sie und deutete aus dem Fenster auf die zwei Gartenstühle draußen.

Detective Fitzpatrick öffnete die Haustür wieder, und Mark wandte sich um und folgte ihm nach draußen. Karen ging in die Küche zurück und ging aufgeregt auf und ab. *Natürlich ist alles in Ordnung,* sagte sie sich und strich sich mit beiden Händen über die Stirn. *Könnte ja gar nicht anders sein. Ich weiß doch, wie es meinen Kindern geht.*

Aber etwas tief in ihr drin hatte trotzdem Angst.

Das letzte halbe Jahr über hatte Mark in einer nahegelegenen Freizeiteinrichtung für Mr. Thomas gearbeitet. Er hatte Spiele und alle möglichen Aktivitäten für die Jugendlichen aus der Nachbarschaft mit vorbereitet. Vor einer Woche hatte einer der Jungen aus seinem Team seinen Eltern und der Polizei anvertraut, dass Mr. Thomas ihn sexuell missbraucht hatte. Karen und ihr Mann, Doug, hatten in den Nachrichten verfolgt, wie sich der Fall entwickelte. Als sie Mark darauf ansprachen, tat er es mit einer lässigen Handbewegung ab und sagte weiter nichts. Aber das erstaunte sie nicht weiter. In der letzten Zeit hatte er sich wie der sprichwörtliche aufsässige Teenager verhalten, der sowieso niemandem etwas zu sagen hatte – am wenigsten seinen Eltern.

Jetzt hörte Karen, wie die Tür wieder aufging, und sie lief wieder in den Flur. »Danke, Mark«, hörte sie den Detective sagen, und dann deutete er ihr mit einer Kopfbewegung an, dass sie ihm nach draußen folgen sollte. Ihr Herz begann zu rasen, als sie nach ihm auf die Veranda trat. »Mark hat gesagt, dass ihm nichts passiert ist. Ich möchte, dass du das weißt. Aber wir glauben, dass dieser Typ sich an mehr Jugendlichen vergangen hat als an diesem einen Jungen. Halt also bitte die Augen und Ohren offen und gib uns Bescheid, wenn du irgendetwas Ungewöhnliches bemerkst.«

Karen überlief eine Welle der Erleichterung. *Gott sei Dank,* dachte sie und seufzte befreit auf. »Mach ich.« Als er sich zum Gehen wandte, rief sie ihm noch nach: »Lass uns bitte wissen, wenn ihr etwas Neues herausfindet.«

Karen ging ins Haus zurück und lehnte sich gegen die Tür, als sie sie schloss. *Die armen Eltern,* dachte sie. *Ich weiß nicht, wie ich reagieren würde, wenn so etwas je einem von meinen Kindern passierte.* Sie schloss die Augen und erschauderte schon beim Gedanken daran. Sie fand den Gedanken tröstlich, dass sie sehr auf ihre Kinder achtete. Sie wusste immer genau, wo sie gerade waren, was sie taten und mit wem sie ihre Zeit verbrachten. Als sie wieder zur Küche ging, sah sie zum oberen Stockwerk hoch und bemerkte, dass die Tür von Marks Zimmer geschlossen war. Sie flüsterte wieder ein Dankgebet, dass Mark nichts passiert war, aber als sie weiter das Abendessen vorbereitete, wanderten ihre Gedanken doch immer wieder zu der Mutter des Jungen, der missbraucht worden war.

Am nächsten Nachmittag steckte sie gerade eine Ladung Wäsche in die Maschine, als das Telefon klingelte. Sie ging sofort ran. »Hallo?«

»Mrs. Campbell?«

»Ja bitte?« Sie kannte die Stimme am anderen Ende nicht.

»Ich bin Officer Cain von der Polizeiwache Broomston. Ich rufe an, um Ihnen Bescheid zu geben, dass Mark hier bei uns ist. Er ist vor einer halben Stunde mit einem Freund hier hergekommen, um uns zu sagen, dass sie auch von Mr. Thomas missbraucht worden sind.«

Karen schnappte nach Luft. In ihrem Kopf begann eine Sirene zu heulen. *Nein! Mark doch nicht! Oh Gott, mach, dass das nicht wahr ist. Bitte …*

»Können Sie bitte zur Wache kommen?« Die Stimme des Polizeibeamten schien von ganz weit weg zu kommen.

Ihr Denken funktionierte nicht mehr klar. Sie nickte, winselte »ja« und legte auf.

Ihre Hand zitterte, als sie die Nummer ihres Mannes wählte. Er schien nicht an seinem Arbeitsplatz zu sein. Wie betäubt griff sie nach ihren Schlüsseln und ging zu ihrem Auto hinüber. Als sie auf der Polizeiwache ankam, führten zwei Beamte sie in einen leeren Raum. Bevor sie Mark zu sehen bekam, erklärten sie ihr, was als nächstes passieren würde. Als sie ihr sagten, dass Mark gegen Mr. Thomas würde aussagen müssen, begannen ihre Gedanken wieder zu rasen. Sie hörte kaum, was ihr gesagt wurde. *Bitte nicht. Nicht mein Kleiner*. Ihr war sterbenselend zumute, und sie stand hastig auf, um zur Toilette zu rennen. Ihr ganzer Körper wurde von Schluchzen geschüttelt, als sie sich dort über eine der Schüsseln beugte. *Mein Kleiner!* Sie konnte überhaupt nicht aufhören zu weinen.

In dieser Nacht konnte sie nicht schlafen. Sie stellte sich immer wieder bildlich vor, was dieser Mann ihrem Kind angetan hatte. Ihre Gedanken kreisten um die eine Frage: *Wie konnte das nur passieren?* Mr. Thomas war Mark und den anderen Jungen, die mit ihm arbeiteten, so ein guter Freund gewesen. Er hatte ihnen so viel Aufmerksamkeit entgegen gebracht und sich so um sie bemüht. Er war in ihrer Nachbarschaft angesehen und beliebt gewesen und hatte sogar in seiner Gemeinde Jugendarbeit gemacht. Aber als Karen jetzt zur dunklen Zimmerdecke hoch starrte, fügten sich viele kleine Puzzlesteinchen zu einem Bild zusammen. Sie erinnerte sich, wie sie einmal zum Freizeitzentrum hinübergegangen war, um Mark abzuholen, und vor dem Gebäude lange auf ihn gewartet hatte. Schließlich ging sie nach drinnen und fragte an der Rezeption, ob ihn irgendjemand gesehen hatte. Als sie nach oben gegangen war und an die Tür von Mr. Thomas' Büro geklopft hatte, war drinnen eine leichte Unruhe entstanden, und als die Tür aufging, hatte sie mindestens ein Dutzend Jungs gesehen, die sich um den Computer drängten und irgendetwas anschauten. Sie hatte das damals ein bisschen komisch

»Eine ganze Zeit lang fand ich schon den Gedanken an Sex abstoßend. Mein Mann und ich mussten das zusammen durcharbeiten. Ihm war genauso elend zumute wie mir.«
Karen, 45

gefunden, sich aber nichts weiter dabei gedacht. Sie musste nun auch daran denken, wie oft Mark in der letzten Zeit geduscht hatte und was für aggressive Musik er in der letzten Zeit hörte. Sie hatte das alles für normale Anzeichen der Pubertät gehalten, aber nun erkannte sie, dass ihr Kind sich verraten und verletzt fühlen musste.

Einige Tage später rief die Polizei an, um Karen zu berichten, dass Mr. Thomas verschwunden war. Man suchte eine Woche lang nach ihm und fand ihn schließlich tot in seinem Auto. Er hatte sich das Leben genommen. Obwohl Karen beim Gedanken daran, was Mr. Thomas ihrem Sohn angetan hatte, wütend und verzweifelt war, brachte sein Tod ihrer Familie nur noch mehr Kummer. Mark gab sich selbst die Schuld an Mr. Thomas' Tod. Und sollte er zur Beerdigung gehen? Mr. Thomas war doch schließlich sein Freund gewesen, oder? Es war alles so schrecklich verwirrend.

»Gott war in dieser Zeit so sanft und rücksichtsvoll zu mir. Er begleitete mich durch all meinen Kummer und zeigte mir dabei behutsam meine eigenen Fehler und Schwächen. Er wollte, dass ich durch all das wachse.«
Karen

Karen und Doug taten, was sie konnten, um ihrem Sohn durch diese schmerzhafte Zeit zu helfen. Sie versicherten ihm immer wieder, dass er sich nicht schämen musste, und achteten darauf, ihm keine Warum-Fragen zu stellen, von denen er sich in die Ecke gedrängt fühlen musste. Sie richteten es auch ein, dass Greg, der Jugendpastor aus ihrer Gemeinde, sich wöchentlich mit Mark traf. Jede Woche ging Greg mit Mark ein Eis essen oder eine Cola trinken und hörte dem Jungen zu. Mark konnte Greg auch die Dinge sagen, über die er mit seinen Eltern nicht reden konnte. Sie trafen sich über ein Jahr lang, und ihre Beziehung half Mark enorm, Heilung zu finden.

Auch Karens Heilung brauchte eine ganze Weile. Sie verbrachte monatelang den größten Teil ihrer Zeit damit, in ihrer Bibel zu lesen und zu beten. Jeden Morgen, wenn die Kinder in der Schule waren, legte sie eine Kassette mit Lobpreisliedern auf und setzte sich mit ihrem Tagebuch an den Küchentisch. Eines Morgens, als sie sich in ihrem Schmerz besonders einsam fühlte, schrieb sie unter Tränen, die ihre Schrift verwischten: *Herr, ich kann mich keiner meiner Freundinnen anvertrauen. Ich muss jetzt auf Mark achten und ihn beschützen. Er ist schon zu sehr verletzt worden, und ich möchte nicht riskieren, dass irgendjemand in der Gemeinde ihn anders ansieht als vorher. Sei du bei mir, Herr. In dieser dunklen Stunde habe ich niemand anderen, an dem ich mich festhalten kann.*

»*Gott hat mir gezeigt, dass er genauso wenig wie ich wollte, dass so etwas passiert. Aber er wird alles Unrecht irgendwann bereinigen.*«
Karen

Sie konnte nicht mehr weiter schreiben, also legte sie den Stift ab und schloss die Augen. Die Musik sank ihr langsam ins Herz und legte sich warm um ihre Seele. Sie spürte, dass Gott mit ihr weinte. *Mir bricht auch das Herz*, hörte sie ihn flüstern. *Aber vergiss nicht, ich bin auch der Gott, der sich um jedes Unrecht, das auf der Welt geschieht, kümmern wird.*

Karen fühlte sich Gott so nahe wie nie zuvor. Immer mehr spürte sie, wie sich die Scherben ihres zerbrochenen Herzens wieder zusammenfügten. An einem Wochenende, viele Jahre später, fuhr sie mit ihren Schwestern weg, um ein paar Fotoalben zusammenzustellen. Sie lachten und redeten fröhlich miteinander, als sie Bilder ausschnitten und in bunte, phantasievoll zusammengestellte Alben klebten. Als Karen durch einen Stapel Fotos sah, hielt sie plötzlich in der Bewegung inne. Sie war auf ein Foto von Mark gestoßen, als er sechs Jahre alt war. Sein Haar war verwuschelt, und er trug ein blaues T-Shirt und Turnschuhe, die fast auseinander fielen. Er hatte den Kopf leicht zur Seite gelegt, und sein Mund war zu jenem schelmischen Grinsen verzogen, das sein Markenzeichen war. Karen starrte das Bild an, und der alte Schmerz stieg wieder in ihr auf. Ihr kamen die Tränen.

»Was ist denn?«, fragte ihre jüngere Schwester und griff nach ihrer Hand.

Ihr blieben die Worte im Hals stecken, als sie das Bild einfach nur festhielt und weinte. Schließlich sagte sie leise: »Das ist unwiederbringlich verloren gegangen. Er war so unschuldig.« Ihre Stimme brach, und Tränen rannen ihr über die Wangen. »Und dieser Mann hat sie gestohlen«, flüsterte sie.

Der alte Schmerz durchzuckt Karen immer noch jedes Mal, wenn sie dieses Foto anschaut – aber sie kann die Dankbarkeit kaum in Worte fassen, die sie beim Gedanken an Mark empfindet. Er ist inzwischen ein junger Mann mit einer eigenen tiefen Beziehung zu Christus und sieht seine Berufung in der Jugendarbeit.

Eine andere schwierige Lektion, die Karen damals begriff, war, dass Mark in dieser Zeit nicht der einzige war, der Unterstützung, Gebet und eine Extraportion Liebe brauchte, sondern auch sein Zwillingsbruder. Karen und ihr Mann waren so damit beschäftigt, Mark zu helfen, dass sie Aarons Bedürfnisse darüber glatt vergaßen. Das Ergebnis davon war, dass Aaron den Mann tief zu hassen begann, der seinem Bruder wehgetan hatte. Im Rückblick wünscht sich Karen, dass sie und ihr Mann damals etwas mehr Gespür für den Schmerz gehabt hätten, den auch Aaron empfand.

Auf ihrem Weg durch ihren Kummer erlebte Karen Gottes Trost auf besonders eindringliche Weise. Sie wusste, dass er Gerechtigkeit versprach, und das half ihr, sich nicht von ihrer Bitterkeit und ihren Rachegedanken auffressen zu lassen. Inzwischen ist eine geistliche Wahrheit in ihr zum Tragen gekommen, die sie ungemein ermutigend findet: »Wir können als Christen die Sünde überwinden, die uns angetan wird, und müssen uns von den Umständen nicht beherrschen lassen.«

Andrea

Sie hat eine Kindheit voller Missbrauch erlebt. Nun lernt Andrea das Leben im Überfluss kennen, das Gott für sie vorgesehen hat.

Andrea steckte ganz vorsichtig einen ihrer kleinen Finger nach dem anderen in ihre neuen, strahlend weißen Handschuhe. Sie stieg auf den kleinen Hocker im Bad, stellte sich auf die Zehenspitzchen und betrachtete sich ausgiebig. *Herrlich!* dachte sie. *Ich sehe aus wie eine Prinzessin.* Sie hatte ein kleines weißes Kleid aus Satin an, neue weiße Söckchen mit Spitze, weiße Lackschühchen, eine weiße Kappe, eine weiße Handtasche – und nun auch noch die weißen Handschuhe. *Ob Papa mich wohl auch schön findet?*

Sie hörte den Fernseher im Wohnzimmer und wusste, dass ihr Vater auf dem Sofa liegen und fernsehen würde. Das tat er immer. Also nahm sie ihre Handtasche auf und zog los, um sich in ihrem neuen Osteraufzug zu präsentieren. Als sie an Daniel, ihrem sieben Jahre alten Bruder vorbeikam, grinste er hämisch. »Na, Sommersprossenfratze?«

»Wie seh ich aus, Danny?« fragte Andrea und ignorierte seine Bemerkung einfach. Heute würde nichts, was er sagte, ihr irgendetwas ausmachen.

»Du siehst aus wie Casper das Gespenst, nur mit Sommersprossen«, lästerte Danny.

»Ist mir doch egal, was du denkst. Ich finde, ich sehe schön aus«, gab sie zurück und trippelte zum Wohnzimmer hinüber, um ihrem Vater ihr neues Outfit vorzuführen.

Sie tänzelte in das dunkle Zimmer, das nur vom Schein des Fernsehers erleuchtet war. Ihr Papa lag auf dem Sofa, wie sie erwartet hatte. Sie stellte sich direkt vor den Fernseher. »Guck mal, Papa. Findest du, dass ich schön aussehe?«, fragte sie und wirbelte herum, damit er das Kleid von allen Seiten bestaunen konnte. Sie fand es einfach herrlich, wie der Stoff schimmerte, wenn sie sich bewegte.

Als sie sich wieder umwandte und zu ihrem Vater hinsah, bekam sie Angst. Auf seinem Gesicht stand blanker Zorn. Er stieß ganz unvermittelt und heftig den Couchtisch um, wobei Bücher, Gläser und Unterlagen zu Boden fielen. »Aus dem Weg mit dir!«, wütete er, sprang auf und rannte auf sie zu. »Spinnst du? Siehst du nicht, dass ich fernsehe? Und du stellst dich direkt davor, du wertloses kleines …« Seine Stimme überschlug sich vor Wut. Er begann Möbelstücke im Zimmer herumzuwerfen und seine Tochter wüst zu beschimpfen.

»Haben Sie den Mut, der erste Mensch in ihrer Familie zu sein, der den Teufelskreis aus Gewalt und Missbrauch durchbricht. Und dazu werden Sie viel Mut brauchen.«
Andrea, 48

Die Fünfjährige stand starr vor Angst da. Daniel rannte ins Zimmer und griff nach ihrer Hand. »Komm, Andy, du musst schnell hier weg«, sagte er und zog sie aus dem Zugriffsbereich ihres Vaters.

Er rannte mit ihr durch die Küche nach draußen auf die Straße, immer weiter weg von dem Geschrei und dem Lärm, der aus ihrem Haus drang. »Diesmal ist Papa aber wirklich wütend. Du versteckst dich besser«, sagte Daniel.

Sie hockten sich hinter einige große Mülleimer. Andrea schlug den Saum ihres weißen Satinkleids unter ihre Beine, so dass der helle Stoff nicht verriet, wo sie war. Um sie herum stank alles nach Müll. Aber das war egal. Für den Moment waren sie sicher.

»Danny«, fragte Andrea, nachdem sie sich etwas beruhigt hatte. Tränen tropften ihre kleinen Wangen hinunter. »Warum ist Papa so wütend geworden? Ich wollte ihm doch nur mein neues Kleid zeigen.«

»Keine Ahnung. Du kennst ihn doch. Man weiß einfach nie, wann er wütend wird. Am besten hältst du dich von ihm fern«, riet ihr Daniel. Nach einer Weile, die den Kindern endlos vorkam, kam ihre Mutter mit dem Auto vorbeigefahren und sagte nur schroff: »Ab ins Auto mit euch!«

Von diesem Moment an war Andrea klar, dass sie zu Hause nicht sicher war. Was sie auch tat und wie sie auch aussah – es gab nichts, was dazu beitragen konnte, dass ihr Vater sie lieb hatte und annahm. Sie glaubte seinen rohen Worten. Sie fühlte sich wertlos, dachte, dass sie keine Liebe verdiente, und fühlte sich schmutzig – wie der Müll, hinter dem sie sich versteckt hatte.

Die Wutausbrüche ihres Vaters waren keine Seltenheit. Fast jede Woche explodierte er – manchmal mit Worten, manchmal mit den Fäusten. Andrea kann sich noch gut erinnern, wie sie einmal, ungefähr zwei Jahre später, nach Hause kam und ihre Mutter mit zwei gebrochenen Beinen in einem Rollstuhl im Wohnzimmer sitzen sah. Man erklärte ihr, dass ihre Mutter einen Unfall gehabt hatte. Aber später fand sie die Wahrheit doch heraus. Ihre Eltern hatten sich offenbar gestritten. Ihre Mutter war mit einer Rasierklinge auf ihren Vater losgegangen und hatte ihn im Gesicht verletzt. Aus Angst um ihr Leben war sie dann aus dem Fenster gesprungen und hatte sich die Beine gebrochen.

Andreas Vater war in der Familie nicht der Einzige, der seinem Jähzorn nachgab; auch ihre Mutter wurde von völlig irrationalen Wutanfällen heimgesucht. Andrea kann sich noch erinnern, wie sie und ihr Bruder sich einmal unaufhörlich stritten. Ihre Mutter rastete aus. Sie begann irre zu lachen und rief den beiden Kindern zu: »Andy, Danny, kommt mal bitte her in die Küche.«

Sie hörten ihr merkwürdiges Kichern und fragten sich, was sie wohl wollte. Sie waren auf der Hut, als sie in die Küche traten.

»Wir setzen uns jetzt alle drei auf den Boden«, sagte ihre Mutter mit zuckersüßer Stimme. Sie gehorchten.

»Andrea, ich möchte, dass du Danny jetzt ins Gesicht schlägst«, forderte ihre Mutter und lachte immer noch hysterisch. Andrea gehorchte. Dann sagte ihre Mutter Danny, dass er nun das Gleiche mit Andrea machen sollte. Sie zwang sie, einander immer und immer weiter und immer fester zu schlagen, und lachte die ganze Zeit, als die Kinder weinten und einander wehtaten.

Als Andrea an diesem Abend ins Bett ging, schwor sie sich, nie so zu werden wie ihre Eltern.

Zum Glück gab es auch einige Menschen, die Andreas Leben erträglich machten. In der zweiten Klasse bemerkte eine Lehrerin, wie niedergeschlagen und zurückgezogen Andrea aussah. Also setzte sie sie neben das freundlichste und lebhafteste Mädchen in der Klasse – Diane. Sie freundeten sich schnell an und blieben auch ihre ganze Highschoolzeit hindurch Freundinnen. Andrea wohnte praktisch bei Diane, und sie mochte auch Linda, Dianes Mutter, sehr. Linda war eine Mutter, wie sie Andrea später einmal sein wollte. Die Wochenenden verbrachte Andrea immer bei Diane. Sie spielten mit Puppen, bauten Puppenhäuser aus Milchkartons, schrieben selbst Theaterstücke und machten all das, was Andrea zu Hause nie tun konnte. Dianes Mutter hatte oft frischgebackene Plätzchen für sie, sie spielte mit den Mädchen und hatte Andrea lieb wie eine Tochter.

> *»Wenn Sie eine Freundin haben, die Missbrauch hinter sich hat, braucht sie Ihre Unterstützung. Seien Sie auf Dauer für sie da. Lassen Sie nicht zu, dass sie sich von allem zurückzieht und in sich selbst verkriecht.«*
> *Andrea*

Nach der Highschool lernte Andrea Gene kennen und heiratete ihn. Sie war ganz zuversichtlich, dass sie eine Ehefrau und Mutter wie Linda sein konnte. Aber die ersten sieben Jahre ihrer Ehe waren eine Katastrophe. Andrea merkte, wie sie selbst mit ihrem Jähzorn zu kämpfen hatte. Sie hatte all ihren Ärger mit in ihre Ehe gebracht. Einmal zum Beispiel kochte sie zum Abendessen Spaghetti. Ihre Mutter hatte ihr nie beigebracht zu kochen, und Andrea stellte sich dabei auch zugegebenermaßen nicht immer sehr geschickt an.

»Oh, super, heute gibt's Spaghetti«, sagte Gene halb im Spaß, »damit kann man wenigstens nichts falsch machen.«

»Wie bitte?«, fragte Andrea.

»Ach. War nur ein Scherz.«

»Was hast du eben gesagt?« Andrea bestand auf einer Antwort. Sie merkte, wie in ihr der Ärger brodelte wie ein Vulkan, der kurz vor dem Ausbruch stand.

»Ich habe bloß gesagt, dass man mit Spaghetti nicht viel falsch machen kann.«

Andrea kochte über. Sie griff nach dem Teller mit den Nudeln und der Tomatensauce und schleuderte ihn in Genes Richtung. »Hier hast du deine Spaghetti!«, schrie sie. Der Teller sauste an Gene vorbei und seine Mahlzeit landete an der Wand und auf dem Fußboden. »Ich tue alles für dich und du weißt das überhaupt nicht zu schätzen.« Sie beschimpfte Gene weiter und rannte dann aus der Küche. Die Schweinerei auf dem Boden ließ sie einfach liegen.

»Irgendwann kommen Sie an den Punkt, an dem Sie nicht mehr sagen müssen: ›Armes Ich!‹, sondern sagen können: ›Großer Gott!‹«
Andrea

Vorfälle wie dieser ereigneten sich immer wieder und vergifteten die Atmosphäre über Monate. Glücklicherweise explodierte Gene nicht auf die gleiche Weise. Trotzdem wurde ihre Ehe immer schlimmer.

Andrea nahm Hilfe in Anspruch. Sie wusste aus eigener Erfahrung, wie es war, in einem von Wut und Gewalt geprägten Elternhaus aufzuwachsen. Jetzt hatte sie selbst einen Mann und zwei Kinder und wollte nicht, dass es bei ihr so zuging, wie sie es bei ihren Eltern kennen gelernt hatte. Sie wollte um jeden Preis anders sein als ihre Eltern, so wie sie es sich damals geschworen hatte.

Die erste Hilfe fand sie in einer Beziehung mit Jesus Christus. Damit begann der Prozess ihrer Heilung. Sie suchte einen christlichen Therapeuten auf und schloss sich einer Selbsthilfegruppe von Frauen an, die als Kind auch misshandelt worden waren. Die Verbundenheit, die sie mit diesen Frauen empfand, war für sie eine unglaubliche Unterstützung und gab ihr viel Kraft. Sie machten einander Mut, das Beste aus ihrem Leben zu machen. Sie wollten alle das Leben leben, das Gott für sie vorgesehen hatte, und nicht ein Leben, das von all dem Schmerz der Vergangenheit beherrscht wurde.

Vier Jahre lang hatte Andrea keinen Kontakt zu ihren Eltern. Sie traf diese Entscheidung bewusst, weil sie Zeit brauchte, für sich selbst Dinge zu klären. Sie begann mit Gene, der kurz nach ihr Christ geworden war, ihre eigenen Familientraditionen zu entwickeln. Andrea wuchs im Glauben und arbeitete daran, die Wunden aus ihrer Kindheit zu überwinden. Nach vier Jahren fing sie wieder an, mit ihren Eltern in Kontakt zu treten, doch dieses Mal legte sie die Regeln fest. Sie bestimmte, wo sie sich trafen und unter welchen Grundvoraussetzungen sich ihr Verhältnis gestaltete.

Ein besonders wichtiger Aspekt ihrer Heilung war, dass sie ihrer Mutter und ihrem Vater all das vergab, was sie ihr angetan hatten. Einfach war das nicht. Nachdem sie an einem Seminar über Vergebung teilgenommen hatte, tat Andrea, was der Referent vorgeschlagen hatte. Sie schrieb jede einzelne Kleinigkeit auf, von der sie dachte, dass sie sie ihren Eltern vergeben sollte. In Bezug auf ihren Vater schrieb sie zum Beispiel: *Ich vergebe meinem Vater, dass er mich an diesem Ostern damals nicht schön fand.* Sie empfand dabei nichts, aber sie beschloss, ihm zu vergeben.

> *»Mir tut es heute um die viele verschwendete Zeit Leid, in der ich meine Probleme ignoriert und mir eingeredet habe: ›Besser wird's sowieso nicht.‹«*
> *Andrea*

Schließlich schrieb sie ihrem Vater einen Brief, in dem sie ihm erzählte, dass sie wegen des Missbrauchs, den sie als Kind erlebt hatte, nun schon seit einiger Zeit in Therapie war. In diesem Brief, bei dem ihre Therapeutin ihr half, bat sie ihren Vater, mit ihr zu einer Beratungsstunde zu kommen. Ihr Vater stimmte zu. Nach einer sehr intensiven zweistündigen Sitzung war Andrea unglaublich erleichtert. Zu ihrem großen Erstaunen sagte er: »Ich habe dir all das wirklich angetan und es tut mir Leid.«

Das war der Anfang einer veränderten Beziehung zu ihm. Sie hätte nie für möglich gehalten, dass er sich ändern könnte, aber jetzt schien er ganz zuversichtlich daran interessiert zu sein, eine gesündere Beziehung zu seiner Tochter aufzubauen.

Einige Jahre später klingelte Andreas Telefon. Es war ihr Vater. Und es war das erste Mal überhaupt, dass er sie anrief.

»Hallo, Andrea«, begann er. »Weißt du, ich habe gerade an dich denken müssen. Naja, eigentlich denke ich sogar ziemlich viel an dich. Und ich erzähl den Kumpels auf der Arbeit ganz viel von dir. Ich sage denen, wie stolz ich auf dich bin. Aber ich weiß gar nicht, ob ich dir das je gesagt habe. Ich wollte dir bloß sagen, dass ich stolz auf dich bin. Und noch mal nachfragen, ob du mir wirklich vergibst.«

»Papa, ich habe dir schon vor langer Zeit vergeben. Du darfst dir selber auch vergeben«, versicherte ihm Andrea, die es immer noch nicht fassen konnte, dass er einfach nur angerufen hatte, um sie zu loben und um Vergebung zu bitten.

Heute arbeitet Andrea selbst als Seelsorgerin, und ihre Ehe mit Gene, der Pastor einer lebendigen Gemeinde wurde, ist von Liebe geprägt. Sie haben zwei Kinder großgezogen und freuen sich inzwischen über drei wunderbare Enkel. »Wenn man ein Zuhause hat, in dem emotional und psychologisch alles schief läuft, steht das Gottes Plan für jede Frau entgegen. Leben im Überfluss bedeutet, nicht in der Vergangenheit zu leben. Ich habe die Vergangenheit hinter mir gelassen und erlebe nun das Leben im Überfluss, das Gott für mich bereithält.«

Missbrauch – Zusammenfassung

Missbrauch kann verschiedene Formen annehmen: es gibt körperlichen, seelischen, verbalen und sexuellen Missbrauch, und er kann einen Menschen treffen, wenn er noch ganz jung ist, aber auch erst in seinem letzten Lebensjahr. Egal wann er auftritt – er hinterlässt immer Narben im Leben des Missbrauchten.

Es ist nie einfach, von dem Missbrauch zu erzählen, der einem widerfahren ist. Es ist so demütigend und lässt schmerzhafte Erinnerungen wieder hochkommen. Wir sind den Frauen, die uns ihre schwierige Geschichte erzählt haben, deswegen umso dankbarer.

Was Pauline erlebt hat, übersteigt alles, was sich die meisten von uns sich überhaupt vorstellen können. Und doch ließ sie zu, dass Gott all die Jahre des verbalen und körperlichen Missbrauchs benutzte, um in ihr ein tiefes Mitgefühl für andere leidende Menschen zu wecken. Als Karens Sohn missbraucht wurde, hielt sie sich daran fest, dass Gott der gerechte Richter ist. In ihrem Schmerz klammerte sie sich an Gott, und ganz oft spürte sie morgens während ihrer Stillen Zeit, wie Gott mit ihr weinte. Und ihr Glaube half Andrea zu sehen, dass sie trotz allen Missbrauchs ein erfülltes, von Freude geprägtes Leben führen kann.

Jede dieser Frauen ist ein eindrückliches Beispiel dafür, wie in Christus das Unmögliche möglich wird. Anstatt bitter und hart zu werden und sich als ständige Opfer ihrer Umgebung zu sehen, haben diese Frauen sich an Christus gewandt und ihn in ihren verletzten Herzen Wunder wirken lassen.

Haben Sie je Missbrauch erlebt? Falls ja, haben Sie je irgendjemandem davon erzählt? Warum – oder warum nicht? Wem könnten Sie genug vertrauen, um ihm oder ihr von Ihren Erfahrungen zu berichten?

Wie, denken Sie, kann der Teufel Missbrauch in der Kindheit benutzen, um einen Christen am Wachstum zu hindern?

Wenn Ihnen Schlimmes zustößt, reden Sie mit einer Freundin oder einer Vertrauensperson über Ihre Kämpfe oder schlagen Sie sich alleine durch? Warum?

Wenn Gott gut ist, wieso lässt er dann Schlimmes (wie Missbrauch) zu?

Vorschläge:

1. Wenn Sie in irgendeinem Bereich Ihres Lebens zu kämpfen haben und merken, dass Sie darin nicht Christi Sieg erleben, versuchen Sie eine ältere gläubige Frau zu finden. Bitten Sie sie, diesen Kampf mit Ihnen durchzustehen.
2. Wenn Sie missbraucht worden sind, können Sie in einem christlichen Buchladen nach Literatur zum Thema Missbrauch und Überwindung von Missbrauch fragen.
3. Es gibt viele Arten von Selbsthilfegruppen für Leute, die auf irgendeine Weise missbraucht worden sind. Suchen Sie sich eine und gehen Sie dorthin! Wenn Sie bei der ersten Gruppe das Gespür haben, dort nicht hinzupassen, geben Sie nicht auf. Suchen Sie weiter, bis Sie eine Gruppe finden, in der Sie von Ihren Erfahrungen und Ihrem Schmerz berichten können.
4. Es kann sehr hilfreich sein, sich mit einem anderen Menschen, der auch Missbrauch erlebt hat, auszutauschen. Beten Sie mehrmals die Woche miteinander – auch am Telefon oder per E-Mail.
5. Führen Sie ein Tagebuch über Ihre Enttäuschung, Ihren Schmerz und Ihren Ärger – auf den, der Ihnen Schlimmes angetan hat, oder auch auf Gott.

6. Führen Sie ein anderes Tagebuch, in dem Sie Gott loben und preisen.

9. Aber nie war ich allein

... wenn ich mit anderen fühlte

LeAnn

Anstatt das leise Drängeln in ihrem Herzen zu ignorieren, entschloss sich LeAnn zum Handeln. Ihre erste kleine Tat der Nächstenliebe mündete in ein Abenteuer, das nicht nur ihr eigenes Leben veränderte, sondern auch das Hunderter Kinder.

Sommer 1971

»Schaut mal, Mädels! Heute ist Kuchenbasar. Wir gehen rein und kaufen ein paar Stücke Kuchen«, rief LeAnn und fuhr auf den Parkplatz der Kirche.

»Auja!« riefen die beiden Mädchen zusammen. Sie schnallte sie ab und hob sie aus ihren Sitzen. Die beiden waren stundenlang mit ihrer Mutter durch ihr kleines Städtchen in Iowa getourt, um Besorgungen zu erledigen, und nun hatten sie sich wirklich eine Belohnung verdient.

»Gut. Raus mit euch. Aber wir bleiben nicht lang!«

»Mama, was steht denn da auf dem Schild?«, fragte LeAnns Dreijährige und deutete auf ein großes Schild über dem Eingang.

»Da steht: ›Helfen Sie Waisen in Vietnam‹«, las LeAnn vor. Sie spürte, wie ihr Herz leise drängelte, dass sie diesen Waisen helfen sollte – und wenn sie nur ein bisschen Geld gab.

Drinnen war ein großer Tisch mit Kuchen und Torten aufgebaut, und dahinter saßen zwei fröhliche ältere Damen, die schreiend bunte Kittelschürzen mit Blumendruck trugen. An der Wand hinter ihnen hingen Bilder von ausgehungerten vietnamesischen

Waisenkindern. Die dunkelbraunen Augen der Kinder, die unter ungepflegten Haaren hervorsahen, schienen sie flehend anzublicken. Ihre aufgeschwollenen Bäuche und verunstalteten Körper drehten ihr den Magen um.

LeAnn suchte ein paar Kuchenstücke aus, bezahlte sie und wandte sich zum Ausgang.

»Vielen Dank, dass Sie hier vorbeigeschaut haben«, sagte eine der Frauen zu LeAnn. »Jede kleine Tat zählt für diese Kinder.«

»Gern geschehen«, sagte LeAnn mechanisch. Sie wollte eigentlich gehen, aber sie konnte ihren Blick nicht von den Kinderbildern lösen.

»Wissen Sie, diese Kinder haben nicht die Spur einer Chance, wenn wir sie nicht aus Vietnam herausbekommen«, erklärte die Frau weiter.

»Wie meinen Sie das?«, wollte LeAnn wissen.

»Nun, die meisten von ihnen sind von amerikanischen Soldaten gezeugt worden. Man nennt sie ›Amerasiaten‹. In ihrer Heimat werden sie verstoßen. Niemand will sie haben. Deswegen versuchen wir, hier in den USA gute Familien zu finden, die sie aufnehmen. Aber die Zeit wird knapp, weil der Vietcong im Anmarsch auf Saigon ist – da befindet sich das Waisenhaus. Wenn diese Kinder dem Vietcong in die Hände fallen, werden sie gefoltert und vermutlich umgebracht.«

LeAnn sah wieder auf die Bilder. Bei dem Gedanken, was diesen unschuldigen Kindern alles passieren würde, wünschte sie sich, mehr tun zu können.

»Es wird immer schwieriger, die Kinder in Amerika unterzubringen. Die Leute wollen einfach nichts mehr vom Vietnamkrieg hören«, fügte die Frau hinzu.

LeAnn konnte, nachdem sie das gehört hatte, nicht einfach weiterleben, als wäre nichts geschehen. »Ich würde da gerne mithelfen«, platzte sie heraus. »Gibt es eine Nummer, die ich anrufen kann, um herauszufinden, was ich machen kann?«

Als sie mit einem schwer beladenen Pappteller und einer Broschüre der *Freunde vietnamesischer Kinder* die Kirche verließ, nahm sie sehr viel mehr mit als nur ein paar Stücke Kuchen – in ihrem Herzen trug sie die Saat einer Berufung von Gott.

LeAnn begann sofort, ehrenamtlich für FCVN zu arbeiten. Mehrere Jahre lang investierte sie sich selbst und viel von ihrer Energie in die Arbeit. Sie warb um Spendengelder, sammelte Hilfsgüter und half, Adoptionen zustande zu bringen. Je mehr Verantwortung sie wahrnahm, desto mehr wuchs auch ihre Liebe zu diesen Kindern. Sie wollte so gerne eines der Babys in ihr eigenes Zuhause holen. Nachdem sie viel mit ihrem Mann Mark darüber gebetet und geredet hatte, beschlossen sie, einen kleinen Jungen zu adoptieren. Aber es konnte passieren, dass Saigon fiel, bevor der Adoptionsprozess abgeschlossen war, der ein Jahr dauerte. Wenn Vietnam fiel, würden keine Babys mehr aus dem Land gelassen werden.

Ein paar Wochen, nachdem LeAnn und Mark die Adoptionsunterlagen ausgefüllt hatten, erhielt LeAnn einen Anruf vom Direktor der Organisation. »Könnten Sie sich vorstellen, sechs bis acht Babys von Saigon abzuholen und zu ihren Adoptivfamilien nach Amerika zu bringen, LeAnn? Als ehemalige Krankenschwester wären Sie dafür ideal geeignet. Aber Sie sollten sich bewusst machen, dass Sie Ihren Sohn möglicherweise noch nicht mitbringen können.«

»Ich werd's mir überlegen und drüber beten«, antwortete LeAnn. Sie legte den Hörer auf. Es wäre wirklich eine großartige Gelegenheit, ihre Fähigkeiten zum Einsatz zu bringen, aber sie war doch enttäuscht, dass sie selbst leer ausgehen würde.

Trotzdem blieb LeAnn ihrem Entschluss treu, diesen Kindern zu helfen. Sie redete mit ihrem Mann, betete über die Sache und beschloss dann, dass sie nach Saigon fliegen würde. Dass sie dabei sechs bis acht Babys würde retten können, schien die Reise wirklich wert zu sein.

Das Auslandsamt versicherte LeAnn, dass der Krieg schon seit Monaten zum Stillstand gekommen war und dass sie in Saigon sicher sein würde. Aber kurz darauf gingen die Kämpfe verstärkt weiter. In den Nachrichten sah man Karten von Vietnam, die besonders scharfe Kämpfe in der Nähe von Saigon anzeigten. Nordvietnamesische Bomben schlugen nur fünf Kilometer außerhalb der Stadt ein. LeAnn sah die Nachrichten und wusste vor Angst und Unsicherheit nicht, was sie tun sollte. Sie fragte sich, ob ihr Entschluss richtig war.

»Jede Aufgabe unter dem Himmel hat ihre Zeit. Manchmal sind wir berufen, in unserem eigenen Zuhause zu geben, was wir haben. Und dann gibt es andere Zeiten, in denen wir über das alles hinauswachsen – und wenn es nur ein kleines Stück weit ist. Audrey Hepburn hat einmal gesagt: ›Wirke in dem kleinen Kreis unmittelbar um dich herum. Wenn du damit Erfolg hast, tritt aus dem Kreis heraus – einen Schritt nach dem anderen.‹ Und das denke ich auch.«
LeAnn, 54

Am Tag, bevor sie nach Vietnam fliegen sollte, ging LeAnn wie üblich zur Kirche. Als der Gottesdienst vorbei war, spürte sie, wie Panik in ihr hochstieg. »Du, Schatz, ich glaube, ich möchte mal ein Weilchen allein sein«, sagte sie zu Mark.

»Klar, wir warten einfach draußen«, sagte er. Er nahm die beiden Mädchen an der Hand, leitete sie aus dem Gottesdienstraum und ließ LeAnn dort zurück.

LeAnn blieb allein in ihrer Bank sitzen, faltete die Hände zum Gebet und ließ den Tränen, die sie die ganze Zeit zurückgehalten hatte, freien Lauf.

All die Zweifel und Sorgen, die sie verdrängt hatte, brachen nun über ihr zusammen, und Tränen liefen ihr über die gefalteten Hände, als sie in ihrer Not zu Gott schrie: »Ich habe Angst, Herr. Bitte gib mir ein Zeichen, dass ich nicht gehen soll.« Stattdessen spürte sie ganz deutlich das Gegenteil. Als sie dort in der schwach beleuchteten Kirche allein in ihrer Bank saß, umfing sie ein Gefühl von Wärme, und ihre Tränen begannen zu versiegen. Ihr Atem wurde wieder regelmäßiger, tiefer und langsamer. Die Spannung löste sich aus ihren Schultern und aus ihrem Brustkorb, und ein Mut, den sie sich selbst nicht erklären konnte, breitete sich in ihr aus.

»Also gut, Herr«, betete sie, »ich gehe morgen nach Vietnam.«

1. April 1975

Am 1. April 1975 flogen LeAnn und ihre Freundin Carol, ebenfalls Krankenschwester, nach Saigon.

Nach einer 24-stündigen Reise stieg LeAnn aus dem Flugzeug auf einen Flugplatz, der vor Hitze dampfte. Das Thermometer zeigte in Saigon gut 41 Grad, und die Temperatur ließ, vor allem in Verbindung mit der hohen Luftfeuchtigkeit, das Atmen zur Qual werden. Als sie sich umsah, wurde ihr mit aller Deutlichkeit klar, dass sie ein Land der Sicherheit und Freiheit hinter sich gelassen hatte und mitten in einen Krieg hineingetreten war. Überall standen Flugzeuge und Armeelastwagen in Tarnfarben. Die Flughafengebäude waren nicht einmal angestrichen und sahen wenig einladend aus. LeAnn wischte sich den Schweiß von der Stirn und versuchte, auch ihre Angst wegzuwischen. Sie wollte sich lieber auf die Aufgabe konzentrieren, die vor ihr lag.

Als sie den Flughafen betraten, rannte Cherie, eine andere Ehrenamtliche von FCVN, die LeAnn noch aus den Staaten kannte, auf die beiden Frauen zu und rief: »Ich bin so froh, euch zu sehen! Habt ihr schon das Neueste gehört? Präsident Ford hat eine gigantische Baby-Ausfliege-Aktion genehmigt! Ihr werdet nicht ein halbes Dutzend Kinder mitnehmen, sondern mithelfen, um die dreihundert zu evakuieren … in mehreren Flügen. Wenn wir es schaffen!«

LeAnn, die vor Freude und Schreck nicht wusste, was sie sagen sollte, grinste Carol nur an, als sie diese Neuigkeiten hörte und sich der Bedeutung ihrer Aufgabe bewusst wurde.

Auf dem Weg zum FCVN erzählte eine aufgeregt und begeisterte Cherie ihnen alles über einen Flug mit Kindern, der fast nicht zustande gekommen wäre. »Das Flugzeug des FCVN stand schon beladen auf dem Rollfeld und wartete nur noch auf die Starterlaubnis. Die Regierung hat diese Erlaubnis immer weiter hinausgezögert. Irgendwann ist das Flugzeug trotzdem gestartet. Jetzt sind einhundertundfünfzig Kinder auf dem Weg nach San Francisco!«, erklärte sie. »Und wir sollen morgen den ersten Evakuationsflieger nehmen. Ihr zwei werdet ganz früh am Morgen mit einem ganzen Flugzeug Kinder losfliegen.«

Erleichterung machte sich in LeAnn breit; sie wollte gerne so bald wie möglich heim.

Sobald sie am Waisenhaus ankamen, stürzte sich LeAnn in das verzweifelte Rennen, so viele dieser Kinder zu retten wie möglich. Die Operation Babyflug war schon in vollem Gange. Die Aufregung der anderen flößte ihr neue Energie ein, und so war sie den ganzen Tag damit beschäftigt, alles zusammenzupacken, was 200 Babys auf ihrer Reise in die USA brauchten. Carol und LeAnn brachten den größten Teil ihrer Zeit in Saigon im zweigeschossigen Lagerhaus des Waisenhauses zu. Sie sahen sich zwischen all den Regalen mit ordentlich gestapelten Kisten und Vorräten um, die aus den USA hergeschickt worden waren. Carol musste lachen, als sie eine staubige Kiste aus dem Regal zog. »Wo finden wir denn fürs Erste 600 Strampelanzüge und 1000 Pampers?«

»Man muss nicht nach Vietnam fliegen, um das Leben anderer Menschen positiv zu beeinflussen. Sie können einem kranken Nachbarn ein Essen kochen oder auf die Kinder von irgendjemandem aufpassen. Alles, was wir anderen an Freundlichkeit geben, macht die Welt besser.«
LeAnn

LeAnn griff nach einer anderen Kiste und starrte darauf. »Schau dir das mal an, Carol! Das ist meine Handschrift. Diese Kiste haben wir gepackt!«

LeAnn und Carol wühlten in den T-Shirts, Hosen und Spielanzügen herum, die ihnen bekannt vorkamen. Sie freuten sich, dass all diese Sachen wieder nach Amerika zurückkehren würden – und diesmal würde ein Baby darin stecken.

An diesem Nachmittag beschloss die Regierung Vietnams, den Flugplan zu ändern, um den Mitarbeitern von FCVN heimzuzahlen, dass ihr Flugzeug ohne Erlaubnis losgeflogen war. Stattdessen würde am nächsten Tag eine andere Organisation als erste evakuiert werden. LeAnn sank der Mut, als sie die schlechten Neuigkeiten hörte. Aber sie konnte nichts anderes tun, als diese Entscheidung anzunehmen und die Kinder weiter zum Abflug vorzubereiten.

Nachdem nun doch alles anders kam, stellten sie sich nun darauf ein, 100 Babys in ein Flugzeug zu packen, das nach Australien flog. Nach einem Tag, an dem sie nichts anderes getan hatte, als kleine Babys zu wickeln, zu füttern, zu waschen und ihre Sachen zusammenzupacken, fiel sie völlig erschöpft ins Bett.

Am nächsten Morgen half sie mit den letzten Vorbereitungen, um die Babys auf ihren Flug nach Australien zu bringen. Sie saß in einem VW-Bus, aus dem man die mittlere Bank entfernt hatte, und um sie herum auf dem Boden und auf dem Rücksitz lagen 21 weinende Säuglinge. Es war schrecklich heiß, und weil die Babys durch ihren Schweiß und die Tränen so viel Flüssigkeit verloren, machten sich die Mitarbeiter Sorgen, dass sie austrocknen würden.

Auf dem Weg zum Flughafen gerieten sie in einen riesigen Stau. LeAnn sah aus dem Fenster und schnappte nach Luft. Eine riesige schwarze Wolke hing in der Luft. Später erfuhr sie von einem australischen Reporter, dass das erste Flugzeug an diesem Morgen abgestürzt war; Mitarbeiter einer Hilfsorganisation und Hunderte von Kindern auf dem Weg nach Amerika waren dabei umgekommen.

In LeAnn setzten sich Gedanken fest, was dieses tragische Ereignis auch für sie bedeutete, aber sie versuchte sie beiseite zu schieben. Sie hatte jetzt einfach keine Zeit, daran zu denken. Um ihre Füße herum, auf ihrem Schoß und zu beiden Seiten lagen schreiende Babys, die sie brauchten. Sie konzentrierte sich auf diese Kinder. Als sie zum Flughafen kamen, ignorierte sie die schwarze Wolke und half, die Kinder im Flugzeug unterzubringen. Zusammen mit den anderen Mitarbeitern jubelte sie, als das Flugzeug nach Australien abhob und aus ihrer Sicht verschwand. Wenigstens diese Waisen waren in Sicherheit!

Als LeAnn zum Waisenhaus zurückkam, sank sie in einen Rattanstuhl und schluchzte unkontrolliert. »Das war so schrecklich!«, sagte sie zu Cherie. »Ich kann dir gar nicht sagen, wie ich mich gefürchtet habe, als ich diese schwarze Wolke gesehen und gedachte habe, wie viele Menschen bei diesem Absturz umgekommen sind! Ich hab die ganze Zeit denken müssen, dass uns das schließlich auch passieren könnte!« Fragen voller Angst breiteten sich in ihr aus. *Ob ich meinen Mann und meine Töchter wohl wiedersehe? Wollte Gott wirklich, dass ich hierher komme? Habe ich ihn richtig verstanden?*

»Daran können wir jetzt nicht denken«, sagte Cherie. »Wir haben noch eine ganze Menge Babys nebenan, die uns brauchen. Wir müssen uns um sie kümmern und sie auf die Evakuierung vorbereiten.«

Beim Abendessen lächelte Cherie LeAnn an. Sie legte ihre Gabel zur Seite und verkündete: »Eins von den Kindern nebenan ist deins, LeAnn. Du kannst dir eins zuteilen lassen, oder du kannst da jetzt reingehen und dir deinen Sohn aussuchen.«

Verwirrt stammelte LeAnn: »Bist du sicher?«

»Oh ja«, sagte Cherie fröhlich.

LeAnns Herz begann zu rasen. Dort, hinter einer dünnen Tür, lag einer ihrer tiefsten Herzenswünsche. Erst vor ein paar Stunden hatte sich ihr der Magen herumgedreht bei dem Gedanken, dass sie sterben könnte wie die anderen. Und jetzt drehte er sich vor lauter Freude herum. »Aber wie soll ich denn da *einen* auswählen? Es sind doch so viele!«

»Ich weiß, dass das nicht einfach ist. Aber du wirst wissen, welcher in eure Familie gehört, wenn du ihn siehst«, versicherte ihr Cherie.

LeAnn glaubte zu träumen. Sie hatte sich den Gedanken, dass eins dieser Babys ihres sein würde, bisher nicht gestattet.

Sie wird nie vergessen, wie es damals war, diese Tür zum Babyzimmer zu öffnen. Es war randvoll mit Säuglingen – 110 an der Zahl. Ein durchdringender Geruch nach saurer Milch, Babypuder und vollen Windeln hing in der Luft, aber LeAnn nahm nichts weiter wahr als die Freude in ihrem Herzen. Das herrliche, unablässige Brabbeln und Gurren der Kinder war Gesang in ihren Ohren. Wie kann ich denn da eines auswählen?, fragte sie sich wieder. Als sie dort stand, krabbelte ein kleiner Junge, der nur eine Windel trug, auf sie zu. Er krabbelte durch das ganze Zimmer, direkt in ihre Arme und in ihr Herz. LeAnn hob ihn hoch. Er kuschelte das Köpfchen an ihren Hals. Als sie sich weiter in dem großen Raum umsah, klopfte er weiter mit seiner kleinen Patschhand gegen ihre Wange und versuchte, ihren Kopf zu ihm hinzudrehen.

> *»Ich habe meine Berufung als ein sanftes Drängeln in meinem Herzen erlebt, das einfach nicht wegging. Es war eine Stimme ganz tief in mir, die mich einfach nicht in Ruhe ließ.«*
> *LeAnn*

»Das ist unser Sohn, Mitchell«, verkündigte LeAnn allen, die um sie herum waren. »Ich habe ihn nicht ausgewählt, sondern er mich.«

Dieser Augenblick ließ LeAnn endgültig sehen, warum Gott sie nach Vietnam gerufen hatte. Sie konnte nicht nur dabei helfen, dass Hunderte von Kindern gerettet wurden, sondern bekam auch den Sohn geschenkt, auf den sie schon so lange gehofft und für den sie so lange gebetet hatte. Das war all die Mühe wert gewesen.

Aber noch waren die Kinder nicht in Sicherheit.

Am nächsten Tag erhielten sie die Nachricht, dass für den Nachmittag zwei Flüge genehmigt waren. Sie packten hastig 150 Kinder und alles, was diese für ihren Flug nach Amerika benötigten, zusammen. Dann stopften sie die Kinder in alte Linienbusse und bewegten sich Zentimeter für Zentimeter auf den Flughafen zu. Als sie ankamen, wurde ihnen gesagt, dass der Abflug sich verzögerte.

In dem nun herumstehenden Bus staute sich die Hitze schnell wie in einer Sauna und die Babys drehten durch. LeAnn rannte den Gang auf und ab, wischte den Kindern den Schweiß von der feuchten Stirn und fächelte ihnen mit Windeltüchern ein bisschen Luft zu. Schließlich erlaubte man ihnen, einige Unterstände neben dem Flughafen zu benutzen. Dort luden sie die Babys aus und versuchten sie im Kühlen zu halten, bis das Flugzeug abfliegen konnte.

Mitchell sollte mit LeAnn den nächsten Flieger nehmen und war deshalb nicht in diesem ersten Bus. Der Busfahrer würde LeAnn zum Waisenhaus zurückfahren, damit sie Mitchell und die übrigen Babys, die für den zweiten Flug vorgesehen waren, abholte.

Natürlich lief wieder nichts wie geplant. Ross, ein anderer Ehrenamtlicher, brachte weitere schlechte Neuigkeiten für seine Kollegen und die Babys. Er hielt einen Finger in die Luft und sagte: »Die Regierung von Vietnam hat beschlossen, jetzt ein Flugzeug abfliegen zu lassen, aber nur *eins*!«

LeAnn geriet in Panik. Ihr Herz schlug wie wild. Sie konnte doch nicht einfach ohne Mitchell fliegen. Und sie *würde* auch nicht ohne Mitchell fliegen.

»Schau, dass du weg kommst, so lange es noch geht«, riet ihr Ross. »Bald kommt hier keiner mehr raus. Du solltest statt meiner in diesem Flugzeug mitfliegen.«

»Das geht doch nicht«, gab LeAnn zurück, und sie zitterte vor Panik. »Ich kann Mitchell nicht hier zurücklassen – was soll ich denn bloß machen?«

Ross legte ihr den Arm um die Schulter und sie vergrub das Gesicht in seinem verschwitzten Hemd. Er legte ihr beide Hände auf die Schultern und sah ihr fest in die Augen. »Du fliegst jetzt mit Carol los. Ich versprech dir, dass ich Mitchell hier rausschaffe und zu dir bringe.«

»Aber was, wenn du nicht mehr wegkommst? Gerade hast du noch gesagt, dass sie bald keine Babys mehr aus dem Land lassen.«

»Ich schaff das schon. Ich versprech's dir.« Ross' Stimme brach.

LeAnn hielt kurz inne und dachte über seinen Vorschlag nach. Sie spürte in Gedanken Marks Umarmung und sah die Gesichter ihrer Töchter. Und dann stellte sie sich vor, was mit Mitchell passieren würde, wenn er dem Vietcong in die Hände fiel.

»Ich kann Mitchell nicht hier lassen, wo er vielleicht gefoltert und umgebracht wird. Ich werde nicht ohne ihn gehen«, sagte sie entschlossen.

LeAnn sprang in den Bus und bat den Busfahrer durch einen Dolmetscher, sie zum Waisenhaus zurückzufahren. Sie hatte vor, sich dort sofort Mitchell zu schnappen und zurück zum Flughafen zu hetzen, bevor das Flugzeug abhob.

Der Busfahrer raste ohne Rücksicht auf Verluste zurück zum Waisenhaus. Die vollgestopften Straßen, der endlose Strom von Autos und Hunderte von Fahrrädern brachten LeAnn alle in Rage, als der Bus sich seinen Weg durch den Verkehr hupte.

»Hören Sie mal, geht das denn nicht ein bisschen schneller?«, schrie sie den Busfahrer an, der kein Wort verstand.

Er hielt etwa eineinhalb Kilometer vor der Waisenhaus an, öffnete die Tür und deutete auf ein kleines Sträßchen. Sie sprang aus dem Bus und sprintete los, so schnell ihre Beine sie trugen. Ein Riemen ihrer Sandale riss, und der Schuh schlug ihr gegen den Knöchel. Sie griff ohne hinzusehen nach unten, zerrte an der Sandale, riss den Riemen einfach ab und lief mit nur einem Schuh weiter. Als sie am Waisenhaus ankam, war sie völlig außer Atem. »Wo ist Mitchell?«, keuchte sie. »Ich brauche ihn, und zwar sofort.«

»Immer mit der Ruhe, LeAnn«, sagte Cherie, die ihr an der Tür entgegentrat. »Ich hab gerade mit einem Beamten vom Flughafen gesprochen. Er hat angerufen, um dir zu sagen, dass das Flugzeug auf dich warten wird.« Sie lächelte. »Und er hat mir erzählt, dass sie den zweiten Flug doch noch genehmigt haben.«

»Danke, Gott«, war alles, was LeAnn hervorbrachte.

Von da an ließ LeAnn Mitchell keine Sekunde mehr aus den Augen. Er wurde, wie die anderen Babys, in Kartons gepackt, jeweils zwei bis drei Kinder pro Karton, und in einem Frachtflugzeug verstaut. Beide Flugzeuge und die 300 Babys darin landeten 24 Stunden später sicher auf amerikanischem Boden. Eins dieser Babys war LeAnns jüngstes Familienmitglied.

Nicht in ihren wildesten Träumen hatte LeAnn sich ausgemalt, dass sie einmal an einer groß angelegten Aktion zur Evakuierung Hunderter Babys beteiligt sein würde. Sie hörte einfach auf das sanfte Drängeln, das Gott ihr ins Herz legte, als sie nur ein paar Stücke Kuchen kaufen wollte – und folgte seiner Führung dann Schritt für Schritt. Ihr wurde es immer mehr ein Herzensanliegen, diesen unerwünschten Kindern zu helfen, und Gott gebrauchte ihren Gehorsam, um ihr zunehmend mehr Verantwortung zuzuteilen und sie da einzusetzen, wo sie wirklich gebraucht wurde. »Als ich nach Vietnam ging, hatte ich keine Ahnung, was passieren würde. Ich habe einfach auf Gottes Drängeln in meinem Herzen gehört und bin dann weit mehr gesegnet worden, als ich es mir je hätte vorstellen können.«

Wanda

Aus Wanda, der Hausfrau, wurde Wanda, die Lobbyistin. Sie brachte eine Sache in Ordnung und fand dabei gleichzeitig Frieden für ihr unruhiges Herz.

Wanda war auf Gott und die Welt wütend. Sie saß alleine an ihrem Küchentisch, und vor ihr lag aufgeschlagen die Zeitung. Eine Überschrift brachte sie zum Rasen. Sie stach wütend mit dem Finger auf die Zeitung ein. »Gott, wie kannst du es nur zulassen, dass so jemand überlebt, aber meinen Jeremy sterben lassen?«

Tränen flossen ihr über die Wangen und tropften in ihre Kaffeetasse. Das alles ergab einfach keinen Sinn. Sie schloss die Augen und dachte an ihren Sohn. *Jeremy war ein Vorzeigekind. Er war einfach ein freundlicher und umgänglicher Mensch, und er hatte seine Familie und seine Freunde lieb. Ich weiß ja, dass er einen Fehler gemacht hat; es war nicht sehr weise, aber deswegen hätte er doch nicht gleich sterben müssen!* »Ich werd noch verrückt«, sagte Wanda zu niemand Bestimmtem. »Ich brauche Hilfe oder ich werde noch verrückt.«

Das letzte Jahr war für sie ein einziges Durcheinander gewesen. Jeremy und ein Freund waren von Texas nach Louisiana gefahren, um »richtig einen drauf zu machen«. Alle, die nahe an der Grenze wohnten, wussten, dass man in Louisiana nur groß genug sein musste, um über den Tresen zu gucken, und schon bekam man Alkohol ausgeschenkt, so viel man wollte. Auf dem Heimweg verursachte der betrunkene Fahrer des Autos, in dem Jeremy saß, einen Unfall – und Jeremys Leben wurde von einem Augenblick zum nächsten ausgelöscht. Und nun hätte Wanda sich am liebsten selbst das Leben genommen.

»Wenn Sie wütend auf Gott sind, sagen Sie ihm einfach, was Ihnen auf der Seele brennt. Reden Sie mit ihm. Er hört Ihnen zu.«
Wanda, 59

Gott, so geht das nicht weiter. Ich weiß ja, dass mein Mann, die Kinder und Enkelkinder mich alle brauchen. So, wie's mir im Moment geht, taug ich zu gar nichts. Sie griff nach dem Telefonbuch und suchte nach der gebührenfreien Nummer von MADD (*Mothers against Drunk Driving*), einer Initiative, in der sich Mütter im Kampf gegen Alkohol am Steuer zusammengeschlossen hatten. Vielleicht konnten diese Leute ihr ja helfen.

Die Person am anderen Ende der Leitung verwies sie auf die MADD-Abteilung vor Ort. Also rief sie dort an und sagte einfach nur: »Ich brauche irgendwie Hilfe; können Sie mir vielleicht Infomaterial schicken?«

Ein paar Tage später lag ein dickes, großes Paket in ihrem Briefkasten.

Sie öffnete es und blätterte schnell durch den Ordner, den sie erhalten hatte. Plötzlich hielt sie wütend inne. An einer Stelle hieß es: »Nachdem nun in allen 50 Bundesstaaten das Alter, ab dem Alkoholkonsum gestattet ist, auf 21 hochgesetzt worden ist …«

»So eine freche Lüge!« schrie sie den Ordner an, aber natürlich bekam sie keine Antwort. Dass eine so angesehene Organisation solche Unwahrheiten verbreitete, ließ sie vor Wut kochen. Sie rief sofort bei ihrer MADD-Abteilung an und sagte den Leuten dort, was sie von ihrem Infomaterial hielt.

»Wie können Sie nur solche Unwahrheiten verbreiten! Sie haben geschrieben, dass in allen 50 Staaten das Alter, ab dem man Alkohol trinken darf, bei 21 Jahren liegt. Aber jeder hier in Texas weiß, dass das für Louisiana nicht zutrifft!«

»Madam«, sagte ein sehr geduldiger Mensch am anderen Ende der Leitung, »in Louisiana gibt es auch eine Menge Leute, die sich darüber aufregen. Es gibt da eine Gruppe, die sich schon seit Jahren bemüht, das Alter hoch zu setzen. Ich geb Ihnen mal deren Telefonnummer.«

Sie bekam nicht die Informationen, die sie sich erhofft hatte, also begann sie mit ihren eigenen Recherchen. Nach vielen erfolglosen Telefonaten beschloss sie, dass sie wohl selber Gesetzestexte würde studieren müssen, und sie besorgte sich eine Ausgabe. Das Gesetz verbot den Erwerb, Besitz und Genuss von Alkohol bei allen Jugendlichen unter 21, aber eben nicht den Verkauf.

Verwirrt starrte sie den Text an. Das Ganze war natürlich lächerlich, aber irgendjemand hatte irgendwo festgestellt, dass diese unklare Gesetzeslage die ganze Verantwortung auf die Minderjährigen abwälzte anstatt auf die Verkäufer. Man konnte Alkohol in beliebigen Mengen an jeden beliebigen Interessenten verkaufen, ohne vom Gesetz behelligt zu werden. Ärger bekam nur der Minderjährige – wenn er sich erwischen ließ.

Das ist doch völlig absurd! Ich kann das kaum glauben! Wie viele Kinder sind wegen dieser Lücke im Gesetz wohl schon umgekommen? Sie wurde immer wütender, je mehr sie verstand, was dieses Gesetz aussagte.

Und je weiter sich Wanda in die Materie einlas, desto wütender wurde sie. Wanda schwor sich, dass Jeremy nicht umsonst gestorben sein sollte. *Ich werde alles tun, was in meiner Macht steht, um dieses Gesetz zu ändern.*

Ihre erste Handlung war ein Brief an die örtliche Eltern-Lehrer-Vereinigung. Sie verteilte die Kopien dieses Briefs an alle, die sie kannte. Mehr und mehr Leute begannen, sie zu pädagogischen oder Bürgerrechtsveranstaltungen einzuladen. Es dauerte nur ein Vierteljahr bis sie von dem Gouverneur und dem Generalbundesanwalt von Louisiana angehört wurde. Sie erzählte ihre Geschichte und begann, für eine Änderung der Gesetze zu kämpfen. Sie wollte erreichen, dass in Zukunft auch der Verkauf und Ausschank von Alkohol an Jugendliche unter 21 Jahren verboten wurde.

Innerhalb kürzester Zeit wandelte sich Wanda von der Hausfrau zur Lobbyistin. Eines Tages erhielt sie einen Anruf aus dem Büro des Sheriffs. »Vergessen Sie diese Pressekonferenz morgen bloß nicht«, sagte die Sekretärin dort. »Wir hoffen doch sehr, dass Sie es dahin schaffen.«

Pressekonferenz? Was in aller Welt ist denn eine Pressekonferenz?, fragte sich Wanda. »Ach, darüber mach ich mir mal keine Sorgen«, sagte sie und versuchte, ihre Unsicherheit zu überspielen. »Ich werde auf jeden Fall dort sein.«

Die Pressekonferenz wurde in einem großen Bürgerhaus direkt an der Grenze von Texas und Louisiana abgehalten. Das Ziel der Konferenz war, bei der Bevölkerung ein Bewusstsein dafür zu wecken, dass junge Leute einfach über die Grenze nach Louisiana fuhren und schon nach zwei, drei Kilometern Bars fanden, in denen ihnen ganz legal Alkohol verkauft wurde. Sie fuhren dann betrunken zurück. Nachdem ein paar Leute gesprochen hatten, lehnte sich die junge Frau, die Wanda am Tag zuvor angerufen hatte, zu Wanda herüber und sagte: »Sie sind als nächste dran. Sind Sie soweit?«

»Was?«, fragte Wanda verwirrt.

»Sagen Sie was«, sagte die junge Frau.

Wandas Handflächen waren schweißnass, und ihr Mund wurde ganz trocken. *Ich weiß gar nicht, was ich sagen soll, Herr. Bitte gib mir die richtigen Worte.*

Wanda stellte sich mutig vor die Menge und begann: »Ich wollte gar keine Fanatikerin sein, sondern einfach nur die Mutter von Jeremy.« Sie erzählte dann, wie Jeremy tragisch verunglückt war, und gab dann ihre Meinung zu diesem verrückten Gesetz ab, das zum Tod ihres Sohnes geführt hatte. Sie fuhr fort: »Ich bin der Sache nachgegangen und habe festgestellt, dass auf einem nur 45 Kilometer langen Highway-Abschnitt zwischen Texas und Louisiana innerhalb eines einzigen Jahres 64 Jugendliche wegen Alkohol am Steuer umgekommen sind. Mein Sohn war einer von ihnen. Wenn dieses Gesetz nicht geändert wird, werden Hunderte weiterer Kinder sterben. Hier wird eine Gesetzeslücke ausgenutzt, um Profit zu schlagen. Diese Todesfälle wird es erst dann nicht mehr geben, wenn wir beschließen, dass Menschenleben wichtiger sind als Profit.« Das Ende ihrer kleinen Rede ging in lautem Beifall unter.

An diesem Abend war sie in den Lokalnachrichten zu sehen, am nächsten Morgen auf der Titelseite der regionalen Zeitung und etwas später auf der der *New York Times*. Außerdem sprach sie in verschiedenen regionalen und nationalen Fernsehshows.

Ihrem unermüdlichen Einsatz und der Aufmerksamkeit, die sie erregte, war es schließlich zu verdanken, dass Louisiana das Gesetz änderte. Vier Jahre nach Jeremys Tod schloss der Oberste Gerichtshof von Louisiana die Gesetzeslücke zum Alkoholverkauf. Es war von da an unzulässig, Alkohol an Minderjährige unter 21 abzugeben. Wieder einmal saß Wanda an ihrem Küchentisch, als das Telefon klingelte. Diesmal war es eine Sekretärin vom Obersten Gerichtshof. Sie rief an, um Wanda die guten Neuigkeiten mitzuteilen.

»Sie haben es geschafft, Wanda! Sie haben es geschafft!«

Wanda legte den Hörer auf und rief: »Danke, Gott!« Und dann sah sie zur Decke auf und sagte: »Guck mal, Jeremy, und ihr anderen Jungs auch – guckt mal, was wir erreicht haben!«

Obwohl Louisiana damals das Gesetz seines Bundesstaats entsprechend abänderte, herrscht auf Bundesebene immer noch das mehrdeutige Gesetz. Wandas Kampf ist noch nicht zu Ende; sie möchte gerne auch das Bundesgesetz ändern, um ähnliche Gesetzeslücken wie in Louisiana auszuschließen.

»Ich habe nach wie vor eine Menge Fragen an Gott«, sagt Wanda heute. »Wenn ich mal in den Himmel komme, möchte ich mich gerne eine ganze Weile mit ihm unterhalten. Aber ich habe schon ein bisschen Frieden bei dem Gedanken gefunden, dass Jeremys Tod letztlich dazu geführt hat, dass Hunderte anderer Menschenleben gerettet werden. Und wer weiß – vielleicht wird einer dieser Jugendlichen, die davon profitieren – ein Jugendlicher, den ich nicht kenne und der nie von mir erfahren wird – irgendwann einmal Präsident.«

June

June hat über 21 Jahre lang mit Jugendlichen gearbeitet. Dabei ist ihr zu ihrer Freude klar geworden, dass sie umso mehr Segen selbst erleben konnte, je mehr sie für andere da war.

Das Telefon klingelte gerade in dem Moment, als June den letzten Teller ins Spülwasser gleiten ließ.

»Hallo June, hier ist Leslie«, hörte sie die Stimme einer Freundin, die sie von der Kirche her kannte.

»Ach ja, hallo! Wie geht's denn so mit deiner Nichte?«, fragte June. Sie versuchte den Hörer zwischen Schulter und Ohr einzuklemmen und griff nach einem Küchentuch, um die Ablage um das Spülbecken herum abzutrocknen. »Ich habe gehört, dass sie letzte Woche bei dir eingezogen ist. Wie heißt sie doch gleich?«

»Jessie. Und um ganz ehrlich zu sein, ist sie auch der Grund, weswegen ich anrufe.«

»Warum? Was ist denn los?«

»Naja. Ich hab dir ja erzählt, dass ihre Mutter gestorben ist, als sie und ihre Drillingsschwestern noch kein Jahr alt waren. Ihr Vater hat dann nacheinander verschiedene Frauen geheiratet, von denen Jessie und ihre Schwestern keine einzige mochten. Und die Frauen scheinen für die Mädchen auch nicht gerade viel übrig gehabt zu haben. Jetzt sind die drei nicht mehr in den Griff zu bekommen, und ihrem Vater wurde es zu viel. Er hat beschlossen, sie voneinander zu trennen. Als ich ihm gesagt habe, dass Jessie gerne bei uns wohnen kann, wusste ich nicht, worauf ich mich da eingelassen habe. Ich glaube, sie braucht ein paar andere Leute in ihrem Alter. Möglichst welche, die einen guten Einfluss auf sie ausüben«, erklärte Leslie. »Ich hab mir gedacht, dass ich sie ja vielleicht mit dir gehen lassen könnte, weil du doch die Jugendgruppe leitest.«

»Mir ist bewusst, dass viele Leute aus ganz verschiedenen Generationen mir geholfen und mich geprägt haben. Und ich weiß, dass Gott mich auch im Leben dieser Jugendlichen benutzt hat, um so generationenübergreifend mit ihnen zu arbeiten.«
June, 58

»Klar. Luke und ich holen sie gerne bei euch ab. Wir kommen so gegen halb sieben vorbei«, sagte June und legte auf.

»Wer war das denn?«, fragte Luke, ihr Sechzehnjähriger, der gerade eine Packung Milch aus dem Kühlschrank nahm. Auch Ed, ihr Mann, steckte neugierig den Kopf zur Küchentür herein, um ihre Antwort zu hören.

»Du kennst doch Leslie aus der Kirche? Ihre Nichte Jessie ist für eine Weile bei ihrer Familie eingezogen. Ich vermute, sie hat schon bei ganz vielen verschiedenen Familien gelebt, und jetzt wohnt sie eben bei Leslie. Sie hat mich gefragt, ob wir sie zur Jugendgruppe mitnehmen.«

»Und du hast natürlich ja gesagt, nicht?«, fragte Luke, der einen Keks in das Glas mit Milch tunkte, die er sich eingegossen hatte.

»Das ist doch großartig«, freute sich Ed. »Ob sie wohl je in einer christlichen Jugendgruppe gewesen ist?«

»Keine Ahnung. Komm jetzt, Luke«, sagte sie und schlug spielerisch mit einem Küchentuch nach ihm, um ihn aufzuscheuchen. »Mach dich fertig. Wir müssen ein bisschen eher los.«

June und Luke fuhren zu Leslies Haus hinüber, hupten und warteten im Auto auf Jessie. Als sie aus der Haustür trat, sagte Luke überrascht: »Wow, die ist ja riesig. Was meinst du, wie groß die ist? Über eins achtzig, möchte ich wetten.«

»Sei nett zu ihr, Luke. Sie soll sich doch wohl fühlen.«

Als Jessie zum Auto schlenderte, fielen June ihr weit ausladender Seemannsgang und die unförmigen Klamotten auf: eine überdimensionierte, verwaschene Jeans und ein T-Shirt, das unordentlich über dem Hosenbund hing. Im Gegensatz zu den meisten anderen Mädchen ihres Alters trug sie nicht massenweise Make-up. *Sie sieht aus wie ein Mädchen, das nie eine Mutter gehabt hat. Die Ärmste, ihr Leben bisher war bestimmt ganz schön schwierig.*

Jessie öffnete die Tür und ließ sich auf den Rücksitz plumpsen.

Luke und June sahen über die Schulter, um sie zu begrüßen.

»Hallo, Jessie. Ich bin June, und das hier ist Luke, mein Sohn. Ihr müsstet etwa gleich alt sein.«

»Hallo«, sagte Jessie. »Und wo gehen wir hin? Meine Tante hat gemeint, das ist irgendsowas mit der Bibel.« Jessie zwirbelte eine

Strähne ihres langen, glatten Haars um einen Finger und starrte aus dem Fenster.

»Stimmt. Nennt sich Bibeliade.«

»Bibeliade? Was soll das denn sein? Klingt ja ziemlich nach Sport.«

»Nein. Das ist wie wenn man zusammen Bibel liest, aber als Spiel«, erklärte June. »Wir lesen zusammen in der Bibel, und dann gibt es Fragen zu den Abschnitten, die wir gelesen haben. Du wirst einem Team zugeteilt, und da kämpfst du gegen andere Teams an. Ein Schiedsrichter stellt eine Frage, und die erste Gruppe, die auf ihren Summer drückt, darf die Frage beantworten. Es ist ein Wettbewerb. Wenn man richtig antwortet, bekommt man dafür Punkte.«

»Jesus war schon klar, welche Rolle Erwachsene – und zwar nicht nur unmittelbar verwandte – im Leben der Heranwachsenden spielen. Im Markusevangelium heißt es: ›Er nahm die Kinder in die Arme, legte ihnen die Hände auf und segnete sie.‹ Wenn Jesus es sich zur Aufgabe gemacht hat, Kinder lieb zu haben, zu berühren und zu segnen, sollte ich das auch.«
June

»Wie wenn man um Geld kegelt? Kann man da was gewinnen?«, fragte Jessie.

»Geld nun gerade nicht, aber es gibt manchmal Sachpreise, oder sogar Stipendien für gute christliche Colleges.«

»Das klingt ja großartig.« Jessies Stimme triefte vor Sarkasmus.

»Ist auch wirklich großartig«, sagte June. »Im Moment gehen wir die Briefe im Neuen Testament durch, die Johannes geschrieben hat.«

»Neues Testament? Was soll das denn sein?«

Au weia. Die hat ja wirklich keinen blassen Schimmer von der Bibel. Das wird ja eine schöne Herausforderung. Hey – Herausforderungen sind eine feine Sache.

»Also … das erklär ich dir später. Erzähl uns doch erstmal was über dich«, June warf Luke einen kleinen Blick aus den Augenwinkeln zu, der sagen sollte: *Sag doch bitte auch mal was.*

»Genau«, sagte Luke. »Zum Beispiel, warum du bei deiner Tante lebst.« June verdrehte die Augen, weil Luke gleich so unverblümt eine so persönliche Frage gestellt hatte. *Das hatte ich jetzt nicht gemeint. Aber Luke war noch nie besonders taktvoll.*

»Wahrscheinlich waren meine zwei Schwestern und ich einfach ein bisschen zuviel des Guten für Stiefmutter Nummer drei. Sie kam mit uns nicht zurecht. Wobei wir uns ja auch vorgenommen hatten, ihr das Leben möglichst schwer zu machen«, grinste Jessie höhnisch.

> *»Mir ist als Mutter nichts wichtiger gewesen, als dass meine Kinder den Herrn kennen und ihm dienen. Das ist so viel wichtiger als Erfolg im Sport oder in der Schule, ein guter Job oder was einem sonst im Leben noch wichtig werden kann.«*
> *June*

»Wieso, was habt ihr denn angestellt?«, wollte Luke wissen.

»Och, so alles Mögliche. Ich glaube, so richtig ausgetickt ist sie, als wir den Motor ihres Autos auseinandergenommen haben. Sie ist nämlich gern zum Einkaufen gefahren und so. Unser Papa hatte uns eine ganze Menge über Autos beigebracht, und wir sind eines Tages einfach hingegangen und haben uns ihren Motor vorgenommen.«

»Cool!«

»Komm mir bloß nicht auf dumme Gedanken, Luke«, mischte sich June ein.

»Naja, es hat rund 700 Dollar gekostet, das zu reparieren. Das war dann der Tag, an dem unser Papa gemeint hat, wir werden auf unsere Tanten und Onkels verteilt. Sieht also so aus, als wär' ich die nächsten zwei Jahre hier. Und wenn ich dann mit der Schule fertig bin, hau' ich ab.«

Woche für Woche holten June und Luke Jessie bei ihrer Tante ab. Am Anfang machte sie sich nur über das gemeinsame Bibellesen lustig, dann wurde sie neugierig, und schließlich begann sie, den Wettbewerb mit den anderen zu genießen. Sie ging regelmäßig mit zur Kirche und schien mit den Jugendlichen dort auch gut zurechtzukommen. Und nach einigen Monaten geschah ein wirkliches Wunder.

An einem Sonntag forderte der Pfarrer alle, die ihr Leben Christus übergeben wollten, auf, nach vorne zum Altar zu kommen. June bemerkte Jessies inzwischen vertrautes Schlendern, als das Mädchen, einen Kopf größer als die anderen, nach vorne ging und sich am Altar hinkniete. June wischte sich schnell die Tränen aus den Augen. Sie wusste, dass Jessie nicht wollen würde, dass sie weinte. Aber die Freude, die sie in diesem Moment empfand, machte es ihr unmöglich, nicht ein paar Tränen zu vergießen.

Ungefähr sechs Wochen später erhielt June einen Anruf von Jessie. Sie erklärte schluchzend, dass ihr Papa bei einem Autounfall ums Leben gekommen war. Nun hatte Jessie weder Mutter noch Vater, und auch ihre Schwestern lehnten sie neuerdings ab, weil sie zum Glauben gekommen war.

Ihre Tante Leslie versuchte, so gut es ging für Jessie da zu sein, aber ein besonders enges Verhältnis hatte June zu dem Mädchen. Weil sie das bemerkte, ließ Leslie June gerne Jessies Vormundschaft übernehmen. June ging also zu Elternabenden in der Schule, und ihre Familie nahm Jessie oft mit in den Urlaub. Manchmal führte June Jessie zum Essen aus, und dann redeten und beteten sie miteinander.

Wenn sie zu überregionalen Bibeliaden fuhren, teilten sie sich oft ein Hotelzimmer. Diese Gelegenheiten nutzte Jessie, um bis in die Nacht hinein mit June zu reden. Sie sprach auch viel über ihre Schwestern. Sie vermisste sie schrecklich und war furchtbar verletzt über ihre Ablehnung. Sie stellte all die schwierigen Fragen über Gott und warum er ihr Mutter und Vater weggenommen hatte. Sie sprach einfach über alles, was ihr durch den Kopf ging. Und immer wenn June gerade einschlief, kam von der anderen Seite des Zimmers eine Stimme: »Du, June …?« Dann erzählte Jessie noch irgendetwas und June hörte ihr zu. Manchmal gab sie ihr Rat. Aber meistens schien Jessie einfach nur jemanden zu brauchen, bei dem sie alles abladen konnte.

Als Jessie im letzten Schuljahr war, gewann ihr Team in einer bundesweiten Bibeliade, und sie bekam ein volles Stipendium für ein christliches College in Missouri. *Na, ihre Zimmerkollegin hat hoffentlich ein dickes Fell,* schmunzelte June, als sie an Jessies oft ungehobeltes Wesen dachte. *Aber sie hat sich in den letzten zwei Jahren ganz schön verändert. Ich glaube, sie wird gut zurechtkommen!* June lächelte und winkte Jessie zum Abschied zu, als die junge Frau in einen Bus stieg, der sie zum College bringen sollte.

Und sie kam wirklich gut zurecht. Vier Jahre später schloss Jessie das College ab. Inzwischen arbeitet sie als Missionarin in Kolumbien. Eine ihrer Aufgaben besteht darin, spanischsprachige christliche Literatur aufzutreiben und an verschiedene Bibliotheken im Land zu verteilen.

Jessie ist nur einer von rund einhundert Teenagern, die June in den 21 Jahren, in denen sie Jugendarbeit in ihre Kirche gemacht hat, nachhaltig prägen konnte. Diese Jugendlichen wurden ihr zur erweiterten Familie. Sie lud sie oft nach Hause ein, reiste Tausende Kilometern mit ihnen herum, freute sich mit ihnen über ihre Siege und trauerte mit bei Enttäuschungen und sprach mit ihnen über Gott und die Welt.

Sie glaubt, dass auch ihre Kinder von ihrem Dienst profitiert haben. »Dass sie jemanden wie Jessie kennen und lieben lernten, hat meine Kinder Toleranz gegenüber Leuten gelehrt, die einfach anders sind. Als sie noch klein waren, fanden sie es ganz toll, diese großen Jugendlichen um sich herum zu haben. Und als sie selbst heranwuchsen, wurden sie einfach Teil der Jugendgruppe. Und doch haben meine Kinder nie bezweifelt, dass ich ihre Mutter war und sie von Herzen lieb hatte. Jetzt sind sie erwachsen, und sie merken schnell, wo andere Menschen Hilfe brauchen. Und sie helfen gerne. Ich glaube, dass das noch aus der Zeit herrührt, in der wir diesen Jugendlichen geholfen haben.«

Ihr Mann Ed chauffierte selbst auch ganze Busladungen voller Jugendlicher durch die Gegend und freundete sich mit ihnen an.

Einmal eröffnete Jessie June, dass die Ehe zwischen Ed und June das erste Beispiel für eine gute Ehe war, das sie je kennen gelernt hatte.

Heute hat June manchmal den Eindruck, dass durch »ihre Kinder« ein Stück von ihr in jedem Teil der Welt steckt. »Viele von ihnen dienen Gott inzwischen in den ganzen USA, in China, Kolumbien, Kenia, Taiwan, Indien, im Kosovo, in Mexiko oder Chile.« Sie sind Pastoren, Sonntagschullehrer, Musik- oder Gesprächsgruppenleiter geworden, und manche von ihnen begleiten heute Jugendliche durch die Bibeliade!

»Ich bin oft gefragt worden, ob ich manchmal den Mut verliere, und ich habe dann immer gesagt: ›Du machst wohl Witze? Natürlich!‹ Ich war manchmal völlig fertig mit den Nerven und habe mich ernsthaft gefragt, warum ich mein Leben eigentlich in diese Jugendlichen investierte. Aber inzwischen sehe ich, wie viel davon zurückgekommen ist, und das ist jede einzelne Träne wert gewesen, jeden Tag mit Kopfschmerzen – und einen ganzen Kopf voller grauer Haare.«

Dora

Als der Brustkrebs Doras Leben bedrohte, konnte sie sich auf ihre Freundinnen stützen, die ihr durch ihre Krise hindurchhalfen.

Dora betrat ihr Lieblingsrestaurant und suchte den Raum nach ihren beiden Freundinnen DeeDee und Gretchen ab. *Ach, da sind sie ja. O Herr, wie bring ich ihnen bloß meine schlechten Neuigkeiten bei?*, überlegte sie, als sie zu ihrem Tisch hinüberging. Als sie beide freundschaftlich umarmte, spürte sie einen stechenden Schmerz auf der Seite ihrer rechten Brust, wo der Arzt ihr gerade eine Gewebeprobe aus einem erdnussgroßen Knoten entnommen hatte, der ihr beim letzten Abtasten aufgefallen war.

»Als ich 33 war, wurde bei mir ein gutartiger Tumor entfernt. Seither wurde bei mir jedes Jahr eine Mammographie gemacht und jeden Monat nach meiner Periode tastete ich mich auch selbst ab. Ich kann allen Frauen nur empfehlen, das auch zu tun – es kann Leben retten.«
Dora, 49

»Und?«, fragte DeeDee. »Was hat der Arzt gesagt?«

»Sieht nicht so gut aus. Man kann bis morgen noch nichts Genaues sagen, aber er meint, es ist wahrscheinlich Brustkrebs.«

»Oh, Dora, das tut mir so Leid«, sagte Gretchen, und Tränen standen ihr in den Augen. »Was machst du denn dann?« Die drei Frauen saßen eine Weile da, ohne etwas zu sagen. Ihre Freundinnen wussten einfach nicht, was sie sagen sollten. Und außerdem war ja auch nichts sicher – noch nicht.

»Ich komm schon zurecht. Macht euch jetzt keine Sorgen. Genießen wir für heute lieber unser Essen«, sagte Dora, nippte an ihrem Wasser und versuchte, ihre Angst zu verdrängen.

Am nächsten Tag rief der Arzt an und bestätigte Doras Ängste. Sie hatte Brustkrebs. Nachdem sie Bruce, ihren Mann, angerufen hatte, telefonierte sie mit DeeDee, die die Gebetskette in ihrer Gemeinde koordinierte. Als nächstes sprach sie auch mit ihrer 17-jährigen Tochter Christina.

»Du, Christina, wir haben schlimme Neuigkeiten. Es ist eindeutig Brustkrebs.« Dora versuchte ihrer Tochter zu erklären, was das bedeutete, und begann dabei selbst zu weinen. Sie brach in haltloses Schluchzen aus. Ihr wurde plötzlich bewusst, was ihre Krankheit auch für ihre Familie bedeuten würde, und sie konnte ihre Tränen einfach nicht mehr zurückhalten.

»Heißt das, dass ich wahrscheinlich auch Krebs kriege, Mama?«, wollte Christina, wie wahrscheinlich jede Tochter, bei deren Mutter Krebs diagnostiziert wurde, wissen.

»Ach, Schatz!« Dora schlang die Arme um ihre Tochter. »Weil

ich Krebs habe, ist das Risiko bei dir höher, dass du auch einmal erkrankst. Aber wenn du gesund lebst und genau auf dich achtest, geht bestimmt alles gut. Aber mach dir jetzt noch keine Gedanken darüber, du bist doch noch so jung. Ich werde tun, was ich kann, um diesen Kampf zu gewinnen, und darauf vertrauen, dass mein Leben in Gottes Hand liegt. Du musst das Gleiche tun.«

Obwohl der Boden unter Doras Füßen weggezogen worden war, wollte sie, dass ihr Mann und ihre Tochter wenigstens normal weiterleben konnten. Je mehr sie über Brustkrebs las, desto stärker wurde ihr bewusst, dass ihr Zustand chronisch war. Aller Wahrscheinlichkeit nach würde sie monate-, wenn nicht gar jahrelang damit zu kämpfen haben. Dora wollte das Leben ihres Mannes und ihrer Tochter so wenig wie möglich beeinträchtigen. Sie wollte einfach nicht, dass sie sich wegen ihr Sorgen machten und schlaflose Nächte verbrachten. Sie wollte wenigstens versuchen, ihnen die Ehefrau und Mutter zu sein, die sie brauchten – sie wollte sie lieben und für sie sorgen und sie nicht belasten. Sie wusste, dass sie dafür die Hilfe ihrer Freundinnen brauchen würde. Und so ließ sie sich von ihnen helfen.

Zunächst musste Dora aus einer langen Liste mit Behandlungsmöglichkeiten etwas auswählen. Nachdem sie mit ihrem Mann und ihren Freundinnen verschiedene Möglichkeiten durchdacht hatte, betete sie: *Herr, ich bin erst 45. Ich wünsche mir so, dass die nächsten 45 Jahre noch besser werden als die ersten. Ich brauche bei meiner Entscheidung Hilfe; bitte gib mir Weisheit, was ich tun soll.* Die drastischste Version war eine Operation, bei der die eine Brust komplett entfernt wurde; anschließend sollte die Brust neu aufgebaut werden. Dazu würde sie eine so hochdosierte Chemotherapie bekommen, wie der menschliche Körper überhaupt vertrug. Sie entschied sich für diese Variante. Als sie mit dem plastischen Chirurgen die Operation durchsprach, erwähnte er, dass er wegen ihrer Größe die Brust nicht so hinbekommen würde, dass sie der anderen glich. »Ich würde Ihnen empfehlen, von der anderen Brust auch etwas wegzunehmen, damit sie zu der passt, die wir neu aufbauen«, riet er.

»Wenn Sie da sowieso Gewebe wegnehmen, können Sie mir auch gleich beide Brüste wegnehmen und neu aufbauen, oder?«, überlegte Dora. »Es scheint ein bisschen sinnlos, nur etwas wegzunehmen, wenn das Risiko, dass ich in der anderen Brust auch Krebs bekomme, sowieso so hoch ist. Da werde ich sie lieber gleich mit los und hab eine höhere Überlebenschance.«

Dora hatte ihrem Krebs den Krieg erklärt. Sie sah ihre Brüste inzwischen als ihre Feinde an, die sie umzubringen versuchten – aber sie wollte leben.

> *»Meine Freundinnen wussten, wie schwer es mir fiel, untätig herum zu sitzen, also organisierten sie ein paar Ausflüge, bei denen wir zwei, drei Tage in die Berge fuhren. Dieser Tapetenwechsel hat mir unglaublich viel bedeutet.«*
> Dora

Bruce und die meisten ihrer Freundinnen unterstützten sie in dieser Entscheidung. Nur einige Bekannte fanden sie zu radikal und stellten die Weisheit dieses Entschlusses in Frage: »Bist du sicher, dass das wirklich die beste Entscheidung ist?«, fragte eine Freundin sie, als sie zusammen einen Spaziergang machten. »Ist das denn wirklich nötig, beide Brüste abzunehmen und neu aufzubauen? Das scheint so rigoros.«

»Weißt du«, antwortete Dora, »mir ist inzwischen klar geworden, dass meine Sexualität nicht an meine Brüste gebunden ist. Ich brauche sie nicht mehr. Sie haben ihren Zweck erfüllt. Ich habe meine Babys mit ihrer Hilfe satt gekriegt. Und Bruce hat damit kein Problem. Jetzt bedrohen meine Brüste mein Leben. Nach allem, was ich gelesen habe, scheint meine erste Chance meine beste Chance zu sein. Also tue ich besser jetzt, was ich tun kann.«

Als Dora von ihrer Operation nach Hause kam, lag sie fast drei Monate im Bett. Die Chirurgen hatten zunächst alles Brustgewebe entfernt. Dann hatten sie Muskeln aus dem Bauch geschnitten und sie hoch in den Brustkorb gezogen, um dort neue Brüste zu gestalten. Diese extreme Operation verursachte ihr furchtbare Schmerzen, und sie schaffte es kaum, auch nur aus dem Bett zu rollen. Während Dora zu Hause im Bett lag, koordinierten DeeDee und Gretchen für Dora Gebete, Mahlzeiten, Putzdienste, Besucher und sogar ein paar Leute, die während der OP bei Bruce blieben. Sie kümmerten sich liebevoll um so ziemlich alles, und so konnte Bruce wieder arbeiten gehen und sie während dieser Zeit in guten Händen wissen.

Sie achteten sehr darauf, was Dora brauchte, und fanden kreative Wege, ihr zu helfen.

Weil die Schmerzen es Dora unmöglich machten, über die Schulter zu schauen, konnte sie nicht Auto fahren. Also fanden ihre Freundinnen Leute, die sie zu ihren jeweiligen Arztterminen chauffierten.

Es war schon schwer genug, jeden Tag neu mit diesen unerträglichen Schmerzen zu kämpfen zu haben. Aber der körperliche Schmerz war nicht halb so schwer zu ertragen wie der emotionale. Richtig schlimm ging es Dora, als sie mit Gretchen eine Perücke suchen ging, weil sie wusste, dass ihr von der Chemotherapie bald alle Haare ausfallen würden. Als erstes steuerten sie das Büro der amerikanischen Krebsgesellschaft an, die Perücken von Leuten gespendet bekommt, die diese nicht mehr benötigen.

»Guck mal, die hier ist doch hübsch«, sagte Gretchen und hielt eine hellbraune Perücke hoch. »Sie hat die gleiche Farbe wie deine Haare. Und der Schnitt ist doch auch ganz niedlich.«

»Ja, die sieht schon ganz passabel aus«, sagte Dora, aber sie fühlte sich so niedergeschlagen wie nie zuvor. Sie probierte die Perücke an und betrachtete sich selbst im Spiegel, wobei sie ihre trüben Gedanken nicht verdrängen konnte. *Ob die Frau, die die hier getragen hat, wohl noch lebt?* Tränen stiegen ihr in die Augen. *Und wenn ich selbst in einem Jahr nicht mehr lebe?*

Gretchen legte Dora einen Arm um die Schulter. »Das muss für dich ja furchtbar schwer sein. Mir würde es jedenfalls Angst machen. Weine ruhig ein bisschen.« Nach einer Umarmung und noch ein paar weiteren Tränen reichte Gretchen ihr ein Taschentuch und suchte nach einer anderen Perücke für ihre traurige, verängstigte Freundin.

Es dauerte nicht lange, und die Haare fielen ihr tatsächlich aus. Dora wollte nicht, dass sich dieser Prozess ewig hinzog. Sie wollte nicht kleine Haarbüschel auf dem Kopfkissen, auf dem Sofa und in ihren Kleidern finden. Also rief sie ihre Freundin Susan an, die vier Jungs hatte, und bat sie, mit der Haarschneidemaschine vorbeizukommen, die sie bei ihren Söhnen gebrauchte. Dora wollte ihren Kopf rasiert haben.

»Bist du soweit, Dora?«, fragte Susan. Sie hatte das Gerät schon eingeschaltet, und sein lautes Summen ließ Dora erschaudern. Ihre Knie fühlten sich ganz weich an.

»Ja, ich bin soweit. Ich weiß, dass ich über diesen Krebs nicht bestimmen kann. Aber ich kann immer noch bestimmen, wann und wo mir die Haare ausfallen«, gab Dora mutig zur Antwort. »Ich hätte nie gedacht, dass in unserer Ehe mal ich diejenige sein würde, die zuerst eine Glatze hat«, witzelte sie in dem Versuch, dem furchtbaren Moment doch noch eine gewisse Leichtigkeit zu verleihen.

Susan begann Doras Haar wegzurasieren. Büschelweise Haare fielen zu ihren Füßen und auf das Handtuch, das sie sich sorgfältig um die Schultern gelegt hatte. Doras Herz setzte einen Moment lang aus, als plötzlich die Haustür ging und sie einige Mädchenstimmen hörten.

»Oh nein!«, sagte Dora zu Susan und drückte das Handtuch fest gegen ihre Brust. »Das sind Christina und ihre Freundinnen. Das wird ihr so unangenehm sein – vor allem, wenn ihre Freundinnen dabei sind!« Dora sah zu Susan auf und empfand bis in die Tiefen ihrer Seele hinein nichts anderes als Angst und eine große Traurigkeit. »Ich wollte nicht, dass sie mich so sieht.«

»Muss ja nicht passieren«, beruhigte sie Susan. »Wir räumen jetzt hier schnell alles weg.«

Aber es war schon zu spät. Die Mädchen kamen auf der Suche nach etwas Essbarem in die Küche. Sie bekamen ganz große Augen, und die Kinnlade klappte ihnen herunter, als sie Dora bemerkten, die dort mit halbrasiertem Kopf auf dem Küchenstuhl saß. Der Boden zu ihren Füßen war von ihren Haaren bedeckt. Susan stand neben ihr und hielt das Haarschneidegerät, das diese Verwüstung angerichtet hatte, noch in der Hand. Keiner sagte ein Wort.

»Was machst du denn da, Mama? Warum lässt du dir die Haare rasieren?«, fragte Christina.

»Ich hatte dir doch erzählt, dass mein Haar wahrscheinlich ausfallen würde, Schatz. Das hat schon angefangen, und ich wollte meine Haare nicht im ganzen Haus verstreuen, also habe ich Susan gebeten, sie abzurasieren. Es tut mir Leid, dass du das gesehen hast. Ich wusste nicht, dass du jetzt von der Schule kommst.«

Die Mädchen zogen sich schnell zurück. Es war ihnen ganz offensichtlich unangenehm, dass sie Dora so gesehen hatten.

»Das hast du gut hingekriegt, Dora«, sagte Susan. »Sie wird schon zurechtkommen.« Susan versuchte Dora Mut zu machen, als sie mit ihrer Rasur fortfuhr. Aber als Dora im Handspiegel ihren kahlen Kopf mit den paar Haarflusen betrachtete, schämte sie sich furchtbar. *Meine Güte, was habe ich einen hässlichen Kopf. Ich sehe richtig gemein aus. Ich sehe aus wie ein Schwerverbrecher, der gerade aus dem Knast ausgebüchst ist.* Sie rieb mit den Fingern über einige kleine Wülste hinter ihren Ohren, die sie gerade zum ersten Mal bemerkte. *Die sehen ja echt hässlich aus. Ich wusste gar nicht, dass ich hier solche Knubbel habe.*

»So, meine Liebe, das hätten wir«, sagte Susan und fegte die Haarbüschel zusammen. Dora setzte eine ihrer Perücken auf und lächelte ihre Freundin hilflos an. »Du siehst richtig niedlich aus!« Susan umarmte Dora noch ganz fest und ging dann.

Es würde nicht das letzte Mal in ihrem Kampf gegen den Krebs sein, dass Dora ein Gefühl der Erniedrigung empfand. Ihre

Schmerzen machten es ihr unmöglich, ihr Haus sauber zu halten, und so kamen Freunde vorbei, um zu putzen – selbst die Toiletten und Badezimmerböden. Eine Frau kam ein halbes Jahr lang mit ihren beiden Söhnen jede zweite Woche vorbei. Während sie sich mit ihrem Elfjährigen Doras vier Bäder vornahm, wanderte der Fünfjährige mit einem Staubwedel durchs Haus und fuhr über alle Regale.

Einmal stand eine besonders angenehme Überraschung vor Doras Haustür. Sie hörte die Klingel und machte sich auf den endlos scheinenden Weg zur Tür. Als sie sie öffnete, standen dort einige total verrückt aussehende Frauen in schäbigen Kleidern, die ganz offensichtlich nicht zueinander passten, grellen Perücken und riesigen Strohhüten, aus denen bunte Stoffblumen ragten wie Antennen. Dora musste lachen – und auch das tat ihr weh.

»Guten Tag, wir sind zum Saubermachen gekommen«, stellten sie sich vor. Obwohl man sie wegen ihrer falschen Nasen und hässlich vorstehenden falschen Zähne kaum verstand, erkannte Dora doch die Stimme einer der Frauen aus ihrer Gemeinde wieder.

»Du gehst jetzt brav ins Bett und bleibst da liegen. Wir wissen, dass dein Mann und deine Tochter heute Abend im Hauskreis in der Gemeinde sind, deswegen wollten wir kommen, wenn sie uns nicht stören.« Dora trat zur Seite und lachte immer noch, als sie die Frauen einließ. Sie konnte ihr Angebot kaum ablehnen; sie schienen eine Menge Spaß bei ihrer Aktion zu haben – und sie schrubbten das ganze Haus blitzblank!

In dieser Zeit vertiefte sich Doras Beziehung zu Gott. Sie hatte viel Zeit, um die Bibel zu lesen und zu beten. Sie spürte seine Gegenwart und wurde sehr dankbar für die kleinen Beweise seiner Fürsorge, die er ihr zukommen ließ – selbst Dinge, über die sie sich früher eher geärgert hatte, wie das Kätzchen von nebenan, das sich draußen vor ihrem Schlafzimmer auf die Fensterbank setzte und ihr Gesellschaft leistete, oder das Reh, das frech in ihren Vorgarten spazierte und an den Büschen knabberte.

Sie lernte es auch, zufrieden zu sein und im Leben nichts als selbstverständlich anzunehmen.

Nach sechs Operationen und sechs Monaten Chemotherapie erklärten die Ärzte Dora für gesund. Es gibt natürlich immer ein gewisses Risiko, dass der Krebs zurückkehrt, aber daran versucht Dora erst gar nicht zu denken.

Inzwischen arbeitet sie ehrenamtlich in einer Hilfsgruppe für Krebskranke mit. »Ich wollte gerne anderen helfen, die gegen den Krebs kämpften. Mir war schließlich auch geholfen worden.« Sie koordiniert verschiedene Aktivitäten für die Frauen – einen wöchentlichen Spaziergang beispielsweise oder Gymnastik. Für den Winter hat sie sich monatliche Schneewanderungen vorgenommen. Und sie hört den Frauen zu, wenn sie jemanden zum Reden brauchen. »Es ist ein schwerer Dienst. Ich weiß, dass einige der Frauen, mit denen ich mich anfreunde, sterben werden. Aber die Freundinnen, die mir damals durch meine Krankheit hindurch geholfen haben, beten jetzt für meine Tätigkeit in dieser Gruppe.«

Dora kann die Dankbarkeit, die sie ihren Freundinnen gegenüber empfindet, gar nicht recht in Worte fassen. Sie haben sie und ihre Familie so liebevoll, tatkräftig und ausdauernd unterstützt, und sie hat an ihrem Beispiel begriffen, wie sie selbst in guten und schweren Zeiten anderen eine gute Freundin sein kann. »Suchen Sie sich gute Freundinnen und investieren Sie in Ihr geistliches Leben, wenn es Ihnen gut geht. Denn wenn Sie Schweres durchmachen müssen, werden Sie Ihren Glauben, Ihre Familie und vor allem auch Ihre Freunde brauchen, um Sie dort durchzutragen.«

Mitgefühl – Zusammenfassung

Mitgefühl ist Liebe in Aktion. Jede kleine Tat der Liebe einem anderen Menschen gegenüber kann dessen Leben verändern. Die meisten Frauen sind regelrecht süchtig danach, anderen zu helfen, und warten geradezu auf Gelegenheiten, ihre Hilfe anbieten zu können. Und weil sie diese Einstellung haben, machen sie die Welt ein kleines bisschen erträglicher.

Diese Taten der Liebe kommen nicht nur denen zugute, die sie empfangen; auch die Gebenden werden gesegnet. LeAnn, Wanda, June und Doras Freundinnen haben ihre Liebe in die Tat umgesetzt und sind dafür reich belohnt worden. Sie müssen nicht wie LeAnn nach Vietnam fliegen oder wie Wanda Lobbyarbeit betreiben (obwohl Sie das auch könnten, wenn Sie wollten!) – aber was Doras Freundinnen oder June taten, können wir alle. Wir können tiefe Beziehungen zu Menschen um uns herum aufbauen und diese Menschen nachhaltig prägen.

Welche gute Tat Ihnen jetzt auch immer in den Sinn kommt – denken Sie nicht mehr nur daran, sondern gehen Sie hin und setzen Sie sie um!

Welche Frauen haben Sie geprägt? Was haben sie getan, um Ihnen zu helfen?

Hat Gott Ihnen etwas auf die Seele gelegt, das Sie tun sollten? Was für Dinge sind das?

Warum, denken Sie, hat Gott Frauen so viel Mitgefühl gegeben?

Denken Sie an eine Frau, die ihre Liebe in Taten zum Ausdruck bringt. Was tut sie? Welche Charaktereigenschaften besitzt sie, die Sie bewundern?

Vorschläge:

1. Überlegen Sie, was Sie heute einem anderen Menschen Gutes tun können, und tun Sie es (Plätzchen für eine Nachbarin backen, Ihr Kind und eines seiner Klassenkameraden auf eine Pizza einladen, eine ältere Frau besuchen).
2. Wenn Sie selbst in einem Bereich Schwierigkeiten erlebt haben – den Tod eines Kindes beispielsweise, oder irgendeine Form von Missbrauch –, schließen Sie sich einer Gruppe Menschen an, die ähnliches erleben. (Sie könnten zum Beispiel selbst eine kleine Selbsthilfegruppe für Trauernde leiten, beim Weißen Ring oder anderen Opfervereinigungen einsteigen.)
3. Überlegen Sie, wo es in Ihrer Umgebung Not gibt, und helfen Sie mit, dieser Not abzuhelfen. (Sie könnten beispielsweise in der Schule Ihrer Kinder zu Lebensmittelspenden für Obdachlose aufrufen, und einen Fahrdienst dafür organisieren; Sie könnten Stofftiere sammeln und der Polizei geben, damit sie sie an Kinder mit Problemen weitergibt.)

Bleiben Sie dran!

Wir hoffen, dass Ihnen die Geschichten in diesem Buch gezeigt haben, dass Sie sich auf die Weisheit älterer Frauen stützen können, um nicht nur »gerade so« zu überleben, sondern aus den Kämpfen Ihres Lebens als Siegerin hervorzugehen. Wir hoffen auch, dass die Erlebnisse Ihnen zeigen, dass Frauen, die ein paar Jahre älter sind als Sie, eine Menge zu sagen haben – über Ehe und Elternschaft, über das Leben als Single, über Gott und die Welt und das Leben.

Wir sind in den letzten Jahren, als wir uns mit Hunderten von Frauen getroffen, Interviews mit ihnen geführt und ihre Aussagen ausgewertet haben, einer ganzen Reihe Grundwahrheiten begegnet, die wir Ihnen gerne weitergeben möchten. Und natürlich hoffen wir, dass Sie daneben noch eine Mentorin finden, die Sie ganz persönlich begleiten kann.

Uns fiel auf, dass die Frauen, die fröhlich und mit einer positiven Einstellung durchs Leben gingen, anderen Mut machten und sie zu großen Taten beflügelten, alle etwas gemeinsam hatten: An einem Punkt in ihrem Leben hatten sie eine ganze Reihe weit reichender Entscheidungen getroffen. Zunächst einmal hatten sie sich alle entschieden, Christus nachzufolgen und nach seinem Beispiel zu leben. Und dann hatten sie eine Entscheidung in Bezug auf ihre Einstellung getroffen. Alle diese Frauen haben beschlossen, aus jeder Situation, in der sie sich befanden, das Beste zu machen – um ihrer selbst und um anderer Menschen willen. Sie haben beschlossen, nicht bitter zu werden, sondern sich als gesegnet zu sehen. Sie haben beschlossen, nicht ewige Opfer zu bleiben, sondern als Sieger durchs Leben zu gehen. Sie haben sich vorgenommen, Gott mehr zu vertrauen als sich selbst – und mehr als jedem oder allem anderen. Sie haben auch den Entschluss gefasst, Beziehungen zu anderen Menschen zu gestalten, anstatt sich von allen zurückzuziehen. Sie wollen in jeder Situation das Gute sehen, anstatt voller

Selbstmitleid im Negativen zu verharren. Sie haben sich entschlossen, anderen Menschen zu vergeben, was diese ihnen angetan hatten, und haben der Bitterkeit keinen Raum gegeben. All das hat ihnen Frieden, Freude und einen Segen eingetragen, der all das bei weitem überstieg, was sie sich vorgestellt hatten. Deswegen möchten wir Ihnen Mut machen, sich eine reife Christin zu suchen, die eine solche positive Grundhaltung ausstrahlt.

Nachdem wir dieses Buch nun fertig haben, sind wir mehr denn je absolut überzeugt, dass sich eine ältere, weise Frau, die Sie auf Ihrer Reise durchs Leben ein Stück weit begleitet, durch nichts ersetzen lässt. Sie kann Ihnen Mut machen, Sie lehren und mit Ihnen einüben, was es heißt, eine Frau zu sein, wie Gott sie sich wünscht. Es gibt viele gute Bücher und Materialien, die uns im Leben weiterhelfen können, aber sie reichen alle nicht an eine Frau »zum Anfassen« heran, die mitlebt und mitfühlt und das Leben kennt.

Das Leben ist eine Reise – oder? Manchmal gleicht es einem gemütlichen Sonntagsspaziergang – vielleicht eher einer Wanderung – durch einen gepflegten Park. Es ist herrlich. Es ist unberechenbar. An anderen Tagen rauben Ihnen steile Berge die Puste und alle Energie. Immer wieder einmal biegen Sie an der falschen Stelle ab, Sie verlaufen sich und verlieren jede Orientierung. Manchmal spielt sich Ihr Leben in einem solchen Tempo ab, dass Sie jeden Tag als Sprint empfinden. Zu manchen Zeiten ist das Leben herrlich, und Sie marschieren fröhlich vorwärts. Und dann wieder kann es so schmerzhaft werden, dass Ihnen nichts anderes übrig bleibt, als auf allen Vieren Zentimeter um Zentimeter vorwärts zu kriechen.

Egal was Ihnen im Leben begegnet – Sie müssen auf dieser Wanderung nicht alleine bleiben. Sie können sich eine ältere Frau als »Fremdenführerin« suchen, die vor Ihnen her geht. Sie kann Ihnen von den steilen, gefährlichen Bergpfaden erzählen und Ihnen glaubhaft versichern, dass die Aussicht, die man hinterher von oben hat, den Aufstieg wert ist. Sie kann Ihnen an Weggabelungen helfen zu entscheiden, welcher Weg sich zu erkunden lohnt, weil sie selbst in ihrem Leben vor ähnlichen Entscheidungen gestanden hat. Sie weiß, in welche dunklen Gassen man am besten erst gar nicht einbiegt. Sie weiß, dass die Wanderung manchmal schwer ist und sich ewig hinzuziehen scheint, aber sie wird auch wissen, was Sie auf dem Weg brauchen, weil sie ihn selbst gegangen ist. Sie kann Ihnen die großartigen Aussichtspunkte zeigen und Sie immer wieder anstupsen, nicht mit gesenktem Kopf durchs Leben zu gehen und alles Schöne zu verpassen. Sie kann Ihnen helfen, die Frau zu werden, als die Gott Sie vorgesehen hat.

Uns fällt einfach kein besserer Rat ein als der, dass Sie sich eine solche ältere, weise Frau suchen und sie bitten sollten, Sie auf Ihrer verrückten Wanderung durchs Leben zu begleiten. Bitten Sie Gott darum, Sie mit einer Frau zusammenzubringen, mit der Sie sich anfreunden können. Haben Sie keine Angst, auf eine ältere Frau zuzugehen und sie zu fragen, ob Sie sich mit ihr treffen können. Stellen Sie ihr solche Fragen wie: »Was von den Dingen, die du jetzt weißt, hättest du gerne schon in meinem Alter gewusst?« Und Sie werden erstaunt sein, wie viel Weisheit aus ihren Worten sprechen wird. Wenn Ihnen beim ersten Gedanken niemand einfällt, bitten Sie Ihren Pastor, Sie mit jemandem zusammenzubringen. Oder schließen Sie sich einer Frauenbibelgruppe an und halten Sie gezielt Ausschau nach einer Mentorin. Geben Sie nicht auf, bis Sie eine gefunden haben.

Wenn Sie dieses Buch nun zur Seite legen, hoffen wir, dass die Weisheit und die Erfahrungen dieser Frauen Ihnen noch lange nachgehen und Ihnen auf Ihrer Wanderung durchs Leben Mut machen. Aber mehr noch hoffen wir, dass Sie sich eine Mentorin suchen und eine Freundschaft zu einer älteren Frau aufbauen. Gehen Sie zusammen durchs Leben und erleben Sie die Freude und die Kraft, die aus einer solchen einzigartigen Freundschaft erwächst.